Der Maler und der Wanderer

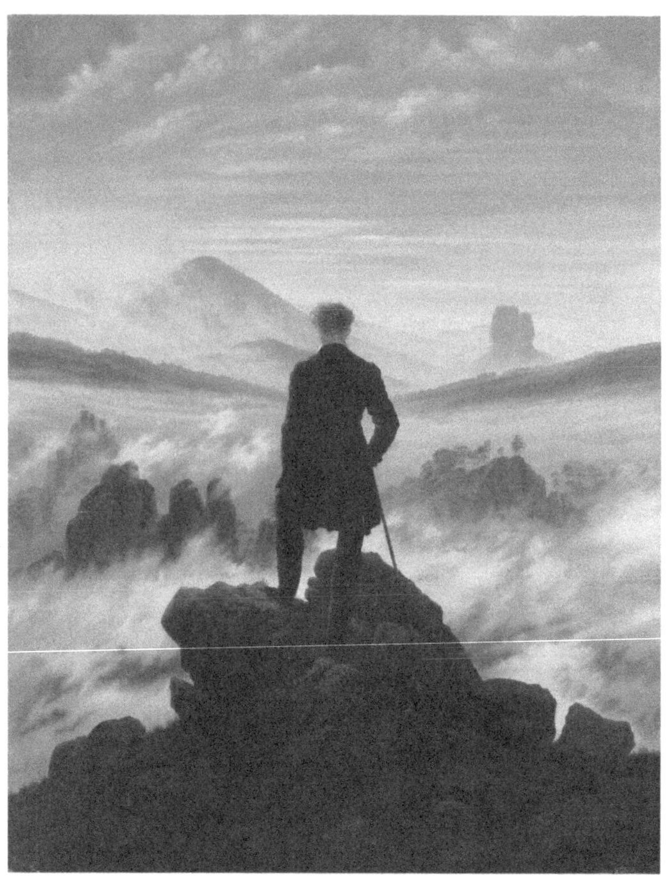

Wanderer über dem Nebelmeer

László F. Földényi

Der Maler und der Wanderer

Caspar David Friedrichs Ur-Kino

Aus dem Ungarischen übersetzt von Akos Doma

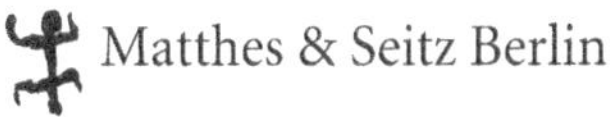
Matthes & Seitz Berlin

Inhalt

»Kein Pfad mehr! Abgrund rings und Totenstille! –
So wolltest du's! Vom Pfade wich dein Wille!
Nun, Wandrer, gilt's! Nun blicke kalt und klar!
Verloren bist du, glaubst du – an Gefahr.«

Friedrich Nietzsche, *Der Wanderer*
(*Die fröhliche Wissenschaft*, Scherz, List und Rache, 27)

~

»Jetzt erst gehst du deinen Weg der Größe!
Gipfel und Abgrund – das ist jetzt in Eins beschlossen!«

Friedrich Nietzsche, *Der Wanderer*
(*Also sprach Zarathustra*, Dritter Teil)

~

»Auf den Höhen muß es freilich einsam seyn«

Arthur Schopenhauer

~

»Nebelbilder am Horizont des Gemüts«

Titel eines Romans des ungarischen Schriftstellers
Zsigmond Kemény von 1853

~

»Ich suchte [...] gerne auf die Gipfel hoher Berge zu gelangen...,
ich stand auf der zuweilen ganz kleinen Fläche des letzten Steines,
oberhalb dessen keiner mehr war, und sah auf das Gewimmel der Berge
um mich und unter mir [...], ich sah die Gegend, wo gleichsam
wie in einen staubigen Nebel getaucht die Stadt sein mußte,
in der alle lebten, die mir teuer waren... Alles schwieg unter mir,
als wäre die Welt ausgestorben, als wäre das, daß sich
alles von Leben rege und rühre, ein Traum gewesen.«

Adalbert Stifter, *Der Nachsommer*

~

»Der Dadaist [...] glaubt nicht mehr an die Erfassung der Dinge
aus einem Punkte, und ist doch noch immer dergestalt von der
Verbundenheit aller Wesen, von der Gesamthaftigkeit überzeugt,
daß er bis zur Selbstauflösung an den Dissonanzen leidet.«

Hugo Ball, *Die Flucht aus der Zeit*

Einführung

Dieses Bild Friedrichs bleibt dem Betrachter nicht im Halse, sondern im Auge stecken. Es genügt, wenn man es flüchtig im Museum oder beim Durchblättern eines Albums erblickt, sofort brennt es sich einem in die Netzhaut ein. Eine visuelle Erinnerung, die man nie vergessen wird. Doch wie zumeist bei solchen Erinnerungen gibt es auch in Friedrichs Gemälde etwas, das dem Betrachter das Gefühl verleiht, dass er es sich nie ganz wird erklären können. Obwohl das, was zu sehen ist, leicht überschaubar ist, die Szene ist relativ einfach. Und doch hat das Ganze etwas Rätselhaftes, das sich nicht lösen lässt. Ein scheinbar unüberwindbares Hindernis, das unverhältnismäßig große Ausmaße annehmen kann.

Wie auch die Art und Weise, wie sich der Wanderer innerhalb der Bildwelt auf einen Felsgipfel stellt, um das Nebelmeer in der Tiefe in Augenschein zu nehmen, und dem Betrachter dabei fast schon aufdringlich den Blick verstellt, etwas Unverhältnismäßiges hat. Wir sollten unsere Aufmerksamkeit auf die nebelverhangene Landschaft richten, stattdessen sehen wir den Rücken des Wanderers, er ist es, der die Hauptrolle für sich beansprucht. Dabei wendet er uns nicht einmal das Gesicht zu, er legt keinen Wert darauf, dass wir ihn selbst sehen. So etwas kommt natürlich auch anderswo vor: Auch Claude Lorrain etwa platzierte mit Vorliebe Figuren auf seine Leinwände, die mit dem Rücken zum Betrachter stehen und sich in den Anblick der vor ihnen liegenden Landschaft vertiefen. Doch schrumpfen sie gemessen an der umgebenden Natur schon durch ihre geringe Größe zusammen, zudem stehen sie meist seitlich, um die Aussicht nicht zu stören. Sie befinden sich innerhalb des Bildes, nehmen aber auch auf den vor dem Bild stehenden Betrachter Rücksicht. Sie begünstigen den Dialog zwischen Bild und

Betrachter. Sie signalisieren ihm, dass die im Unendlichen sich verlierende Landschaft die Hauptfigur ist, und ordnen sich ihr gleichsam unter. Als Figuren bleiben sie Beiwerk. Nicht so Friedrichs Wanderer. Als Figur in der Natur ist auch er nur Beiwerk, doch wächst er zur Hauptfigur heran. Er benimmt sich, wie wenn am Ende einer Theatervorstellung irgendeine Nebenfigur, auf die Applausordnung pfeifend, sich der Hauptfigur aufdringlich zur Seite stellt.

Dieser Wanderer, mögen wir in ihm sehen, wen wir wollen, wendet sich an den Betrachter ohne sich ihm zuzuwenden. Er wendet sich gleichsam mit dem Rücken an uns. Deshalb weiß man auch nicht, warum er hier ist, was er hier sucht. Um die nebelverhangene Landschaft zu betrachten, würde die naheliegende Antwort lauten. Das ist aber keine beruhigende Antwort. Durch seine Größe zieht der Wanderer die Aufmerksamkeit des Betrachters von vornherein auf sich und lenkt sie zugleich von der Landschaft ab. Er betrachtet die Landschaft, der Betrachter hingegen betrachtet ihn. Und das lässt den Dialog zwischen Bild und Betrachter stocken: Es gibt keine sinnvolle Erklärung zum Verhältnis zwischen der Landschaft und der gemessen daran übergroßen, menschlichen Figur. Im Gegensatz zu Claude Lorrains Figuren in Betrachtung der Landschaft hilft dieser Wanderer dem Betrachter nicht, seinerseits die Landschaft zu sehen, im Gegenteil: Er hindert ihn daran. Aber weshalb? Darauf gibt es keine Antwort. Die Szene ist unvollständig; aus dem, was zu sehen ist, entfaltet sich keine Geschichte, sodass der Betrachter gezwungen ist, sie zu erraten. Zwischen dem primären Anblick und den Gedankenassoziationen, die sich dazu anbieten, klafft ein Riss. Das führt in der Malerei zu einer ganz neuen Situation und einer radikal neuen Bilddramaturgie. Die Hierarchie der Unter- und Überordnung löst sich auf, der Verlauf der linearen Erzählung der Geschichte wird gestört, das Verhältnis zwischen dem, was wichtig und was unwichtig ist, gerät durcheinander. Die augenblickliche Situation hängt gleichsam in der Luft, nichts in der Bildwelt lässt erahnen, was ihr vorausging

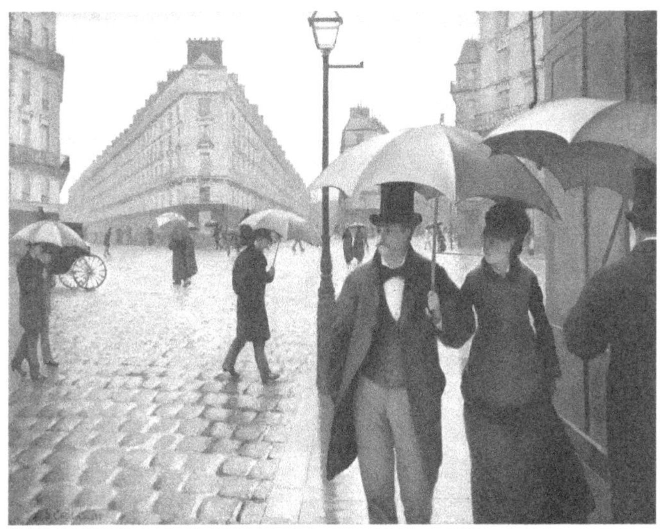

Straße in Paris an einem regnerischen Tag

und was auf sie folgen wird. Ein halbes Jahrhundert später wird so etwas in der Malerei bereits eine Selbstverständlichkeit sein. In den Gemälden von Gustave Caillebotte zum Beispiel tauchen häufig Figuren auf, die ins Bild »hineinspazieren«, als wären sie versehentlich dorthin gekommen. In der Regel achten wir mehr auf sie als auf die »Hauptfiguren« der Bilder, etwa auf jene Gestalt mit Regenschirm, die im Gemälde *Straße in Paris* an einem regnerischen Tag (1877) rechts den Raum betritt und die Aufmerksamkeit, wenn auch nur mit seinem halben Körper, von einem entgegenkommenden Paar, den »Hauptfiguren« des Bildes, ablenkt. Auch in Degas' *Place de la Concorde* oder Viscount *Lepic und seine Töchter* (1875) oder in Renoirs *Place Clichy* (1880) betreten »Nebenfiguren« die Bilder, wie Touristen auf der Straße in Fotoaufnahmen hineintappen. Sie sind da, obwohl sie dort nichts zu suchen haben.

Und wenn schon von der Fotografie die Rede ist: Als die Fotografie zum ersten Mal in Europa erscheint, ist man sich schnell einig, dass in den verewigten Anblicken sehr wohl auch etwas Zufälliges sein darf. Schließlich hatte schon auf einem der ersten

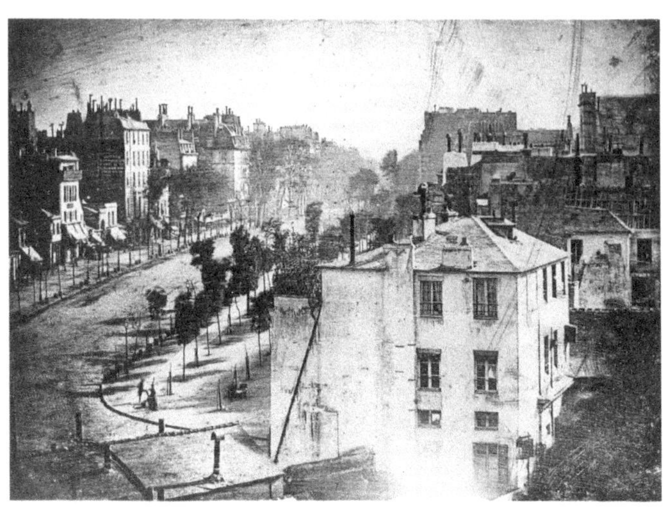

Boulevard du Temple

Fotografien, auf Daguerres Daguerreotypie *Boulevard du Temple* (1838–39), eine Figur, die in der linken unteren Ecke die Schuhe von jemandem putzte, mit ihrer Anwesenheit das Zeitlosigkeit suggerierende Straßenbild »befleckt«. Durch sie betritt der Zufall das Bild, doch sind wir auf die kleine Gestalt einmal aufmerksam geworden, wird sie mit der Zeit immer größer. Zuletzt betrachten auch wir die Gebäude des Boulevards mit ihren Augen. Das Zufällige, das Unberechenbare, erhebt Anspruch auf Ewiggültigkeit. Was durchaus ärgerlich sein kann. Wer hätte noch nicht erlebt, dass er irgendwo im Freien, auf einer Straße, einem Platz oder vor einem berühmten Gebäude die Ansicht oder diejenigen, in deren Begleitung er gerade ist, auf einem Foto verewigen will, und just als er auf den Auslöser drückt, irgendein Unbekannter statt ein paar Sekunden zu warten in aller Gemütsruhe ins Bild tritt. Solche zufällig ins Bild geratenen Fremden tauchen auf Amateurfotos mit der Familie oder im Urlaub immer wieder auf. Doch je länger wir sie betrachten, desto interessanter können sie werden.

So betrat auch, während Caspar David Friedrich sich gerade darauf vorbereitete, eine nebelverhangene Gebirgslandschaft zu malen, ein Wanderer das Blickfeld und machte es

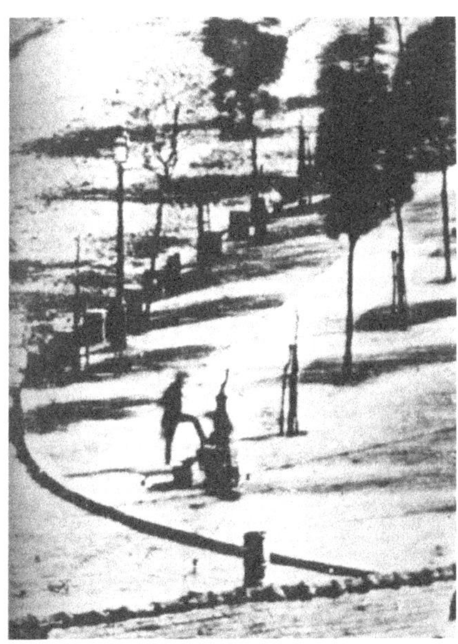

Boulevard du Temple

sich, ohne den Maler zu beachten, auf einer Felsenklippe bequem. Er hatte es nicht eilig wie die Passanten, die sich in Straßenfotos verirren, sondern suchte sich bedächtig einen Platz aus. Vergeblich würde man ihn zum Aufbruch bewegen wollen, er fühlt sich dort sichtlich wohl. Es kümmert ihn nicht, dass er sich in einen Anblick hineingedrängt hat, der gerade gemalt werden soll, und zwar genau in die Mitte. Und da das Aufstellen der Staffelei auf dem unebenen Boden, das Fixieren ihrer Füße, das Platzieren des Malkastens, das Auspacken der Pinsel, die Befestigung der noch leeren Leinwand viel Zeit in Anspruch genommen hat, bleibt Friedrich – und jetzt sehen wir einmal davon ab, dass er das Bild natürlich nicht im Freien, sondern in seinem Dresdner Atelier gemalt hat – keine Wahl, als auch den aufdringlichen Wanderer in den Anblick hineinzumalen. Dass ihm diese Arbeit nicht leichtfiel, lässt sich daraus ablesen, dass das fertige Gemälde scheinbar aus zwei Teilen besteht: Der eine stellt die nebelverhangene Landschaft dar, der andere den mit dem Rücken zu uns stehenden Mann. Das räumliche Verhältnis beider zueinander ist keineswegs ausgeglichen. Der Wanderer scheint nicht in der Landschaft zu stehen, sondern vor beziehungsweise über ihr. Figuren in Rückansicht hatte Friedrich natürlich auch früher schon oft dargestellt. Doch während die Landschaft, der Naturanblick, dabei meist »natürlich« blieb, das heißt solange das, was der Betrachter des Gemäldes von der Landschaft sieht, etwa dem entspricht, was auch die Figur im Bild sieht, wie das zum Beispiel im Bild *Der Mönch am Meer* der Fall ist, sieht der Betrachter des Bildes *Der Wanderer über dem Nebelmeer* wesentlich weniger von der Landschaft als der Wanderer selbst. Die Landschaft bricht, wie das später auf Fotos häufig der Fall sein wird, auf beiden Seiten jäh ab, und statt horizontal größer zu sein als vertikal, richtet sich die Größe des Gemäldes nicht nach der Landschaft, sondern nach der Gestalt des Wanderers. Und dadurch wird auch seine Figur betonter als vom Maler ursprünglich beabsichtigt. Sogar im Titel des Gemäldes bleibt er bestimmend: Der Wanderer über dem Nebelmeer.

Dieser Wanderer ist die Verkörperung des Zufalls. Er steht mit dem Rücken zum Betrachter, sein Gesicht ist nicht zu sehen, denn es ist auch nicht relevant, wer er ist. Es genügt, dass es ihn dorthin verschlagen hat, und er nun keinen Fußbreit mehr von dort weichen wird. So mag es sogar schicksalhaft erscheinen, dass er dorthin geraten ist. Man könnte ein ganzes Leben in ihn hineindenken. Verfolgen wir weiter den Gedanken, dass der Maler sich zunächst ärgert, dass der Wanderer sich just in die Mitte des Naturanblicks gestellt hat. Da das aber nicht mehr zu ändern ist, versucht er die erzwungene Situation zu seinem Vorteil zu wenden und sieht und verdichtet so viel in der Gestalt des Wanderers, was jenem womöglich nie eingefallen wäre. Man sieht zwar sein Gesicht nicht, doch sein Rücken, seine Haltung legen nah, dass er über ein übergroßes Ego verfügt. Nicht zufällig hat man dieses Gemälde Friedrichs im zwanzigsten Jahrhundert für die unterschiedlichsten Zwecke verwendet: Man las in den Wanderer den Propheten der Gewalt oder des Populismus genauso hinein wie die Verkörperung der Schrulligkeit oder der Exzentrik. Er erwies sich sogar als dankbares Thema für Karikaturen. Statt ihn als Nebenfigur zu belassen, wie es die Maltradition auch 1818 noch vorschrieb, gewährte ihm Friedrich einen ungerechtfertigt großen Raum innerhalb der Bildwelt. Er wurde neben der nebelverhangenen Gebirgslandschaft zur zweiten »Hauptfigur«, wodurch das Bild wie eine Ellipse zwei Zentren bekam: die Landschaft und den Wanderer, der sie betrachtete. Friedrich malte nicht einfach eine Landschaft, sondern einen aufdringlichen Touristen, der eine Landschaft betrachtet, die eigentlich wir betrachten sollten. Aber er betrachtet anstelle unser die Landschaft derart intensiv, dass wir bei ihrer Betrachtung auch unweigerlich ihn betrachten müssen.

Und was gewahren wir da? Jemanden, der vor dichtem Nebel kaum etwas sehen kann. Genauer, er sieht den Nebel, die Wolken. Wobei wir seine Augen, mit denen er sieht, nicht sehen können und somit nicht einmal sicher sein können, ob er sie geöffnet oder geschlossen hat. Oder ob er überhaupt Augen hat. Kann man zu diesem Wanderer irgendein Gesicht hinzudenken? Wohl kaum. Es könnte leicht sein, dass uns, wenn er sich umdrehte, ein Gesicht begegnete, wie es anderthalb Jahrhunderte später Francis Bacon malen wird. Ein zerbrochenes Gesicht, dessen Träger einem höchstens von hinten weismachen könnte, dass mit ihm alles in Ordnung sei. Schließlich sieht dieser gesichtslose Nur-Rücken-Wanderer viel, nur ebenjene Gebirgslandschaft nicht, die er ursprünglich sehen wollte. Er sieht und sieht auch wieder nicht. Er sieht die Wolken, den Nebel, und sieht nicht, was der Nebel und die Wolken verdecken, dessentwegen er gekommen war – die im Tal verborgenen Dörfer, Häuser, Bäume und Blumen, Menschen und Tiere. Mit einem Wort die Welt. Stattdessen sieht er Nebel, Wolken. Und hier und da hoch hinaufragende Berggipfel, die Festigkeit ausstrahlen. Allein die Berge bieten Halt. Der Nebel und die Wolken dagegen machen alles schwebend. Trotz des Granits scheint alles zu wogen.

Die »Berge allein dem Verfall trotzen, der alles übrige schnell hinwegrafft, zumal unsere eigene, ephemere Person. Nicht daß beim Anblick des Gebirges alles dieses in unser deutliches Bewußtsein träte; sondern ein dunkles Gefühl davon wird der Grundbaß unserer Stimmung.«[1]

Diese Zeilen schrieb Friedrichs vierzehn Jahre jüngerer Zeitgenosse Arthur Schopenhauer. Wie Friedrichs Wanderer liebte auch Schopenhauer das Bergsteigen. Er liebte es zu sehen, wie im frühen Morgengrauen unten alles noch in Dunkel gehüllt war, während oben nach und nach die Sonnenstrahlen durch den Nebel brachen und die Welt mit Farbe übergossen. Da war ihm geradezu ekstatisch zumute. Als er im Frühjahr 1804 kaum sechzehnjährig mit seinen Eltern in die Schweiz reiste, brach er einmal, am 3. Mai, mit Bergführern aus dem am Vierwaldstättersee gelegenen Alpnachstad auf, um bei einer fünfstündigen Tour den zweithöchsten Gipfel des nahegelegenen Pilatus-Gebirges, den 2122 Meter hohen Esel, zu besteigen. Den Anblick, der ihn oben empfing, beschrieb er in seinem Tagebuch so: »Mir schwindelte, als ich den ersten Blick auf den gefüllten Raum warf, den ich vor mir hatte [...] Ich finde, daß eine solche Aussicht von einem hohen Berge außerordentlich viel zur Erweiterung der Begriffe beiträgt [...] Alle kleinen Gegenstände verschwinden, nur das Große behält seine Gestalt bei. Alles verläuft ineinander; man sieht nicht eine Menge kleiner abgesonderter Gegenstände, sondern ein großes, buntes, glänzendes Bild [...] Dinge, die unten so groß schienen, die Gegenstände vieler Bemühungen und Entwürfe sind, sind, wenn man oben steht, verschwunden; und die Herren der Schöpfung, welche unten so gewaltig treiben, kann man jetzt nicht mehr entdecken [...] Die Welt so von oben zu überschauen, ist ein so eigentümlicher Anblick, daß ich denke, daß er für den, der von Sorgen gedrückt ist, etwas sehr tröstliches haben muß«.[2] Solche Erlebnisse hatte er auch später immer wieder. In seinem Reisetagebuch finden sich mehrere solcher Einträge, und als er in Dresden an seinem Hauptwerk arbeitete, berief er sich im Rückblick auf die Berge als Erlebnisquelle. Es mag ihm ergangen sein wie hundert Jahre später Rilke:

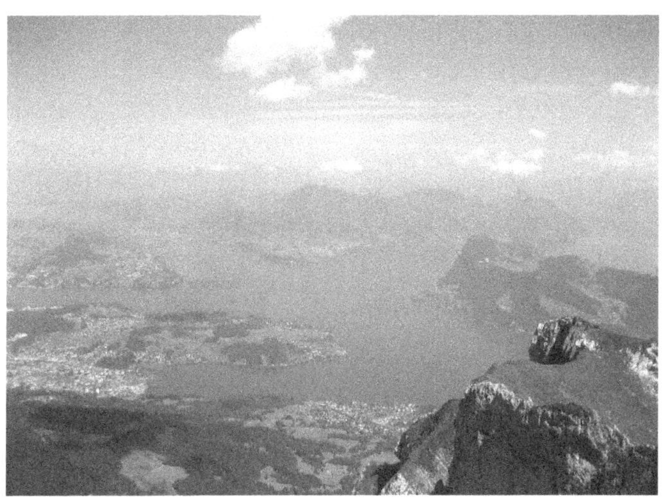

Pilatus

»Ausgesetzt auf den Bergen des Herzens. Siehe,
wie klein dort,
siehe: die letzte Ortschaft der Worte, und höher,
aber wie klein auch, noch ein letztes
Gehöft von Gefühl. Erkennst du's?«

Ob Johanna Schopenhauer, die Mutter des Philosophen, Friedrich von dieser Passion ihres Sohnes erzählte, als sie ihn 1810 in seinem Dresdner Atelier besuchte, um noch im November desselben Jahres über ihn sowie über die dort ausgestellten Gemälde in der damals beliebten Zeitschrift »Journal des Luxus und der Moden« zu schreiben? Vielleicht schon, vielleicht nicht. Vermutlich schon. Allein schon deshalb, weil sie sich im Klaren war, dass inzwischen auch ihren Philosophensohn die gleiche Frage beschäftigte wie Friedrich, nämlich die Frage des Sehens und der Farben, worüber er nicht viel später, 1816, auch ein Buch veröffentlichte. Wenn die Mutter bei ihrem Atelierbesuch von den Bergerlebnissen ihres Sohnes erzählt hatte, muss sich Friedrich acht Jahre später, als er 1818 sein Bild *Der Wanderer über dem Nebelmeer* malte, daran erinnert haben. Schopenhauer lebte damals bereits seit Jahren in Dresden, unweit von Friedrich. 1814–1818 verfasste er sein Werk *Die Welt als Wille und Vorstellung*, dessen Idee sich nach eigenem Bekunden in ihm »wie aus dem Morgennebel eine schöne Gegend« entfaltet habe – wie auf einem Bild von Friedrich. Obwohl es nicht belegt ist, ist es nur schwer vorstellbar, dass sie sich nicht persönlich gekannt hätten. Zumal sie beide regelmäßige Besucher der Dresdner Gemäldegalerie waren. Schopenhauer hatte vielleicht schon in Berlin von Friedrich gehört, womöglich gerade von Schleiermacher, der 1810 in Friedrichs Dresdner Atelier gewesen war, und in dessen Vorlesungen in Berlin sich Schopenhauer kurz darauf einschrieb. Die Auffassungen des Malers und des Theologen-Philosophen über das Erhabene standen auch der Sicht Schopenhauers nah. Man kann fast sicher davon ausgehen, dass er den Artikel seiner Mutter über Friedrich gelesen hatte. Womöglich hatte auch die Malerin Caroline Bardua zwischen ihnen vermittelt. Schopenhauer kannte Bardua, die 1806 ein Gemälde von seiner Mutter und seiner Schwester Adele angefertigt hatte, vermutlich noch aus Weimar. Bardua lebte zu jener Zeit bereits in Dresden und kannte Friedrich nicht nur gut, sondern malte auch sein Porträt. Bardua hatte früher bei Friedrichs Kollegen Gerhard von Kügelgen gelernt, den auch Johanna Schopenhauer gut kannte; und höchstwahrscheinlich verkehrte auch Schopenhauer in Kügelgens Haus in Dresden-Neustadt, wo sich die Dresdner Schriftsteller und Künstler, darunter auch Friedrich, regelmäßig trafen. Einer der engsten Freunde Schopenhauers war der Dresdner Kunstkritiker Johann Gottlob Quandt, der Friedrich nicht nur kannte und über ihn schrieb, sondern zu seiner Sammlung auch ein Werk Friedrichs zählte. Im Auftrag Quandts malte Friedrich 1820 sein Bild *Die gescheiterte Hoffnung*, das verschollen ist, laut Beschreibung aber dem späteren Bild *Das Eismeer* ähnlich gewesen sein muss. Womöglich war auch er ein Vermittler zwischen Schopenhauer und Friedrich. Es konnte aber auch Ludwig Tieck gewesen sein, bei dem sie beide oft verkehrten. Oder der Maler Philipp Otto Runge, ein guter Bekannter Friedrichs, auf dessen Farbkugel Schopenhauer sich gerade um 1815–1816 wiederholt berief.

Es konnte auch Karl August Böttiger gewesen sein, Oberinspektor des Königlichen Antiken-Museums in Dresden, der Friedrich gut kannte und dem jungen Schopenhauer als väterlicher Freund sehr behilflich war, in Dresden Fuß zu fassen. Es gab im Laufe der zwei Jahrhunderte viele Überlegungen, wen Friedrich mit der Rückenfigur gemalt haben könnte. Den zahlreichen Vermutungen sei eine neue hinzugefügt. Schopenhauer. Von hinten betrachtet, vor allem anhand seiner Frisur, ist der Gedanke gar nicht so absurd. Ludwig Sigismund Ruhl hatte 1815 Schopenhauers Porträt gemalt; wenn wir den Mann in dem Gemälde in der Fantasie umdrehen, könnten wir in ihm sogar Friedrichs Wanderer wiedererkennen, auch wenn er etwas älter zu sein scheint als die dreißig Jahre, die der Philosoph bei der Entstehung des Bildes gewesen ist.

Wie dem auch sei, Friedrich malte keine nebelverhangene Landschaft, sondern – da sich der Mann nun mal zwischen ihn und die Landschaft geschoben hatte – einen Mann, der eine nebelverhangene Landschaft betrachtet. Wir, die Betrachter des Bildes, sehen wiederum nicht den Nebel und die Wolken, sondern einen Mann von höchst alltäglicher Erscheinung, der in den Anblick des Nebels versunken ist, der ihn jedoch nicht verdeckt. Infolge dieser mehrfachen Vermittlung wirft die starre und angespannte Gestalt des Wanderers eine Reihe von Fragen auf. Ist es möglich, die Mauer der Wirklichkeit zu durchbrechen, um einen Blick auf das zu werfen, was sich hinter dem Anschein verbirgt? Ist es möglich, das, was unsere so beschränkten Sinnesorgane vor uns verbergen, zu gewahren? Besteht jemals die Möglichkeit, teilzuhaben an dem, was Platon als das »wahrhaft Seiende« bezeichnet? Oder können wir von dem, was wir als »Welt« bezeichnen, nur durch ständige Vermittlungen Kenntnis erhalten? Können wir den Schleier, den Schopenhauer den Schleier der Maja nannte, und der uns in den Fesseln des ewigen Irrtums gefangen hält, jemals zur Seite ziehen?

Und überhaupt: Was ist das für ein Bild, auf dem das, was wir sehen sollten, an unserer Stelle ein anderer sieht, während das, was wir sehen, gerade er nicht sieht?

I. Der geheimnisvolle Schleier der Dämpfe

Alltägliche Betrachter, romantische Landschaften

Schlagen wir Caspar David Friedrichs Album auf und betrachten wir etwas gründlicher sein Bild *Der Wanderer über dem Nebelmeer*, das er 1818 in Dresden gemalt hat.

Was als erstes ins Auge fällt: die Gestalt des Wanderers, der reglos auf einem soeben bestiegenen Felsgipfel steht, als wäre er selbst zu Stein erstarrt, und in das vor seinen Füßen liegende Nebelmeer blickt. Woher kam er und wohin wird er von hier gehen? Denn sein Äußeres lässt keinen Zweifel daran, dass er kein Einheimischer ist. Sein gerader Wanderstab stammt nicht aus einem nahegelegenen Wald, sondern wurde von einem Tischlermeister gedrechselt, in einer fernen Stadt, wie auch seine Kleider von einem städtischen Schneider geschneidert, seine Schuhe von einem städtischen Schuster genäht und seine Haare von einem städtischen Friseur gekräuselt wurden. Er kam von irgendwo weit weg. Und er wird sich in Kürze wieder auf den Weg machen, denn man sieht ihm an, dass er eine andere Art Bequemlichkeit gewohnt ist, als ihm dieser Felsgipfel bieten kann.*

* Auf Grund des altdeutschen Schnittes seiner Kleider und der dunkelgrünen Farbe seines Mantels glauben manche im Wanderer einen hochrangigen, sächsischen Forstbeamten zu entdecken (vgl. Helmut Börsch-Supan, Karl Wilhelm Jähnig, *Caspar David Friedrich. Gemälde, Druckgraphik und bildmäßige Zeichnungen*, München 1973, S. 349), andere wähnen in ihm Oberst Friedrich Gotthard von den Brincken zu erkennen, der zu Beginn der 1810er Jahre in den Napoleonischen Kriegen fiel, und halten das Bild deshalb für ein patriotisches Gemälde mit politischen Untertönen (Joseph Leo Koerner, *Caspar David Friedrich and the Subject of Landscape*, London [2]2009, S. 210). Theodore Ziolkowski ist der Ansicht, dass Friedrich im Wanderer Goethe (Theodore Ziolkowski, *Stages of Euro-*

Er ist kein Heiliger Hieronymus oder Heiliger Antonius, um sich in der Abgeschiedenheit einer solchen Wildnis einzurichten. Wobei jene eine vor ihnen liegende Landschaft auch nicht so bestaunt hätten, nicht so selbstvergessen in ihren Anblick versunken gewesen wären. Für sie war die »Schönheit« der Landschaft noch etwas Selbstverständliches gewesen. Dieser Wanderer hingegen bestaunt die Natur deshalb so andächtig, weil sie für ihn alles andere als selbstverständlich ist. Er ist ein echter Wanderer. Auf den ersten Blick wirkt er wie ein Tourist.* Und wie jeder Tourist sieht auch er vor allem das, was er von vornherein sehen möchte. Er genießt diese nebelverhangene Landschaft deshalb so sehr, weil er selbst aus einer Art Nebel gekommen ist: Aus dem diffusen Dämmerschein des prosaischen Lebens, das Achim von Arnim 1817, ein Jahr vor der Entstehung des Bildes, als »das gleichgültige Nebelmeer der öffentlichen Geschäfte«[3] bezeichnet hatte. Dieser »prosaische Nebel« war es wohl, der unseren Wanderer zum Aufbruch, ja vielleicht sogar zur Flucht aus der fernen Stadt bewogen hatte, um dann in der »unberührten« Natur von neuem den Nebel zu suchen. Wie auf vielen anderen Bildern auch malte Friedrich hier nicht einfach ein »romantisches« Landschaftsbild, sondern einen alltäglichen, betont prosaisch aussehenden Mann (oder auch eine Frau), der in die Betrachtung einer Landschaft versunken

pean Romanticism, Rochester, New York 2018, S. 118) gemalt hat. Nach neuester Annahme widmete Friedrich, der sonst menschenscheu war, dem kurz vor der Entstehung des Bildes verstorbenen Neubrandenburger Pastor Franz Christian Boll, mit dem er eng befreundet gewesen ist, ein Denkmal (vgl. Frank Pergande, »Licht im Nebel. Endlich wissen wir, wer der ›Wanderer über dem Nebelmeer‹ auf Caspar David Friedrichs Gemälde ist«, in: *FAZ Magazin* (April 2020), S. 70–71, hier S. 70).

* Sieben Jahre später, 1825, grübelte Friedrichs Malerkollege Ludwig Richter über die Frage, warum die Deutschen ein innigeres Verhältnis zur Natur hätten als die Italiener, und führte das letztlich darauf zurück, dass die Deutschen sonntags mit der ganzen Familie Ausflüge in die Natur unternahmen (Ludwig Richter, *Lebenserinnerungen eines deutschen Malers*, Leipzig 1909, S. 540).

ist. Er wird es sein, der sie dann romantisch findet. Bei der Betrachtung dieses Wanderers sehen wir nicht nur die nebelverhangene Landschaft und auch nicht nur den Mann, der sie selbstvergessen beobachtet, sondern werden auch Zeugen des Aktes des Sehens und Betrachtens. Friedrich hatte schon früher viel über das nachgedacht, was er das innere Sehen nannte und für die Voraussetzung der Malerei hielt. Und genauso eingehend hatte er sich auch mit dem Sehen befasst. Er malte Sehende und Betrachtende, da ihn das Geheimnis des Sehens und Betrachtens genauso intensiv beschäftigte wie der Geist der Landschaften und Ortschaften. Darum geht es auch in diesem Gemälde.

Der Wanderer hat einen alles überragenden Felsen erklommen, von dem aus kaum etwas anderes als Nebel zu sehen ist. Nebel umgibt ihn, doch er selbst ist aus diesem Nebel ausgeschlossen. Aus der Höhe beobachtet er die nebelverhangene Landschaft, studiert ihre Unbestimmtheit, die Art, wie der Nebel alles miteinander verbindet und verschwimmen lässt. Er ist wie ein Philosoph. Schließlich hatte Schopenhauer nicht lange zuvor über den Philosophen notiert: »Oft steht er plötzlich am Abgrund und sieht unten das grüne Thal: dahin zieht ihn der Schwindel gewaltsam hinab; aber er muß sich halten und sollte er mit dem eigenen Blut die Sohlen an den Felsen kleben. Dafür sieht er bald die Welt unter sich, ihre Sandwüsten und Moräste verschwinden, ihre Unebenheiten gleichen sich aus, ihre Mißtöne dringen nicht hinauf«.[4] So blickt auch der Wanderer um sich: Am wichtigsten ist für ihn der Anblick dessen, was nicht zulässt, dass er sich in den Details verliert. Seine Haltung verrät gespannte Aufmerksamkeit, aber auch Ergriffenheit. Er steht vor und über dem Nebelmeer, als stünde er vor einem Altar. Er erweckt den Eindruck, als hätte er in der Natur den Sinn seines Lebens entdeckt, das, was damals viele auch als göttliche Ganzheit bezeichneten. So gesehen könnte man das Gemälde sogar für ein Selbstbildnis halten, hatte doch einst auch Caspar David Friedrich unter dem Eindruck eines überwältigenden Naturerlebnisses das Abendmahl zu sich genommen.[5*]

Die Projektion des Inneren

Von einem Abendmahl kann auf diesem Bild natürlich nicht die Rede sein. Von Andacht hingegen sehr wohl – und zwar ausgelöst durch den Anblick, der sich Friedrichs Wanderer auf dem Berggipfel bietet. Diesbezüglich ist er ein spätes Alter Ego des ersten großen Bergsteigers Petrarca, der am 26. April 1336 in Gesellschaft seines Bruders und zweier Begleiter den Gipfel des Mont Ventoux bestieg. Den Anblick, der ihn oben empfing, schildert Petrarca in einem Brief so: »Zuerst stand ich, durch den ungewohnten Hauch der Luft und die ganz freie Rundsicht bewegt, einem Betäubten gleich da. Ich schaute zurück nach unten: Wolken lagen zu meinen Füßen [...] Ich wende dann meine Blicke in Richtung Italien, wohin mein Herz sich stärker hingezogen fühlt. Die Alpen selber, eisstarrend und schneebedeckt [...] zeigten sich mir ganz nah, obwohl sie weit entfernt sind.«[6] Unter dem heftigen Eindruck des Naturerlebnisses nahm er sogleich den Heiligen Augustinus zur Hand, was der Kunsthistoriker Gottfried Boehm dahingehend deutete, dass die Bergbesteigung bei Petrarca mit der inneren Einkehr in Verbindung stand.[7] Als öffnete sich der äußere Anblick in seiner ganzen Pracht nur, um den Betrachter dazu zu bringen, dass er sich gleich wieder von ihm abwendet. Friedrichs Wanderer hingegen starrt so andächtig, geradezu versteinert von der Felsenklippe hinab, dass es keinen Zweifel geben

* Sein Malerkollege Carl Gustav Carus beschrieb in einem Brief den Moment, als er einmal von einem Berggipfel hinabblickte, so: »es ist eine stille Andacht in Dir, Du selbst verlierst Dich im unbegrenzten Raume, Dein ganzes Wesen erfährt eine stille Läuterung und Reinigung, Dein Ich verschwindet, Du bist nichts, Gott ist alles« (Carl Gustav Carus, *Reisen und Briefe*, Bd. 2, 1915, S. 29).

kann: Der äußere Anblick steht durchaus im Einklang mit dem, was sich in seinem Inneren abspielt. Sie lassen sich kaum voneinander unterscheiden. Was man in einem solchen Moment sieht, spielt fast keine Rolle mehr: Der Anblick richtet sich ohnehin nach dem Inneren. Man betrachtet die Landschaft und sieht sie so, wie man sie sehen möchte. Mit einem modernen Ausdruck gesprochen: Die Landschaft wird zur Projektion des Inneren.

So gesehen sind wir Zeugen einer durchaus neuzeitlichen Szene. Den am Berggipfel stehenden Petrarca hätte kaum einer seiner italienischen Zeitgenossen so gemalt. Friedrichs Wanderer ist eine typisch neuzeitliche Gestalt mit einem modernen inneren Ich. Er vermag zum Beispiel etwas, was Charles Taylor in seinem Buch über die Entstehung der modernen Identität für eine herausragende Fähigkeit des neuzeitlichen Ichs hält: Er ist in der Lage, sich seelisch außerhalb von Raum und Zeit zu versetzen, sich jederzeit und überall in seinen eigenen subjektiven Raum, seine eigene subjektive Zeit zurückzuziehen.[8] Als Beleg beruft sich Taylor interessanterweise auf jemanden, der große Ähnlichkeiten mit Friedrichs Wanderer aufweist: den französischen Geologen und Schriftsteller Louis Ramond de Carbonnières, einen »Bergsteiger« aus dem Ende des achtzehnten Jahrhunderts, der mit dem Sturm-und-Drang-Schriftsteller Jakob Michael Reinhold Lenz gut befreundet war und unter dem Eindruck von Goethes *Werther* seinerseits einen sentimentalen Roman verfasst hatte. Er hatte in den 1780er und 90er Jahren zahlreiche Berge der Pyrenäen bestiegen und in den 1780er Jahren auf einem Gipfel stehend folgendes geschrieben: »Alles wirkt zusammen, um unseren Betrachtungen größere Tiefe und diesen Anflug von Feierlichkeit zu verleihen, diese Erhabenheit, die ihnen zu eigen wird, wenn die Seele im Sprung, der sie zur Zeitgenossin aller Jahrhunderte und zum Mitwesen alles Seienden macht, über dem Abgrund der Zeit schwebt«.[9] Carbonnières' Ergüsse waren seinerzeit keine Seltenheit: vor allem die Schweizer Alpen inspirierten die Reisenden (und Naturwissenschaftler, in erster Linie Physiker und Geologen) zu ähnlichen Ausbrüchen, wodurch die

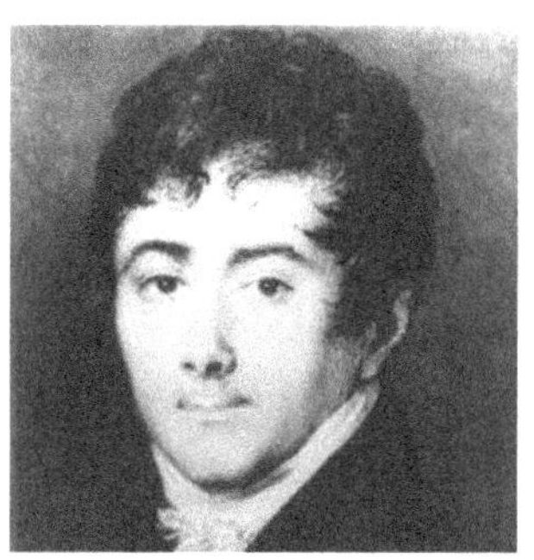

Louis Ramond de Carbonnières (1755–1827)

sich immer größerer Beliebtheit erfreuende Vorstellung des Erhabenen ins europäische Bewusstsein Eingang fand. Wofür steht hier das Erhabene? Für ein Gefühl, das die Seele in bestimmten, außergewöhnlichen Momenten erfasst und ihr den Eindruck vermittelt, aus ihrer eigenen Gegenwart herausgerissen zu werden oder Jahrhunderte in einem einzigen gegenwärtigen Augenblick zu komprimieren. Also außerhalb von Zeit zu geraten. Wir befinden uns in der Blütezeit der Kategorie des Erhabenen. Um diese Zeit, an der Wende vom achtzehnten zum neunzehnten Jahrhundert, reifen Edmund Burkes bereits 1756 geäußerten Gedanken (*A Philosophical Inquiry into the Origin of Our Ideas on the Sublime and Beautiful*) heran und werden zum Gemeingut. Die erhabenen Anblicke und Empfindungen verdanken ihre Beliebtheit unter anderem auch dem Phänomen, dass in allem, was bis dahin vertraut erschien, nun plötzlich auch irgendein zuvor unbekannter, ungeahnter Aspekt zum Vorschein kommt.

Vielleicht auch deshalb hat dieses Gemälde von vornherein etwas Unnatürliches. Nach seiner Kleidung zu urteilen müsste dieser Wanderer, wenn er schon durch die Natur streift, eher Städte, Fabriken, Fabrikschlote, gepflasterte Straßen oder Brücken sehen oder auch die Eisenbahn, obwohl sie die Landschaft zu jener Zeit natürlich noch nicht mit ihrem Netz überzogen hatte. Der dem Wanderer sich darbietende Anblick war wohl schon damals unzeitgemäß – das Ganze hat etwas Übertriebenes, Unnatürliches, das sich nichtsdestotrotz den Anschein von

Natürlichkeit geben möchte. Hinter dem Ganzen steckt irgendein starkes Verlangen. Aber nicht das Verlangen des Wanderers, sondern jenes Friedrichs – er möchte den Wanderer unbedingt etwas sehen lassen, das für ihn vielleicht alles andere als natürlich ist. Er hebt ihn aus seinem Alltag heraus und führt ihn ins Labyrinth der inneren Anblicke.

Dieser Zustand, der auch den Erlebnissen der Mystiker nahesteht, ließe sich fast schon als ekstatisch bezeichnen. Der junge Schopenhauer nannte diesen Zustand, da man sein Ich verliert, aus Raum und Zeit heraustritt, »das bessere Bewußtsein«. Walter Benjamin wird später von »Jetztzeit«, Gaston Bachelard vom »synthetischen Augenblick« sprechen. Man könnte – dem Denken der Romantiker folgend – aber auch von einem schlafwandlerischen Zustand sprechen. Gotthilf Heinrich Schubert, ein Naturwissenschaftler und guter Bekannter Caspar David Friedrichs in Dresden, der sich viel mit der sogenannten »Nachtseite« der Naturwissenschaften, also mit allem, was sich nicht in den Rahmen des Rationalen zwingen lässt, beschäftigt hat, schrieb 1814: »Der Traum, der Somnambulismus, die Begeisterung und alle erhöhten Zustände unserer bildenden Natur, führen uns in schöne, noch nie gesehene Gegenden, in eine neue und selbsterschaffene, reiche und erhabene Natur, in eine Welt voller Bilder und Gestalten.«[10]

Eine solche »innere Landschaft« sehen wir auch auf Friedrichs Gemälde – genauer gesagt, wir sehen die Landschaft so, wie der Wanderer sie sehen möchte. Eine Generation zuvor hätte man die Szene noch so gemalt, dass sich vor dem Wanderer eine gut kartografierbare, mit allen Details üppig ausgestattete Landschaft erstreckt hätte und auch das andächtige Gesicht des Wanderers zu sehen gewesen wäre. Mit anderen Worten, wir, die Betrachter des Bildes, hätten alles gesehen. Friedrichs Technik ist radikal neu. Wir sehen nicht einfach eine Landschaft und auch nicht das Gesicht des Wanderers, wir sehen stattdessen, wie ein gesichtsloser (und womöglich augenloser) Wanderer die Landschaft sehen will. Friedrich befreit den Wanderer aus den Fesseln des Blickes des Betrachters und ermöglicht ihm, nicht das zu sehen, was ich, der Betrachter, sehen möchte, sondern das, was er angesichts der Landschaft selbst empfindet. Der Wanderer genießt seine Freiheit, genießt es, endlich das sehen zu können, was er am liebsten sehen will – auch wenn das zur Folge hat, dass die Welt ringsum undeutbar, chaotisch wird.

In Wahrheit weiß der Wanderer selbst nicht, was er sieht. Er weiß nur eines: Endlich sieht er nicht das, was zu sehen von ihm erwartet wird.

Zerbrochene Perspektive

Carbonnières war nicht der einzige Bergsteiger seiner Zeit. Am 26. Mai 1802, sechzehn Jahre vor der Entstehung von Friedrichs Gemälde, bestieg Alexander von Humboldt in Südamerika über Schneefelder hinweg einen Vulkan und erreichte eine Höhe von über 4000 Metern. Der Weg wurde immer steiler, Humboldt verlor mehrere Begleiter und verirrte sich immer wieder, bis er schließlich unter großen Gefahren, durch Schnee und Nebel vorwärts drängend die Öffnung des Kraters erreichte. Abrupt stehenbleibend blickte er genauso in den vor ihm gähnenden Abgrund wie Friedrichs Wanderer ins Nebelmeer: »Keine Sprache hat Worte, um auszudrücken, was wir erblickten. Ein fast kreisrundes Oval, nur wenig langgezogen von Nordost nach Südost, das Innere eines Gefäßes mit senkrecht geschnittenen, tintenschwarzen Wänden [...] La Condamine [französischer Mathematiker, L. F. F.] hat diesen Ort sehr treffend mit dem Chaos der Dichter verglichen. Man glaubt sich in eine zerstörte Welt versetzt, in der jede Hoffnung verloren ist, sie könnte den Lebwesen jemals als Wohnstätte dienen [...] Die schauerlichen Farben, die gewaltigen Massen, das düstere Licht, die geheimnisvollen Schleier der Dämpfe, die einen Teil verbergen und einen anderen enthüllen – all das ergreift die Phantasie und überspannt sie wie in John Miltons Gesang vom verlorenen Paradies. Die Dämpfe, aufgewirbelt durch die Hitze des vulka-

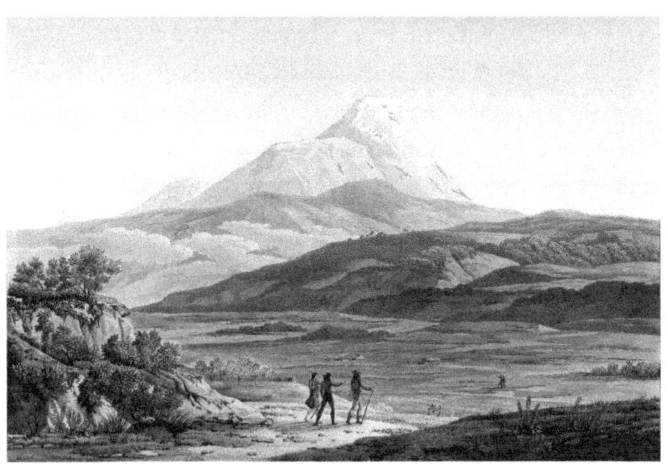

Cayambe

nischen Feuers, sind in dauernder Bewegung. Kaum hat man die Augen fest an einen Gegenstand geheftet, um ihn richtig zu erkennen, so verfinstert sich gerade diese Partie, und wählt man daraufhin eine andere, so wird man in seinen Hoffnungen nur wiederum betrogen, man hat es mit einer Laterna magica zu tun, deren Glasbilder ständig aus dem Brennpunkt des Objektivs verrutschen. Man ist gefesselt, man entsetzt sich, aber man ist außerstande zu entwirren, was man eigentlich sieht.«[11]

Das ist natürlich nicht das, was Friedrichs Wanderer sieht. Könnte er aber das, was er sieht, in Worte fassen, würde er ähnliche Ausdrücke gebrauchen. Vor allem würde auch er (in einem klangvollen, auch eines Dichters würdigen Stil!) erklären, dass ihm die Worte fehlten, um das, was er gesehen hat, angemessen zu schildern. (Wobei auch er sich einer typischen rhetorischen Wendung der in der zweiten Hälfte des achtzehnten Jahrhunderts entstehenden modernen Kunstkritik bedienen würde, die seit Diderot und Rousseau bis zum heutigen Tag lebendig ist: »kein Wort vermag auszudrücken [...]«). Beim Anblick des qualmenden Nebels (der Gase) würde er dann auch vom Chaos sprechen, genauso wie der junge Schopenhauer, der 1804 Folgendes über die Ausblicke, die sich ihm von den schweizerischen Berggipfeln bieten, notiert: »Man sieht die Welt im Chaos unter sich«.[12] Und dabei fiele ihm gewiss jener Teil von Jean Pauls 1796–1797 erschienenem Roman *Siebenkäs* ein, in dem der Verfasser zunächst berichtet, wie »der giftige Dampf«[13] des Atheismus auf ihn gewirkt habe, um anschließend dem toten Christus das Wort zu erteilen, der bekundet, dass Gott gar nicht existiere.* Auch in dem sich ihm bietenden Anblick ist »die Welt zerbrochen«, es gibt keine Nähe und keine Ferne, die Perspektive ist unzuverlässig geworden, auch er gewahrt nur den geheimnisvollen Schleier der Dämpfe, der so umfassend zu sein scheint, dass es fraglich ist, ob sich dahinter überhaupt etwas befindet. Ähnlich mochte auch der Schleier von Sais gewesen sein, den seit Schillers Gedicht niemand mehr zu heben gewagt hat, und über den Kant zu Recht schrieb, dass es nichts Erhabeneres gäbe.** Wie Humboldts Vulkan könnte auch Friedrichs Landschaft ein Schauplatz des Verlorenen Paradieses sein; auch hier ist alles in Bewegung, im Wandel, im Entstehen begriffen. Und wenn Humboldt von der

* »Ich ging durch die Welten, ich stieg in die Sonnen und flog mit den Milchstraßen durch die Wüsten des Himmels; aber es ist kein Gott. Ich stieg herab, soweit das Sein seine Schatten wirft, und schauete in den Abgrund und rief: ›Vater, wo bist du?‹ aber ich hörte nur den ewigen Sturm, den niemand regiert, und der schimmernde Regenbogen aus Wesen stand ohne eine Sonne, die ihn schuf, über dem Abgrunde und tropfte hinunter. Und als ich aufblickte zur unermeßlichen Welt nach dem göttlichen Auge, starrte sie mich mit einer leeren bodenlosen Augenhöhle an; und die Ewigkeit lag auf dem Chaos und zernagte es und wiederkäuete sich. – Schreiet fort, Mißtöne, zerschreiet die Schatten; denn Er ist nicht!« (Jean Paul, *Siebenkäs*, S. 269). Den Krater, den Humboldt erblickt, wird Georges Bataille später als den Anus der Erde bezeichnen; und nichts ist natürlicher, als dass man auf der Suche nach dem Gott, der dort thront, das Gleiche gewahrt, wie später Lautréamont: »einen Thron […] aus menschlichen Exkrementen und Gold gebildet, auf dem mit idiotischem Stolz, den Leib mit einem Leichentuch aus ungewaschenen Krankenhauslaken bedeckt, jener thronte, der sich selbst den Schöpfer nennt« (Lautréamont, *Die Gesänge des Maldoror*, II, Hamburg 1996, S. 8).

** »Nun«, fragt ihr, »und was zeigte sich ihm hier?« / Ich weiß es nicht. Besinnungslos und bleich, / So fanden ihn am andern Tag die Priester /

Laterna magica, dem Brennpunkt des Objektivs und den verrutschenden Glasbildern spricht, könnte Friedrichs Wanderer begeistert ausrufen: Von der Laterna magica und ähnlichen Geräten könnte auch ich etwas erzählen! Vielleicht sogar noch mehr! Doch lassen wir die Laterna magica fürs erste – von ihr wird später noch die Rede sein.

Am Ende seines Berichts bedient sich Humboldt einer schönen und ehrlichen Wendung: Es sei unmöglich herauszufinden, was man eigentlich sehe. Dasselbe könnte auch Friedrichs Wanderer sagen. Das Durcheinander der Nebelflecken und zerklüfteten Felsen verstärkt noch das Gefühl der Unklarheit und Rätselhaftigkeit der Welt. Natürlich lässt sich der südamerikanische Vulkan kaum mit Friedrichs Landschaft, der sächsischen Schweiz in der Nähe Dresdens, vergleichen. Doch wurde der Glaube an die Verlässlichkeit des Sehens in ihnen beiden gleichermaßen erschüttert. Was sie mit ihren Blicken erfassen, ist unterschiedlich; das Wie ihres Sehens ist aber sehr ähnlich. Und dieses Wie vermag sogar den Glauben an die sogenannte »Objektivität« zu erschüttern.

Sie wissen nicht, was sie sehen? Und ob sie es wissen! Aber sie setzen ihr Wissen außer Kraft – damit es ihr Sehen nicht stört.

Am Fußgestell der Isis ausgestreckt. / Was er allda gesehen und erfahren / Hat seine Zunge nie bekannt. Auf ewig / War seines Lebens Heiterkeit dahin, / Ihn riß ein tiefer Gram zum frühen Grabe« (Schiller, *Das verschleierte Bild zu Sais*). Und was sagt Novalis? »Einem gelang es, – er hob den Schleier der Göttin zu Sais – Aber was sah er? Er sah – Wunder des Wunders – sich selbst« (Novalis, *Schriften*, in: ders., *Schriften 1–5*, Bd. 3, hrsg. v. P. Kluckhohn u. a., Stuttgart 1960–1988, S. 95). Und Kant: »Vielleicht ist nie etwas Erhabneres gesagt, oder ein Gedanke erhabener ausgedrückt worden, als in jener Aufschrift über dem Tempel der Isis (der Mutter Natur): ›Ich bin alles was da ist, was da war, und was da sein wird, und meinen Schleier hat kein Sterblicher aufgedeckt‹« (Kant, *Kritik der Urteilskraft*, I.1.2. § 49).

Kants Schüler

Es ist nicht ausgeschlossen, dass der Wanderer vor seiner Anreise aus der nahegelegenen Stadt nicht nur Schopenhauer, sondern auch dessen Meister Kant studiert hat. Das hatte möglicherweise auch Friedrich selbst getan: Wenn von keinem anderen, so hatte er gewiss von seinem damals bereits verstorbenen Freund Heinrich von Kleist von Kant gehört, schließlich war Kleists Leben durch seine sogenannte Kant-Krise in seinen Grundfesten erschüttert worden. Auch Friedrich mochte in den Werken Kants geblättert haben, und dessen Worte über das Erhabene könnten sein Interesse geweckt haben, auch wenn er eher seinen eigenen Wahrnehmungen als den abstrakten Wahrheiten der Philosophie vertraute. Und wenn er das Wort »erhaben« hörte, dachte er nicht nur an einen Begriff der Ästhetik, sondern auch an die »Erhabenheit« im ursprünglichen Sinn des Wortes, an etwas, das alles andere ringsum überragte. Johann Gottfried Ebel etwa verwendet in seinem 1793 erschienenen Reiseführer *Anleitungen auf die nützlichste und genussvollste Art in der Schweitz zu reisen* mindestens acht Mal das Wort »erhaben« und meint damit stets, dass sich der gerade beschriebene Berggipfel über die Umgebung erhebt. So wird der Gipfel des Mont Blanc für ihn zum höchsten (erhabensten) Gipfel Europas, ohne dass er auf dessen »erhabenen Anblick« einginge.[14] Will er hingegen das beschreiben, was Kant unter dem Erhabenen verstand, verwendet er andere Worte. So heißt es in seiner Einführung in die Schweiz als Ganzes: »Alles Grosse, Ausserordentliche und Erstaunenswürdige, alles Schreckliche und Schauderhafte, alles Schöne, Sanfte, Reizende, Heitre, Ruhige und Süsserquickende, was in der ganzen Natur zerstreut ist, scheint sich hier in einem kleinen Raum vereinigt zu haben«.[15]

Wir befinden uns nicht nur in der Heldenepoche der deutschen Philosophie, sondern auch im Zeitalter der ersten Reisebeschreibungen. (Die ersten Baedeker-Reiseführer erscheinen seit 1832). Möglicherweise hat Friedrich auch in diesen geblättert. Sollte er aber auch Kant zur Hand genommen haben, dürfte er das, was jener über die Wahrnehmung schreibt, noch interessanter gefunden haben als die Idee des Erhabenen. Die Körperhaltung von Friedrichs Wanderer, die Art, wie er sein linkes Bein etwas höher stellt und das Gewicht, das auf seinem anderen Bein lastet, durch den Stock in seiner rechten Hand ausgleicht, wie er sich also auf drei Punkte aufstützt – nun, diese gesetzte Haltung erweckt den Eindruck, als beschäftigten den Wanderer eine ganze Handvoll Fragen. Wie kann ich mit Sicherheit wissen, ob das, was ich sehe, wirklich das ist, was es zu sein scheint? Sehe ich tatsächlich das, worauf sich mein Blick richtet, oder ist alles, was vor mir liegt, eine Projektion meiner Gedanken, Sehnsüchte, Vorstellungen? Was ist davon unmittelbar gegeben, in seiner eigenen Sinnlichkeit und Unmittelbarkeit, und was füge ich mit meinen Urteilen, meinem Verstand, meinen Deutungen hinzu? Und käme ein Meereswesen daher oder stünde dort ein Außerirdischer, würden auch sie dasselbe sehen wie ich oder etwas ganz anderes?

Insofern betrachtet der Wanderer das Nebelmeer vor sich als echter Phänomenologe. Vergessen wir nicht: den Begriff »Phänomenologie« gab es zu diesem Zeitpunkt bereits. Heinrich Lambert (1728–1777) hatte ihn in seinem 1759 erschienenen Buch *La pespective affranchie de l'embaras du plan géométral* eingeführt, als er den Vorschlag machte, statt die »geometrische Projektion« zu untersuchen zu einem Studium der Welt, wie sie unseren Sinnen erscheint, zurückzukehren.[16] Wichtiger als die abstrakte Wahrheit der Geometrie erscheint ihm die Wahrheit der Sinneserfahrung, auch wenn diese nicht messbar, nicht nachweisbar, sondern willkürlich, subjektiv ist. Einen unermesslichen Vorteil hat sie dennoch: verlässt sich der Mensch auf seine Sinneswahrnehmungen, hat er das Gefühl, dass die Wahrheit nicht irgendwo unfassbar weit weg, »über seinem Kopf«, schwebt, sondern seiner Seele, seinem Herzen entspringt. Wodurch sie natürlich auch relativ wird: Wahr ist das, was ich dafür halte. Die Wirklichkeit ist das, was ich für die Wirklichkeit halte. Und das sagt bereits Schopenhauer. Und mit ihm sagt es auch sein Bergsteigergefährte, der Wanderer.

Was angeblich nicht wert ist, gemalt zu werden

Wenden wir uns weiter dem Gemälde zu. Denn was betrachtet der Wanderer von seinem Felsen, was beobachtet er so beharrlich? Vor allem die Wolken, das Nebelmeer, dieses Geflecht aus Nebel und Wolken. Friedrich schrieb einmal: »Wenn eine Gegend sich in Nebel hüllt, erscheint sie größer, erhabener und erhöht die Einbildungskraft und spannt die Erwartung gleich einem verschleierten Mädchen. Auge und Phantasie fühlen sich im allgemeinen mehr von der duftigen Ferne angezogen als von dem was so nah und klar vor Augen liegt«.[17] In Friedrichs Skizzenbuch von 1807-1808 finden sich zahlreiche Wolkendarstellungen, versehen mit Notizen zu ihren Farben. Er malte oder zeichnete mit Vorliebe Bilder, auf denen beim Blick aus der Höhe ausschließlich Wolken zu sehen waren, und auch sonst hüllte er die Landschaften bevorzugt in Nebel, was sie geheimnisvoller erscheinen ließ. Und damit auch unzugänglich, unnahbar. Und uneinnehmbar. 1822 schrieb ein Kritiker über ein Gemälde Friedrichs (vermutlich über das Bild *Morgennebel an der Elbe*[18]): Die Natur, wenn sie von Nebel bedeckt ist, sei nicht malerisch. Ließe Friedrich nur den Nebel aufsteigen, fährt er fort, wäre das Bild, das dann zum Vorschein käme, gewiss schön, so jedoch könne man das nicht behaupten. Der Kritiker lehnte vermutlich nicht den Nebel (die Wolke) an sich ab, sondern dass nichts als Nebel zu sehen war. Er rügte also, dass sich der Nebel »verselbständigt« habe, dass er nicht Teil eines umfassenderen Anblicks sei, sondern sich aus den anderen Elementen der Natur herausgelöst habe. Dass er statt eines physikalischen (atmosphärischen, meteorologischen) Phänomens ein Element der Metaphysik geworden sei. Also etwas, was nicht zu malen sei. Für Friedrich hingegen war gerade dieses vermeintlich »Unmalbare« das Wichtigste: Man kann es zwar nicht aufspüren, ergreifen, die Suche nach ihm lässt sich aber sehr wohl malerisch darstellen. Was Friedrich in seinem Tagebuch über *Der Mönch am Meer* notierte, hätte er genauso gut auch über *Der Wanderer*

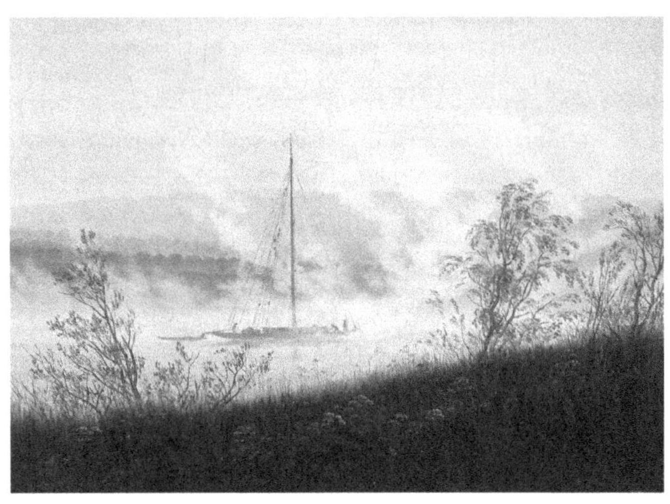

Flussufer im Nebel

über dem Nebelmeer schreiben können: »Und sännest du auch vom Morgen bis zum Abend, vom Abend bis zur sinkenden Mitternacht; dennoch würdest du nicht ersinnen, nicht ergründen das unerforschliche Jenseits!«[19] Dieses »unerforschliche Jenseits« durchsetzt in Gestalt von Wolken und Nebel auch das Diesseits. Friedrichs Gemälde »ergreifen das Gemüth mehr als das Auge«, schrieb Johanna Schopenhauer 1810 nach einem Besuch in Friedrichs Atelier.[20] Sie hat natürlich Unrecht, denn in seinem Buch über das Sehen und die Farben wird ein paar Jahre später – gleichfalls in Dresden – gerade ihr Sohn erläutern, dass die Funktionsweise des Auges untrennbar mit dem Verstand, dem Urteilsvermögen, dem Gemüt, der Stimmung verbunden sei. Und doch hatte Johanna Schopenhauer etwas erfühlt: dass Friedrich, obwohl er ausschließlich das malte, was sichtbar war (etwas anderes konnte er auch gar nicht malen), die unsichtbaren Schichten hinter den Dingen wahrnehmbar werden ließ. »Ein Metaphysicus mit dem Pinsel«, sagte der junge, schwedische Dichter Per Daniel Amadeus Atterbom über Friedrich, als er ihn im Spätsommer 1817 in seinem Atelier besuchte.[21] Das schrieb er als Lob. Diejenigen, die Friedrich kritisierten, warfen ihm aber, wenn auch unausgesprochen, vor, mit dem Malen von Phänomenen zu experimentieren, die dessen nicht würdig seien.*

Das ist aber kein neu aufgekommener Vorwurf. Friedrich setzt, wenn auch mit anderen Schwerpunkten, eine alte Tradition fort. Laut Hubert Damisch taucht die erste Wolkendarstellung in den Mosaiken der Kirche Santa Maria Maggiore in Rom auf (432–440 n. Chr.) und verweist auf die eigentümliche Erscheinung Gottes: Die Wolke bringt Gott in einer Weise zum Vorschein, dass sie ihn den Blicken der Irdischen gleichzeitig auch entzieht. Die Wolke, schreibt Damisch in seiner Interpretation des Mosaiks, »ist das Instrument einer Subtraktion [...] [sie führt] ins pikturale Feld etwas wie eine Differenzierung ein, etwas wie eine Kluft, einen Bruch, der figürlich die Brüchigkeit der ständig dem Riss des Wunders ausgesetzten menschlichen Ordnung manifestiert«.[22] Die Szene auf dem Mosaik in Rom ist aber keineswegs christlichen Ursprungs: Auch Jupiter in Ovids *Metamorphosen* erscheint in Wolkengestalt (I. 599–600), um Io zu verführen. Für Io symbolisiert die Wolke nicht nur die Ferne und Uneinholbarkeit des Gottes, sondern auch die Möglichkeit der Vereinigung mit ihm. Noch indem er zu nichts (etwas Nebelhaftem) zerrinnt, bereitet Jupiter sinnliche Wonne. Gerade in seiner Ungreifbarkeit ist er am greifbarsten. Die Szene wurde

* Das war nicht immer ein Vorwurf gewesen. Als zum Beispiel Erasmus von Dürers Tod erfuhr, schrieb er über den von ihm hochgeschätzten Maler: Dürer »hat sogar das gemalt, was man nicht malen kann: Feuer, Lichtstrahlen, Gewitter, Wetterleuchten, Blitze und selbst, wie es heißt, Wolken an der Wand« (zit. n. Victor J. Stoichita, *Das mystische Auge. Vision und Malerei im Spanien des Goldenen Zeitalters*, München 1997, S. 89). Über das Leben Piero di Cosimos schreibend führt Vasari als Beleg für dessen sonderbaren Charakter seine Vorliebe für *Wolken* und Flecken am Verputz von Wänden an (Hubert Damisch, *Theorie der Wolke. Für eine Geschichte der Malerei*, Zürich, Berlin 2013, S. 50) – deren Studium übrigens nicht erst Leonardo, sondern lange vor ihm bereits Plinius, der Ältere, den Malern empfohlen hatte (vgl. Arthur Koestler, *The Act of Creation*, New York 1984, S. 376).

von Correggio (1531–1532) gemalt, und wie bei Friedrich (und vor ihm bereits bei Zurbarán und vielen anderen) ist die Wolke bei ihm nicht nur eine meteorologische Erscheinung, sondern ein Ort der mystischen Entzückung.*

Goethe sucht Friedrich mit dem Vorschlag eines »Wolkenatlas« auf

Bis zur zweiten Hälfte des achtzehnten Jahrhunderts knüpfte die Darstellung von Wolken in der Malerei nicht an deren naturwissenschaftliche Untersuchung an. Laut Werner Busch beruhten nicht einmal die niederländischen Wolkendarstellungen des siebzehnten Jahrhunderts auf meteorologischen Wolkenbeobachtungen.[23] Das erste bedeutende Unterfangen dieser Art gab es in den 1780er Jahren, als Alexander Cozens in England sein Buch *A New Method of Assisting the Invention in Drawing Original Compositions of Landscape* (London, 1785/86) veröffentlichte, in dem er den Versuch unternahm, Wolken auf naturwissenschaftlicher Basis zu untersuchen. 1772 perfektionierte der Genfer Geologe Jean André Deluc das Barometer, um die Temperaturveränderungen der Atmosphäre studieren zu können. Ein anderer Genfer, Horace-Bénédict de Saussure, bestieg 1778 als einer der ersten den Gipfel des Mont Blanc, um diverse atmosphärische Messungen durchzuführen, und veröffentlichte im darauffolgenden Jahr sein Buch *Voyages dans les Alpes* (Neuchâtel-Genf, 1779),[24] in dem er auch auf den Luftdruck ausführlich einging. Der eigentliche Durchbruch gelang aber erst in den ersten Jahren des neunzehnten Jahrhunderts:

* Die Heilige Teresa von Ávila: »Der Herr ergreift die Seele und hebt sie vollkommen von der Erde, so wie die Wolken oder die Sonne, wie ich gehört habe, die Dämpfe anziehen. Die göttliche Wolke erhebt sich in den Himmel, erhebt in ihrem Gefolge die Seele und beginnt, ihr den Glanz des Reichs, das ihr bereitet ist, zu entdecken« (zit. n. Damisch, *Theorie der Wolke*, S. 67 f.).

1803 veröffentlichte der Engländer Luke Howard seine Wolken-Terminologie, ihr folgte 1818–1820 sein Werk *The Climate of London*. Goethe lernte Howards Wolken-Systematik bereits 1815 kennen und verfolgte die Arbeit des englischen Forschers fortan mit besonderer Aufmerksamkeit. Zu Ehren Howards verfasste er ein Gedicht (»Howards Ehrengedächtnis«) sowie 1820 eine Studie (»Wolkengestalt nach Howard«).*

Goethe traf Caspar David Friedrich im Herbst 1816, um ihn zu bitten, die von Howard beschriebenen Wolkentypen zu malen.

Es war nicht ihre erste Begegnung. Schon 1805 hatte der junge Friedrich zu den jährlich veranstalteten Weimarer Preisaufgaben einige Sepiabilder eingeschickt, die von Goethe mit einem Preis bedacht worden waren. (Erst vom darauffolgenden Jahr an begann er mit der Lockerung der Struktur seiner Bilder zu experimentieren.) Sein 1809 entstandenes Bild *Landschaft mit Regenbogen* basierte auf Goethes Gedicht »Schäfers Klagelied«. In Weimar wurden einige seiner Gemälde gekauft, und seit 1810 kam es auch zu mehreren persönlichen Begegnungen zwischen ihnen. Am 18. September 1810 besuchte Goethe Friedrich zum ersten Mal in seinem Dresdener Atelier (unter anderem begleitet von Johanna Schopenhauer, der Mutter des Philosophen)** und notierte zu den beiden großformatigen, in Arbeit befindlichen Gemälden *Abtei im Eichenwald* und *Der Mönch am Meer*, die er dort sah, in seinem Tagebuch: »zu Friedrich. Dessen wunderbare Landschaften. Ein Nebelkirchhof, ein offnes Meer«.*** Die Wolken und den Nebel in den Gemälden mochte

* Über den *Naturwissenschaftler* Goethe schreibt Fichte in einem Brief: »Er ist weit mehr eingeweiht in das *freie Forschen*, als man bei seinem dichterischen Charakter glauben sollte, und übertrifft Schiller darin um vieles, der eigentlich in zwei Welten lebt« (in: Hans Heinrich Borcherdt, *Schiller und die Romantiker. Briefe und Dokumente*, Stuttgart 1948, S. 197).

** Friedrich erwiderte den Besuch in Weimar vom 9.–10. Juli 1811.

*** Nach Frank Büttner ist das Adjektiv »wunderbar« doppeldeutig und hat auch einen negativen Beiklang (Frank Büttner, »Abwehr der Romantik«, er besonders aufmerksam betrachtet haben, hatte ihm doch erst einige Monate zuvor, am 2. Februar 1810, Philipp Otto Runge in einem Brief davon geschrieben, dass sein höchstes Ziel als Maler darin bestünde, die Licht- und Beleuchtungseffekte zu studieren, etwa »eine glatte Meeresfläche, in welcher sich ein heiterer Himmel rein spiegelt [...]; so auch Sonnen-Aufgang und -Untergang als bloße Erscheinung in der Luft charakterisiert; wie auch Mondschein und andere Effekte. Dieses ist nach meiner Meinung das Ziel welches wir erreichen können«.[25] Goethe verfolgte Runges Laufbahn mit Interesse, aber ohne sonderliche Begeisterung; er misstraute der naturwissenschaftlichen Verwendbarkeit der Experimente des jungen Malers. Auch Friedrichs Malerei gefiel ihm nicht übermäßig. Obwohl ihr Verhältnis bis 1816 nach außen von gegenseitiger Anerkennung geprägt war (am 9. und 10. Juli 1811 trafen sie sich in Jena ein weiteres – und letztes – Mal), machte Goethe im engeren Kreis keinen Hehl aus seiner Meinung. Der Kunsthistoriker Sulpiz Boisserée etwa notierte Goethes Meinung über Friedrich 1815: »Die Bilder von Maler Friedrich können eben so gut auf dem Kopf gesehen werden. Goethes Wuth gegen dergleichen; wie er sich ehemals ausgelassen, mit Zerschlagen der Bilder an der Tischecke; Zerschießen der Bücher u.s.w.«[26]*

in: Sabine Schulze (Hrsg.), *Goethe und die Kunst*, Stuttgart 1994, S. 456–467, hier S. 458). Ludwig Schorn schrieb 1820: Friedrich »verirrt sich immer tiefer ins wunderlich Mystische« (Ludwig Schorn, »Ueber die diesjährige Kunstausstellung in Dresden«, in: *Morgenblatt für gebildete Stände, Beilage Kunst-Blatt* 23. November–4. Dezember (1820), S. 373–387, hier S. 377), »nichts ist ihm neblicht und wunderlich genug« (ebd., S. 380).

* Friedrichs Bilder waren nicht die einzigen, die Goethe in Rage versetzen konnten. Das Exemplar von Kleists *Käthchen von Heilbronn* schleuderte er nach der Lektüre wutentbrannt ins Kaminfeuer (vgl. Helmut Sembdner (Hrsg.), *Heinrich von Kleists Lebensspuren*, München 1996, S. 343). Ähnlich verfuhr später John Ruskin mit Goyas *Capricho*-Zyklus: Auch er verbrannte das in seinem Besitz befindliche Exemplar. Gewiss wollte Goethe – beziehungsweise Ruskin – weniger das Werk an sich vernichten als – allen Bilderstürmern gleich – jenen Teil seiner eigenen Seele für immer ausmerzen, der durch das Werk gerührt worden war und ihn in einen solchen Zustand der Erregung versetzt hatte.

Nichtsdestotrotz suchte Goethe im Herbst 1816 durch Vermittlung der Malerin Louise Seidler Friedrich erneut mit dem Vorschlag auf, gemeinsam einen »Wolkenatlas« zu erstellen. Friedrich lehnte das Angebot ab. Er befürchtete, dass »die leichten freien Wolken sklavisch in diese Ordnungen [nämlich in Howards Wolkensystem] eingezwingt werden.«[27] Mit seiner Reaktion verdarb er ihr ohnehin nicht »ungetrübtes« Verhältnis vollends. Fortan fielen Goethes Urteile über ihn immer kritischer aus. Seine Studie »Ruisdael als Dichter« (1816) richtete sich zum Teil schon gegen die Friedrichsche Landschaftsmalerei. Zur großen Abrechnung kam es 1817, ein Jahr später. In seiner Studie »Neudeutsche religios-patriotische Kunst«, gemeinsam mit J. H. Meyer, wirft Goethe Friedrich nichts Geringeres vor, als dass er die Kunst der Beleuchtung nicht kenne oder verschmähe und auch der Milderung und Übereinstimmung der Farben keine Beachtung schenke. Was seine Ablehnung der mystisch-religiösen Empfindung betrifft, hätte Goethe Nietzsches spätere Bemerkung mit Genugtuung gelesen: »der Deutsche versteht sich auf die Schleichwege zum Chaos. Und wie jeglich Ding sein Gleichnis liebt, so liebt der Deutsche die Wolken«.[28]

Das 1818 entstandene Bild *Der Wanderer über dem Nebelmeer* kann also sogar als malerische Botschaft an Goethe verstanden werden* – noch nie hatte Friedrich seine Vorliebe für Wolken und Nebel so offenkundig vor Augen geführt. Er bewies damit, dass er Wolken und Nebelschwaden sehr wohl malen konnte, und zwar auf Grund durchaus genauer Beobachtung, wobei er sich weitgehend hütete, sie auch auf naturwissenschaftlicher Basis zu studieren.[29]

Friedrichs Verhältnis zur Natur bietet ein ganz anderes Verständnis, als die naturwissenschaftliche Erklärung. Im achtzehnten Jahrhundert war die Natur immer offenkundiger zu einem

* Es gibt auch die Theorie, dass Friedrich im Wanderer Goethe selbst gemalt hat (Börsch-Supan/Jähnig, *Caspar David Friedrich*, S. 349).

Objekt des rationalen, wissenschaftlichen Denkens geworden, was ihrer Unterjochung durch die Technik den Weg ebnete. Das Wort »Naturwissenschaft« tauchte 1703 im deutschen Sprachraum auf und wurde von Nietzsche später als Wille zur Macht über die Natur, als Vergewaltigung der Natur gedeutet.[30] Gleichsam als Reaktion darauf wollten viele Romantiker in der Natur wieder das Subjekt des Universums sehen, die Manifestation der ästhetischen Harmonie, der verstandesmäßig nicht zu begreifenden Vollkommenheit, einer Art mystischen Identität. Der bereits erwähnte Gotthilf Heinrich von Schubert hatte, über die Nachtseite der Naturwissenschaft schreibend, sich schon zehn Jahre vor der Entstehung des Gemäldes zum Ziel gesetzt, mit seinem Buch den Rahmen der herrschenden Naturwissenschaft zu sprengen; anstelle des kaum einhundertjährigen Begriffs »Naturwissenschaft« wollte er den Begriff »Naturkultus« einführen.[31] Ähnliche Absichten verfolgten auch diejenigen, für die die Beschäftigung mit der Natur fast schon eine theologische Frage darstellte – darunter Schriftsteller wie Novalis oder Jean Paul, Philosophen wie Schelling oder Franz von Baader, Naturwissenschaftler wie Heinrich Steffens oder Lorenz Oken oder eben Maler wie Philipp Otto Runge. Zu ihnen gehörte auch Friedrich.

Obwohl Goethe keineswegs zur Gruppe der rationalistischen Naturwissenschaftler zählte, enthielt er sich weitgehend des romantischen Naturkults. Nach Friedrichs Ablehnung schlug seine Zurückhaltung in offene, unverhohlene Ablehnung um.

Die Wolken untergraben die Verlässlichkeit des Raumes

Friedrichs gegen Goethe geführte Polemik könnte leicht den Anschein erwecken, als prallten dabei – zugespitzt ausgedrückt – die wissenschaftliche und die romantische Naturschau aufeinander. In Wahrheit geht es um mehr. Beziehungsweise um etwas anderes. Man sollte nicht vergessen, dass Goethes Verhältnis zur Natur nicht weniger innig als das der Romantiker war, dass ihm der seelenlose Rationalismus zur Enträtselung der Natur genauso ungeeignet erschien wie Novalis, Oken oder eben Friedrich. Und umgekehrt malte Friedrich, und mochte er noch so romantisch gesinnt gewesen sein, die Wolken in seinen Bildern sehr gut und genau – viele von ihnen wären von jedem naturwissenschaftlichen Handbuch der Zeit als Illustration übernommen worden. Dessen war sich auch Goethe bewusst, sonst hätte er Friedrich kaum das Angebot des »Wolkenatlas« gemacht. Wenn er dessen Bilder also trotz allem am liebsten an der Tischecke zerschlagen hätte, so liegt die Ursache dafür keineswegs in einer fehlerhaften, willkürlichen oder »romantischen« Darstellung der Wolken. Stattdessen sind die Wurzeln des tiefgreifenden Gegensatzes anderswo zu suchen.

Was der wahre Grund gewesen sein mag, könnte uns – auf Umwegen – der Philosoph Arthur Schopenhauer verraten. Bevor Goethe Friedrich 1816 mit der Idee des Wolkenatlas aufsuchte, hatte Goethe im Winter 1813–1814 mehrere lange Gedankenaustausche mit dem jungen, kaum sechsundzwanzigjährigen Schopenhauer über die Farbtheorie und das Licht, das für beide eine Herzensangelegenheit darstellte. Ihr Ansatz war aber genauso gegensätzlich wie der Ansatz Friedrichs und Goethes bezüglich der Wolken. Goethe betonte die »Objektivität« des Lichtes, wogegen für Schopenhauer, in dem die Idee der »Vorstellung«, die bald zu einem Kardinalpunkt seines großen Werkes werden sollte, zu dieser Zeit bereits herangereift war, das Licht untrennbar mit dem wahrnehmenden Menschen verbunden war. Ihren Disput schilderte er Jahrzehnte später einem seiner ersten Schüler, Julius Frauenstädt: »Aber dieser Goethe war so ganz Realist, daß es ihm durchaus nicht zu Sinn wollte, daß die Objekte als solche nur da seien, insofern sie von dem erkennenden Subjekt vorgestellt werden. Was, sagte er mir einst, mit seinen Jupitersaugen mich anblickend, das

Licht sollte nur da seyn, insofern Sie es sehen? Nein, Sie wären nicht da, wenn das Licht Sie nicht sähe«.[32] Nichts ist verständlicher, als dass zwei, drei Jahre später – vielleicht sogar an dem Tag, an dem Goethe Friedrich bezüglich des Wolkenatlas benachrichtigte – Schopenhauer bei der Arbeit an seinem Hauptwerk Byrons Childe Harold zustimmend zitierte: »Are not the mountains, waves and skies, a part / Of me and of my soul, as I of them?«[33]

Solche Gräben bestimmten auch den Gegensatz zwischen Friedrich und Goethe. Ein Gedicht kann hier für Klarheit sorgen. Nach Friedrichs Tod entdeckte man in seinem Nachlass die handschriftliche Kopie von Goethes Gedicht »Amor als Landschaftsmaler«.[34] Dieses Gedicht muss für Friedrich von besonderer Bedeutung gewesen sein, sonst hätte er es wohl kaum kopiert. Goethe schildert darin einen Mann, der auf einem Felsgipfel steht und die alles verhüllenden Nebelschwaden betrachtet:

Saß ich früh auf einer Felsenspitze,
Sah mit starren Augen in den Nebel;
Wie ein grau grundiertes Tuch gespannet,
Deckt' er alles in die Breit und Höhe.

Der Mann wird von einem Knaben angesprochen und gefragt, ob er wohl die Kunst des Malens vergessen habe, da er sosehr in den Anblick versunken sei?

Stellt' ein Knabe sich mir an die Seite,
Sagte: »Lieber Freund, wie magst du starrend
Auf das leere Tuch gelassen schauen?
Hast du denn zum Malen und zum Bilden
Alle Lust auf ewig wohl verloren?«

Daraufhin beginnt der Knabe – Amor – zu malen, bis am Ende der Nebel verschwunden und an seiner Stelle eine wunderschöne

Landschaft zum Vorschein gekommen ist, mit einem Mädchen, zu dem der Mann glücklich hinläuft.

Wie für Friedrichs Wanderer ist in diesem Gedicht zunächst auch für Goethe der Nebel der wichtigste Anblick. Bei ihm hat dieser Nebel jedoch die Bestimmung, früher oder später aufzusteigen, damit das, was er verdeckt, zum Vorschein kommen kann. Der Nebel ist schön, noch schöner ist jedoch das, was dahinter ist. Mit anderen Worten: Der Nebel ist tatsächlich nur ein Tuch, das man zur Seite ziehen muss. Oder übermalen muss. Oder auf das man, wie auf eine Filmleinwand, andere Bilder projizieren muss. Für Friedrich hingegen kann man den Nebel nicht zur Seite ziehen. Er ist kein Tuch, auf das man etwas projizieren könnte, er selbst ist das Ergebnis der Projektion. Kein Zwischenzustand, sondern etwas, das nie aufsteigen wird. Nicht auf den Nebel wird projiziert, der Nebel selbst projiziert sich auf die Schöpfung. Für Goethe lässt sich der Nebel von dem, der ihn wahrnimmt, trennen, auch wenn er in dessen Betrachtung versunken ist. Friedrich hingegen hält den Nebel für genauso untrennbar mit dem Betrachter, mit seinem augenblicklichen Zustand, verbunden wie Schopenhauer das Licht.

Betrachten wir das Bild *Der Wanderer über dem Nebelmeer* aufmerksam, entdecken wir ein Problem, das auch Goethe aufgefallen sein mag. Er stieß sich wohl nicht an der technischen Ausführung der Wolken, sondern an der Rolle, die die Wolken in der Bildwelt spielen. Vereinfacht ausgedrückt: Friedrich malte nicht nur Wolken und Nebel, auch seine Art zu sehen, zu konstruieren, war »wolkenartig«, »neblig«. Das führte zu einer Verunsicherung der Linearperspektive, einer Hinterfragung der traditionellen Darstellungsweise, das machte die Struktur seiner Bilder radikal neuartig. Darin lag die wahre Ursache des Gegensatzes zwischen Goethe und ihm. Wolke und Nebel waren für Friedrich nicht nur ein »Thema«, ein »Objekt«, sondern ein Bindegewebe, das sogar durch seine in hellstes Licht getauchten Bilder hindurchschimmert. Friedrich platzierte die Wolken und den Nebel nicht nur innerhalb der Welt der Bilder, er sah diese Welt von vornherein durch den Filter von Wolken und Nebel. Als hätte er den Brief seines guten Bekannten Heinrich von Kleist gelesen, in dem dieser das Beispiel der grünen Gläser zitiert* – mit dem Unterschied, dass er die Augen nicht durch grüne Gläser, sondern durch Wolken und Nebel ersetzt. Natürlich nicht so, dass seine Bilder davon verschwämmen. Sondern so, dass sie den Raum der Bildwelt, deren physikalisch-geometrische Struktur, verunsichern. Die Wolken und die Nebel untergraben die Verlässlichkeit des Raumes und lassen die Perspektive kippen. Noch sprengen sie sie nicht ganz, wie es kurz darauf William Turner oder ein Jahrhundert später die Kubisten tun werden. Aber sie bereiten es vor.

Kaum vorstellbar, dass Goethe das nicht gespürt hätte.

Die Sprengung des Raumes

Mögen Friedrichs Wolkendarstellungen noch so naturgetreu sein, schon ein flüchtiger Blick genügt, um zu erkennen: Hier geht es nicht um eine realistische Darstellung der Wolken, ihre Funktion besteht nicht darin, die Landschaft in der Bildwelt noch authentischer werden zu lassen – wie das zum Beispiel in den niederländischen Landschaftsbildern der Fall ist. Vielmehr versucht Friedrich mittels der Wolken das sinnlich nicht Wahrnehmbare, nicht Sichtbare in den Kreis der sichtbaren und wahrnehmbaren Dinge mit einzubeziehen. Am einfachsten lässt sich das durch eine Verletzung der Gesetze der Perspektive erreichen. Diesem Zweck dienen die Wolken und der Nebel,

* »Wenn alle Menschen statt der Augen grüne Gläser hätten, so würden sie urteilen müssen, die Gegenstände, welche sie dadurch erblicken, *sind* grün – und nie würden sie entscheiden können, ob ihr Auge ihnen die Dinge zeigt, wie sie sind, oder ob es nicht etwas zu ihnen hinzutut, was nicht ihnen, sondern dem Auge gehört« (Heinrich von Kleist an Wilhelmine von Zenge, 22. März 1801).

die die Messbarkeit des Raumes von vornherein in Frage stellen. Es sind Naturphänomene mit klaren Konturen, die sich dennoch Sekunde für Sekunde verändern, die man betreten, aber gerade in ihrer Mitte stehend nicht mehr sehen kann, die desto ungreifbarer werden, je mehr man sich ihnen nähert, die überall und doch nirgendwo sind und in einer Weise zerrinnen und zunichtewerden, dass sich nicht einmal bestimmen lässt, wo die Grenze zwischen ihrem Sein und ihrem Nicht-Sein verläuft. Wahrhaft proteische Wesen, wie Shelley sie 1820, zwei Jahre nach der Entstehung von Friedrichs Gemälde, in seinem Gedicht »Die Wolke« beschreiben wird: »Ich bin das Kind aus Luft und Wind, / die Tochter von Wasser und Erde; / ich trotze der Zeit mit Unsterblichkeit, / weil ich ewig vergehe und werde« (Übersetzung: Andreas Steinhöfel). Wolke und Nebel boten Friedrich die beste Möglichkeit, inmitten des sinnlich wahrnehmbaren Anblicks einen »Unsicherheitsfaktor« in der Art eines Zeitbombenmechanismus unterzubringen.* Dieser Möglichkeit bedienten sich an der Wende vom achtzehnten zum neunzehnten Jahrhundert auch andere. So weist etwa Norman Bryson sogar in den Gemälden Bouchers eine »räumliche Dislokation« (»spatial dislocation«) nach, da Boucher seiner Ansicht nach »den kohärenten Raum mit Hilfe von amorphen Substanzen – Wolken, Wasser, farbigem Dunst –, die räumlich nicht klar lokalisierbar sind, unterdrückt.«[35] Auch William Blake experimentierte in seinen Prophezeiungen und Drucken mit der Sprengung des Raumes, versuchte den sogenannten »absoluten Raum« Newtons durch den Raumbegriff der nicht-euklidischen Geometrie zu unterminieren und den

* Zu Recht schreibt der schon öfter zitierte Gotthilf Heinrich von Schubert bezüglich des Nebels auf Friedrichs Bildern, diese stellten, da der Nebel die Gegenstände unkenntlich mache, nicht »Landschaften«, sondern »Luftschaften« dar (Klaus Lankheit, »Die Frühromantik und die Grundlagen der ›gegenstandslosen Malerei‹«, in: *Neue Heidelberger Jahrbücher* (1951), S. 55–90, hier S. 74).

sich ausdehnenden-verengenden, also plastischen, Raum darzustellen.[36*]

Und man kommt auch nicht um Turners Wolken- und Nebelgemälde herum, die den perspektivisch darstellbaren Raum vollends sprengen und in ein strudelndes Chaos verwandeln, das dem Anblick, der sich im Krater des südamerikanischen Vulkans Humboldt bot, nicht unähnlich ist. John Ruskin stellte ausdrücklich fest, dass die Darstellung von Wolken die höchste Aufgabe der neuzeitlichen Landschaftsmalerei sei. Er hielt Turner deswegen für einen großen Maler, weil Wolken für ihn – wie für Friedrich – nicht atmosphärische Phänomene, sondern Manifestationen des Geheimnisses (»mystery«) waren. Und worin besteht für Ruskin das »Geheimnis«? In der Einsicht, dass das menschliche Sehen immer eingeschränkt ist, und es stets etwas gibt, was man mit seinem Sehen nicht fassen kann. Das Sehen kann, sofern es nicht göttlich ist, niemals »rein«,

* »Das Firmament ist ein unsterblich Zelt: Werk von Los' Söhnen
Und jeder Raum den rings ein Mensch um seinen Wohnort schaut,
Wenn auf dem Dach er steht oder im Garten auf einem Hügel
Von fünfundzwanzig Ellen Höhe, solch Raum ist sein Weltall;
Am Rande geht die Sonne auf und unter, die Wolken neigen sich
Zur flachen Erde und zum Meer in solch bezirktem Raum,
Der Sternenhimmel reicht nicht weiter, hier krümmt er sich und sinkt
Allseits herab, und die zwei Pole drehn sich in goldnen Mündern.
Verlegt der Mensch dann seinen Wohnort, zieht sein Himmel mit
Wohin er geht und seine ganze Mitwelt klagt um ihn.
So sind die Räume genannt Erde und so ihre Dimension.
Was nun den falschen Schein betrifft, der dem Verstandsmensch scheint,
Eines durchs Leere rollenden Balls: der ist ein Trugbild Ulros
Das Mikroskop sagt nichts davon, das Fernrohr auch nicht: sie ändern
Des Sehorgans Begriffsvermögen doch rühren nicht an Dinge
Denn jeder Raum, der größer als ein rotes Körperchen Blut
Des Menschen ist Vision, und wird erschaffen von Los' Hammer
Und jeder Raum der kleiner ist als ein Menschenblutkörperchen, öffnet
Sich in die Ewigkeit von der die vegetabile Erde nur
Ein Schatten ist.«
(Blake, *Milton*, Platte 29, übersetzt von Hans-Ulrich Möhring)

also »ohne Geheimnis«, sein. »WIR SEHEN NIE ETWAS KLAR [...] Tatsächlich enthält aber alles, was wir sehen, ob groß oder klein, nah oder fern, ein gleiches Maß von Mystik. Es handelt sich nicht nur darum, wie viel Mystisches, sondern an welcher Stelle das Mystische des betreffenden Gegenstandes vorhanden ist«.[37]

Wird der bis dahin als einheitlich und fest gedachte Raum gesprengt, wird auch das Sehen verunsichert. »VORZÜGLICHKEIT DER HÖCHSTEN ART, OHNE UNBESTIMMTHEIT, KANN ES NICHT GEBEN«, sagt Ruskin, seinen Standpunkt auch typografisch betonend.[38] Das Auge dürstet nach immer neuen Anblicken, ohne dass es je vollends befriedigt werden könnte. Es wird von einer unstillbaren Anblick-Gier überwältigt, deren ultimatives Ziel meist darin besteht, den »hinter« den Anblicken lauernden reinen, nicht zu verzerrenden Anblick zu gewahren. Das, was nie zu sehen ist. Mit anderen Worten, die Welt so zu sehen, wie sie »ist« und nicht wie sie »erscheint«. Das zu erblicken, was von keinem Sinnesorgan verzerrt wird, und was höchstens ein Gott unmittelbar, »von Angesicht zu Angesicht«, zu sehen vermag. Wie eine Figur bei Franz Kafka sagt: »Immer, lieber Herr, habe ich eine Lust, die Dinge so zu sehen, wie sie sich geben mögen, ehe sie sich mir zeigen«.[39]

Gibt es den unmittelbaren Blick?

Wie kommt das alles im Gemälde *Der Wanderer über dem Nebelmeer* zum Ausdruck?

Nicht nur der Titel deutet es an, auch das Bild selbst zeigt, dass es hier nicht allein um Wolken und Nebel, sondern auch um einen Wanderer geht. Um einen Betrachter also. Dessen bloße Gegenwart die Wirkung von Anführungszeichen hat. Auf den ersten Blick scheint Friedrich einen naiven Zustand gemalt zu haben: Ein Naturphänomen, das den Wanderer genauso in seinen Bann zieht wie uns Betrachter. Dabei ist der Maler sehr wohl auf der Hut: Es ist der Wanderer, der die Natur so sieht, der sie anstelle von uns betrachtet, der unsere Blicke darauf lenkt. Listig schafft er sich einen außergewöhnlichen Anblick – er deutet gleichsam darauf: Seht her, so erhaben ist die Natur –, um dann einen Schritt zurückzutreten und so zu tun, als ginge ihn der Anblick nichts an, als stünde er ganz außerhalb. Das verleiht seiner Figur einen Entfremdungseffekt. Sie ist derart betont ins Zentrum des Gemäldes gestellt, dass es keinen Zweifel gibt: Nicht die Landschaft ist hier das Thema, sondern dass jemand eine Landschaft betrachtet. Der Wanderer betrachtet die Wolken und den Nebel, und wir betrachten den andächtig schauenden Wanderer – was an sich schon als ironische Anspielung verstanden werden kann: Alles, was uns als Anblick begegnet, ist das Ergebnis einer mehrfachen Vermittlung. Auch die andächtigsten Anblicke. Denn was auch immer wir sehen – und diese Erkenntnis wird im zwanzigsten Jahrhundert bereits ein Gemeinplatz sein –, wir können es von vornherein nur tausendfach gefiltert durch Kultur, Zivilisation, Tradition, Erziehung und so weiter und so fort aufnehmen. Mit anderen Worten, wir sind nie in der Lage, etwas in seiner Unmittelbarkeit wahrzunehmen. Nach so etwas – dem »reinen Sehen« eines Tieres oder eines Marsmenschen – können wir uns nur sehnen. Dabei liegen die Ursprünge dieser Sehnsucht gar nicht so weit zurück: Sie entstand irgendwann an der Wende vom achtzehnten zum neunzehnten Jahrhundert, parallel zu Rousseaus immer beliebter werdendem Gedanken von der »Verdorbenheit« der Zivilisation. Hinter dem Feldzug der Aufklärung gegen die Vorurteile wirkte die Hoffnung, dass einst alles im Spiegel eines unverzerrt reinen Verstandes betrachtet werden könne.[40] Auch Destutt de Tracys 1801–1815 veröffentlichtes, vierbändiges Hauptwerk *Éléments d'idéologie* setzte sich zum Ziel, Spiegel darzubieten, in denen sich die Gegenstände rein, aus dem »wahren Blickwinkel«[41] zeigten. Es muss nicht betont werden, dass gerade der »wahre Blickwinkel« die ideologischste aller Vorstellungen ist (das Wort »Ideologie« wurde von Tracy geschaffen): Er setzt einen Blickwinkel voraus, der im Prinzip eine

Sicht auf alles böte, also außerhalb von allem läge. Dazu wäre aber höchstens ein Gott in der Lage – für den Menschen ist es unerreichbar. Das »reine«, »unschuldige« Sehen setzte einen absolut unvoreingenommenen und uneingeschränkten Blickwinkel, eine göttliche Perspektive voraus. Das kann dem Menschen höchstens als unerreichbare Utopie Ansporn sein, sein Sehen immer freier und kreativer zu gestalten.

Gibt es den unmittelbaren Blick? Das Bedürfnis nach dem »unschuldigen Blick«, nach dem im zwanzigsten Jahrhundert Marcel Duchamp streben wird, nach der »absoluten Unbefangenheit, vollständigen Unvoreingenommenheit«, die Kurt Schwitters verkünden wird,[42] deutet sich bereits bei Friedrich an. Zwar stürzte dieses Bedürfnis die Malerei damals noch nicht in eine solche Krise wie zu Beginn des zwanzigsten Jahrhunderts. Doch schon für Friedrich lautet die entscheidende Frage nicht, wie die äußere, sogenannte »objektive« Welt sei, sondern wie sie wohl wäre, wenn wir sie nicht mit unserem von vornherein fehlbaren, menschlichen Blick betrachteten, der jeden Anblick automatisch in einen Kontext stellt, mit Verstand bekleidet, deutet und in die Schranken der menschlichen Perspektive einsperrt. Lässt sich die sofortige Deutung eines Anblicks von dessen Wahrnehmung lösen? Lassen sich beide voneinander trennen? Natürlich hat Friedrich den Konflikt zwischen der sinnlichen Aufnahme und dem sich beim Sehakt unentwirrbar damit verflechtenden Wissen und Urteilsvermögen nicht als erster angesprochen. Man findet ihn bereits bei Descartes, wenn er sich die Frage stellt: Was sehe ich, wenn ich aus dem Fenster blicke? Offensichtlich Menschen. Aber ist dem wirklich so? »Was sehe ich denn aber außer Hüten und Kleidern, unter denen auch Automaten stecken könnten? Ich urteile aber, es seien Menschen. So erfasse ich also das, was ich mit den Augen zu sehen meinte, in Wahrheit nur durch das Urteilsvermögen, welches meinem Geiste innewohnt«.[43] Ähnliches fragte sich 1816, zwei Jahre vor der Entstehung von Friedrichs Gemälde, bereits Schopenhauer in seiner in Leipzig erschienenen Abhandlung *Über das Sehn* *und die Farben*, der, wie bereits erwähnt, Friedrichs Kunst vermutlich kannte:* Was würde wohl jemand, der für einen Moment seines Verstandes beraubt würde, von der Welt ringsum sehen? Seine Antwort: »So würde ihm von der ganzen Aussicht nichts übrig bleiben als die Empfindung einer sehr mannigfaltigen Affektion seiner Retina, den vielerlei Farbenflecken auf einer Malerpalette ähnlich, – welche gleichsam der rohe Stoff ist, aus welchem vorhin sein Verstand jene Anschauung schuf.«[44]**

Dieser Gedanke bezogen auf Friedrichs Gemälde: Es könnte sein, dass sich der Wanderer nicht in einem ekstatischen Zustand befindet, sich nicht seelisch darauf vorbereitet, das Abendmahl zu sich zu nehmen, sondern gerade dabei ist, seinen Verstand zu verlieren. Oder dass er seinen Verstand nur auszuschalten versucht. Wie es ein paar Jahrzehnte später, 1856, John Ruskin, der größte Anhänger Turners, als ersten Schritt allen, die das Zeichnen erlernen wollen, empfehlen wird: »Die ganze Wirkungskraft der Malerei im Technischen hängt von unserer Wiedererlangung jenes Zustands ab, den man die Unschuld des Auges nennen könnte, das heißt eine Art kindlicher Wahrnehmungsweise dieser flachen Farbflecken als solche, ohne Bewusstsein ihrer Bedeutung – so wie ein Blinder sie sehen würde, wenn er plötzlich seine Sehkraft zurückerhielte«.[45]

* Schopenhauer verfasste sein Werk *Die Welt als Wille und Vorstellung* 1814–1818 in Dresden. Einer seiner engsten Freunde war der Dresdner Kunstkritiker Johann Gottlob Quandt (1787–1859), der nicht nur über Friedrich schrieb, sondern auch eines seiner Bilder zu seiner Sammlung zählte (vgl. Safranski, *Schopenhauer und die wilden Jahre der Philosophie*, S. 294). Vermutlich kannte Schopenhauer Friedrich über seine Mutter, die den Maler persönlich gut kannte und auch über ihn schrieb.

** Diesen Gedanken Schopenhauers führt später Konrad Fiedler in seiner Theorie des klaren Sehens aus: »wer es vermag, sich selbst mit dem, was er sieht, zu isolieren, nichts anderes in sich aufkommen zu lassen als das Phänomen des Sehens, sich in das Schauen zu versenken, wird der nicht vor dem, was sich seinem Auge als Erscheinung zeigt, gar bald wie vor einem ihm fremden, unnahbaren Rätsel stehen?« (zit. n. Konersmann (Hrsg.), *Kritik des Sehens*, S. 218.)

Man kann Friedrichs Wanderer auch als Verkörperung des durchaus neuzeitlichen (und keineswegs unschuldigen, sondern außerordentlich raffinierten) Anspruchs auf das »unschuldige Auge« sehen. Er versucht, seine Wahrnehmung auf das »bloß Wahrnehmbare« zu beschränken, möchte nur das sehen, »was ist« (Georges Bataille verwendet diesen Ausdruck im Zusammenhang mit der unendlichen Fremdheit und Gleichgültigkeit eines der menschlichen Perspektive beraubten Kosmos). Doch je mehr er seinen Fokus darauf richtet, desto konturloser wird alles – die Welt wird zu einem undeutbaren Nebel. Je mehr er seinen Verstand und sein Urteilsvermögen ausschaltet, je mehr er sich ausschließlich auf den auf seiner Retina erscheinenden Anblick verlässt, desto mehr muss er darauf verzichten, irgendein »Thema« erkennen zu können. Er sieht nicht mehr Häuser, sondern quadratische Farbflächen, nicht mehr Menschen, sondern unregelmäßig geformte Flecken, nicht mehr Bäume, sondern geheimnisvolle Formationen, nicht mehr Tiere, sondern formlose Bildungen. Nicht fantastische, märchenhafte Dinge erscheinen vor dem Wanderer auf dem Felsen, sondern das, was er bis dahin für real gehalten hatte, nimmt eine irreale Färbung an. Was bis dahin verlässlich war, ist nun nicht mehr kartografierbar. Keine Karte, kein Kompass wird dem Wanderer fortan eine Hilfe sein. Für ihn ist nichts mehr identisch mit sich selbst, nichts mehr so, wie es zu sein scheint. Alles hüllt sich in Wolken.

Das unschuldige Sehen will sich jeder Deutung, jedem »Inhalt« widersetzen, bis ihm am Ende nur ein einziger Inhalt übrig bleibt: die Unfassbarkeit.

II. Das ungebundene Sehen

Das ungebundene Sehen

Machen wir einen Exkurs. Das unschuldige Sehen. Man könnte es auch ungebunden nennen. Ein Sehen, das durch kein vorheriges Wissen über das, was der Blick erfasst, eingeschränkt wird, das sich nach keiner früheren, visuellen Erinnerung richtet. Manche malen das, was sie sehen, und manche das, was sie wissen, erklärte William Turner als Begründung, warum er sich von seinen minutiös realistisch gemalten Landschaftsbildern verabschiedete, um zum Entsetzen seiner Zeitgenossen fortan eine unbekannte Richtung einzuschlagen, die aus heutiger Sicht ein Schritt in die Abstraktion war. Statt für das Wissen entschied er sich für das Sehen. Er malte das, was er sah, aber so, dass er alles, was sein vorheriges Wissen dem Sehen hinzugefügt hatte, abstreifte.

Manche malen also das, was sie sehen, und manche das, was sie wissen. Das klingt schön, doch sollten wir Turner nicht ohne weiteres Glauben schenken. Denn das reine Sehen, das er verkündet, ist nur ein theoretisches Konstrukt. Das Wissen lässt sich aus dem Sehen nie ausschalten. Auch im freiesten, ungebundensten Sehen verbirgt sich alles das, was man zeitlebens als Wissen, Erfahrung und als scheinbar unmittelbar Gegebenes angehäuft hat. Wenn ein Maler ausschließlich das malen will, »was er sieht«, das »Bild«, wenn er sich also nur auf die elementarsten Sinneseindrücke verlassen will und all sein Wissen, seine Erfahrungen, seine Eindrücke, mit einem Wort sein ganzes bisheriges Leben eliminieren will, wird er früher oder später den Punkt erreichen, an dem er nichts mehr malt. Aus dem einfachen Grund, dass die »reine Sinnlichkeit« als solche bloße Fiktion ist. Ein idealer Endpunkt, dem man sich ständig nähern kann, ohne ihn allerdings je erreichen zu können. Wie die Surrealisten ihr Über-

Ich beim sogenannten »automatischen Schreiben« letztlich nicht ausschalten konnten, so müssen früher oder später auch Maler, die ausschließlich das zu malen versuchen, was sie »sehen«, unweigerlich zur Einsicht gelangen, dass sie ihr Wissen nicht außer Kraft setzen können. Damit ist allerdings nicht die Bewusstheit oder die Reflexion gemeint. Die können natürlich sehr wohl ausgeklammert, vorübergehend außer Kraft gesetzt werden. Es geht vielmehr um das Wissen, das Urteilen, die Tatsache, dass die sinnliche Aufnahme von etwas immer bereits kulturell und geschichtlich bestimmt ist. Man kann sich vom Bewusstsein befreien – aber wiederum nur durch einen höheren Bewusstseinsakt. Selbst Konrad Fiedler, die Galionsfigur unter den Theoretikern der reinen Visualität im neunzehnten Jahrhundert, schreibt: »wer es vermag, sich selbst mit dem, was er sieht, zu isolieren, nichts anderes in sich aufkommen zu lassen als das Phänomen des Sehens, sich in das Schauen zu versenken, wird der nicht vor dem, was sich seinem Auge als Erscheinung zeigt, gar bald wie vor einem ihm fremden, unnahbaren Rätsel stehen?«[46]

Während man Bilder früher auch »lesen«, also in Geschichten »übersetzen« konnte, die sich in Worten erzählen ließen, beanspruchte seit dem Ende des achtzehnten Jahrhunderts neben dem narrativen Aspekt der Gemälde (und später: an seiner Stelle) auch das einen immer größeren Stellenwert, was Konrad Fiedler später die reine Visualität nannte. Ja, oft schien das narrative Element gänzlich verdrängt zu werden – denken wir nur an die »Wolkengemälde« Turners oder Friedrichs, die im ersten Drittel des neunzehnten Jahrhunderts die spätere nichtfigurative Malerei vorwegnahmen. Paradoxerweise wurde diese Akzentverschiebung auch von der noch stark wortzentrierten Kultur des achtzehnten Jahrhunderts begünstigt. 1766 legte Lessing im *Laokoon* die Grenzen der Literatur und der bildenden Künste eindeutiger als je zuvor fest und befreite letztere damit von der Last der »Literarizität«. Er rief die Maler unausgesprochen dazu auf, das und nur das zu malen, was sich allein mit den Mitteln der Malerei malen ließ, und nicht der Versuchung nachzugeben, mit der Literatur, also der Schöpfung erzählbarer Geschichten, zu kokettieren. Bezeichnenderweise gab nahezu zwei Jahrhunderte später Clement Greenberg, der größte Theoretiker der gegenstandslosen Malerei und ein großer Fürsprecher der Abstrakten Expressionisten, darunter Jackson Pollocks, seiner wegweisenden Studie 1940 den Titel *Zu einem neueren Laokoon*. Greenberg vertrat die Ansicht, dass man jedes literarische und narrative Moment aus den bildenden Künsten eliminieren müsse, die Gemälde dürften ausschließlich ihre eigenen, formalen Mittel aufweisen.[47] Als Beispiel verwies Greenberg auf die Malerei Courbets: »Courbet, der erste wirkliche Avantgarde-Maler, war bemüht, seine Kunst auf unmittelbare Sinnesdaten zu reduzieren, indem er nur malte, was das Auge mechanisch, ohne die Hilfe des Verstandes, sehen kann.«[48]

Das Bedürfnis nach dem bereits erwähnten »unmittelbaren Blick«, dem »unschuldigen Sehen«, das bereits Lessings Studie innewohnt, wird von Greenberg mit der für ihn charakteristischen, unerbittlichen Strenge eingefordert. Hans Belting jedoch wirft gerade bezüglich Greenbergs Studie eine grundsätzliche Frage auf, die auch für die »Befreiung des Sehens« im angehenden 19. Jahrhundert relevant ist: Wollte man im Interesse der Abstraktion auf jedwede thematische Darstellung verzichten, so wäre die »Freiheit der Malerei, so wie Greenberg sie verstand, [...] eine Freiheit von den üblichen Bildern«.[49] Anders ausgedrückt: Die absolute Freiheit der Malerei führt unweigerlich zum Bilderverbot.

Die wirkliche Herausforderung besteht also nicht darin, dass der Maler ausschließlich das malen darf, was er »sieht«, sondern wie er der Gefahr der »Literarizität« ausweichen kann, ohne dabei dem Bilderverbot zu erliegen. Als Parallele dazu bietet sich das Beispiel der sogenannten »absoluten Musik« an: Zu Beginn des neunzehnten Jahrhunderts setzte sich immer mehr der Anspruch durch, in der Musik nicht nach Bildhaftigkeit zu suchen, sie nicht als Illustration von Gefühlen und Seelenzuständen zu hören, sondern als eine in sich geschlossene Welt, die sich in keine andere Sprache übersetzen lässt. Vergleichbares lässt sich auch in der Malerei beobachten. Friedrichs oder Turners »Wolkengemälde« stellen genauso wenig die »realen« Wolken der »realen« Welt dar, wie Beethovens späte Streichquartette oder Schuberts posthume Klaviersonaten Seelenzustände oder Gefühlsabläufe abbilden, würden sie doch – so Nietzsche – »jede Anschaulichkeit, überhaupt das gesamte Reich der empirischen Realität völlig beschämen«.[50] Ein ähnlicher Prozess setzte an der Wende vom achtzehnten zum neunzehnten Jahrhundert auch in der Malerei ein. Wie vieles andere wurde er von den wie Pilze aus dem Boden schießenden, neuen optischen Medien begünstigt. Indem diese die Möglichkeiten des Sehen erweiterten und neue, zuvor ungeahnte Anblicke boten, veränderten sie die Dynamik des Sehens und lösten eine Akzentverschiebung in der Visualität aus. Sie stellten damit die visuelle Wahrnehmung, das Auge, vor immer größere Herausforderungen, machten es beweglicher, »ungebundener«. Das ultimative Ziel: Dem Auge Anblicke zu bieten, wie Beethovens späte Streichquartette sie dem Ohr boten.

Sternbald

Was hielten die zeitgenössischen Maler davon?

Der radikalste Standpunkt stammt nicht von einem Maler, sondern aus der Feder eines Schriftstellers und findet sich in einem belletristischen Werk. Die Malerei spielt darin eine zentrale Rolle, das Werk wirft ein genaues Licht auf die große Veränderung, die sich in der Kunst jener Zeit vollzog. Es handelt sich um Ludwig Tiecks Künstlerroman *Franz Sternbalds Wanderungen* von 1798, den Friedrich, der sich (in Begleitung Runges) mehrmals in Tiecks Dresdner Wohnung aufhielt, gut kannte. An sich kein herausragendes Werk, stellt es dennoch einen außergewöhnlich wichtigen Beitrag zur zeitgenössischen Kunsttheorie dar.

Der Held des Romans ist der fiktive Maler Franz Sternbald, ein Schüler von Dürer, der im Verlauf seiner Wanderungen von Nürnberg über die Niederlande, wo er sich für einige Zeit aufhält, bis nach Italien gelangt. Unterwegs trifft er die bekanntesten Maler seiner Zeit und bespricht mit ihnen ausführlich die Lage der zeitgenössischen Malerei. Das Buch zeichnet aber kein historisches Bild der europäischen Kunst des 16. Jahrhunderts, es zeigt vielmehr, welche Erwartungen am Ende des 18. Jahrhunderts an die Malerei gestellt wurden. Sternbalds typisch romantische Melancholie entspringt seinem Gefühl, seine Seele sei zu groß für die Welt ringsum, und es gäbe nichts, was ihn ausfüllen könnte. Seine Umgebung, die Welt, alles, was greifbar und prosaisch ist, erweist sich als klein und unbefriedigend im Vergleich zu jener ungreifbaren Unendlichkeit, die sein Inneres sprengen will. Diese tiefe Unbefriedigung kommt auch in seinen Erwartungen an die Malerei zum Ausdruck: »Ich will nicht Bäume und Berge abschreiben, sondern mein Gemüt, meine Stimmung, die mich in dieser Stunde regiert, diese will ich mir selber festhalten, und den übrigen Verständigen mitteilen.«[51]

Sternbald strebt nach etwas, wonach die Maler im 16. Jahrhundert kaum gestrebt hätten. Bestärkt wird er in seiner Haltung von seinem Meister Dürer, der seinerseits Sachen sagt, die der historische Dürer kaum gesagt hätte. Auch er ermuntert Sternbald, sich weniger um das »Thema« und den »Gegenstand« als um die seine Seele sprengende »Unendlichkeit« zu kümmern. Eine »Unendlichkeit«, die vor allem als nebeliges Wallen zum Ausdruck kommt. Deshalb fühlt sich Sternbald genauso leidenschaftlich zu den Wolken hingezogen wie Caspar David Friedrich oder Turner. Am liebsten malt er sie, wenn sie dahin rasen, zumal, wenn sie nicht am Himmel, sondern im Spiegel eines sich kräuselnden Wassers zu sehen sind, wo sie als eine Art Fata Morgana erscheinen. »Die Wolken zogen unten am Horizont durch den blauen Himmel, die Widerscheine und die Schatten streckten sich auf den Wiesen aus und wechselten mit ihren Farben, fremde Wundertöne gingen den Berg hinab, und Franz fühlte sich wie ein Gebannter festgehalten, den die zaubernde Gewalt stehen heißt, und der sich dem unsichtbaren Kreise, trotz allen Bestrebens, nicht entreißen kann.«[52] Eines Abends spricht sein Freund Rudolph beim Anblick der in der ganzen Farbenpracht des dämmerigen Himmels schimmernden Wolken Franzens innigsten Wunsch aus: »wenn ihr Maler mir dergleichen darstellen könntet, so wollte ich euch oft eure beweglichen Historien, eure leidenschaftlichen und verwirrten Darstellungen mit allen unzähligen Figuren erlassen. Meine Seele sollte sich an diesen grellen Farben ohne Zusammenhang, an diesen mit Gold ausgelegten Luftbildern ergötzen und genügen, ich würde da Handlung, Leidenschaft, Komposition und alles gern vermissen, wenn ihr mir, wie die gütige Natur heute tut, so mit rosenrotem Schlüssel die Heimat aufschließen könntet, wo die Ahndungen der Kindheit wohnen, das glänzende Land, wo in dem grünen, azurnen Meere die goldensten Träume schwimmen, wo Lichtgestalten zwischen feurigen Blumen gehn und uns die Hände reichen, die wir an unser Herz drücken möchten. Oh, mein Freund, wenn ihr doch diese wunderliche Musik, die der Himmel heute dichtet, in eure Malerei hineinlocken könntet! Aber euch fehlen Farben, und Bedeutung im gewöhnlichen Sinne ist leider eine Bedingung eurer Kunst«.[53*]

Was braucht ein Maler nach Ansicht Rudolphs nicht? Eine Geschichte, Darstellung, Figuren, Handlung, Leidenschaft, Komposition, Bedeutung. Also alles das, was man auch nachahmen, beschreiben, in Worte fassen könnte. Kurz, er braucht keinen Gegenstand. Und was ist für einen Maler unerlässlich?

* Philipp Otto Runge schätzt jene Werke am höchsten ein, »die recht aus der Imagination und der Mystik unserer Seele entspringen, ohne jeden äußeren Stoff oder Geschichte« (zit. n. Matzner, *Die Landschaft in »Franz Sternbalds Wanderungen«*, S. 45), und auch August Wilhelm Schlegel begründet in seinem Vortrag über die zeitgenössische, deutsche Literatur (1802) den Niedergang, der in der Kunst zu beobachten sei, mit dem Festhalten an der Nachahmung der »äußeren« Natur: »So hat man Kunst und Poesie zur bloßen Verstandesprosa gemacht, indem man Nachahmung der Natur, richtiger der äußeren Welt, zu ihrem letzten Ziel setzte« (August Wilhelm Schlegel, *Über Literatur, Kunst und Geist des Zeitalters*, Stuttgart 1964, S. 43).

Ahnungen, Schimmer, zerrinnende Träume, Lichtformen, feurige Blumen, zauberhafte Musik. Also alles, was sich nicht vergegenständlichen, festlegen, in eine Form einschließen lässt. Was das Auge ständig in Bewegung hält, nicht zur Ruhe kommen lässt, mit immer neuen Anblicken konfrontiert. Nach etwas Ähnlichem strebten die zum Ende des achtzehnten Jahrhunderts immer populärer werdenden, sogenannten Phantasmagorie-Vorführungen, die Étienne-Gaspard Robertson 1799, kaum ein Jahr nach dem Erscheinen von *Franz Sternbalds Wanderungen*, unter der Bezeichnung Phantaskop patentieren ließ. Die auf Leinwände und vor allem auf Rauch projizierten Bilder zeigten Figuren, die ihre Gestalt und Größe veränderten, je nachdem, wie sehr die Leinwände flatterten oder der Rauch qualmte, und angesichts dieser gespenstischen Anblicke gerieten die Zuschauer genauso in Panik wie die Zuschauer der ersten Kinoaufführungen hundert Jahre später angesichts eines sich nähernden Zuges. Schließlich boten diese Bilder nicht den Anblick von Gespenstern und fantastischen Visionen, sondern der Ungreifbarkeit.

Die von Tieck aufgeworfene Frage lässt sich auch so formulieren: Was bleibt einem Maler, wenn er sowohl die Historien-Malerei als auch die sogenannten bürgerlichen Genre-Bilder als auch die Landschaftsbilder ablehnen soll, wenn er also keinen Gegenstand und kein Thema mehr abbilden darf? Im Roman sagt Dürer (ziemlich anachronistisch) zu seinem niederländischen Kollegen Lukas von Leyden (der an seinen Worten natürlich zu Recht zweifelt): »Glaubt ihr nicht, daß es den künftigen Zeiten möglich sein wird, Sachen darzustellen und Geschichten und Empfindungen auszudrücken auf eine Art, von der wir jetzt nicht einmal eine Vorstellung haben?«.[54] Dürer scheint geradewegs Kandinsky die Hand zu reichen. Und eine andere Romangestalt stellt bezüglich eines Gedichts die Frage: »Warum soll eben Inhalt den Inhalt eines Gedichts ausmachen?«[55]

Doch was bleibt, wenn es keinen Inhalt gibt?

Die auf sich selbst ruhende Kunst

Die Theorie eilte auffällig voraus, die malerische Praxis konnte ihr jedoch nur selten folgen. Erst ein Jahrhundert später fanden Tiecks, Runges oder August Wilhelm Schlegels Überlegungen zur Malerei Gehör in der Kunst von Malewitsch, Kandinsky, Feininger, Mondrian und vielen anderen. Doch wäre es nicht zu diesem theoretischen Vortasten gekommen, hätten sich nicht zuvor derart unübersehbare Risse aufgetan und die Grenzen des für die Malerei bestimmten Terrains derart verschoben. Die Maler des angehenden 19. Jahrhunderts standen vor Herausforderungen, für die sie zunächst keine passenden Worte fanden, sodass sie sich gezwungen sahen, die traditionellen Begriffe zu Hilfe zu rufen. Deshalb sprachen sie anstelle von »Gegenstandslosigkeit« oder »Nicht-Figurativität« bevorzugt von Religion und Andacht, obwohl sie eigentlich nicht nur das im Sinn hatten. Was sie wirklich im Sinn hatten, lässt sich nur erahnen, und zwar anhand ihrer Lieblingswörter und -ausdrücke. Welche wären das? Bei Runge: Imagination, Einbildungskraft, Idee, innere Gestaltung des Geistes, Reflexion. Bei Friedrich: Geist, denkender Künstler, geistiges Auge, geistige Auffassung. Bei Tieck: Phantasia, inwendiges Bild, Erscheinung, Traumbild.[56] Lauter Metaphern, die die Kunst von allen äußeren Bindungen lösen wollen. In vielen Künstlern reift ein Anspruch heran, den der Däne Asmus Jakob Carstens (1754–1798) bereits im achtzehnten Jahrhundert formuliert hatte, der genauso gut aber auch von Kandinsky stammen könnte: »Die frei gewordene Kunst, der Stütze, aber auch zugleich des Zwangs der Religion enthoben, muß hinfort auf sich selbst ruhen«.[57*]

* Carstens versuchte abstrakte Räume darzustellen, die keinen realen Raum in Erinnerung riefen (*Die Nacht mit ihren Kindern*, *Die Geburt des Lichtes*, *Die vier Elemente*, *Die drei Parzen*, usw.), er wollte Kants *Kritik der reinen Vernunft* illustrieren und erlangte eine Stufe der Abstraktion, die – so Robert Rosenblum – erst wieder zur Zeit des Kubismus erreicht wurde (Robert Rosenblum, *Transformation in Late Eighteenth Century Art*, Princeton, New Jersey 1969, S. 96).

Wie kann die Kunst auf sich selbst gegründet sein? Indem der Maler den Gegenständen und überhaupt den sich ihm bietenden Anblicken die Schichten abzuschälen versucht, die ihnen der Verstand hinzufügt. Flaubert riet Maupassant, einen Baum so lange zu beobachten, bis der sich von allen anderen Bäumen der Welt zu unterscheiden begann. Doch lässt sich ein Baum, der so gesehen wird, überhaupt noch als Baum bezeichnen? Denn wenn er sich von allen anderen Bäumen unterscheidet, löst sich auch der Begriff des Baumes in nichts auf. Auch Caspar David Friedrich konnte sich stundenlang in die Beobachtung und Zeichnung eines Gegenstandes vertiefen. So beobachtete er laut eigenen Aufzeichnungen am 30. April 1807 eine Tanne dreieinhalb sowie am 1. und 2. Mai fünfeinhalb Stunden lang. Was sieht das Auge wohl, wenn es sich so lange auf einen Gegenstand heftet? Sieht es noch die Tanne? Genauer: Lässt sich etwas, worauf sich das Auge so lange heftet, noch als Tanne bezeichnen? Geschieht mit ihr nicht das, was mit oft hintereinander wiederholten Worten geschieht? Sie verlieren ihren Sinn und verwandeln sich in eine unkenntliche Klangreihe – hier: in ein Anblick-Ensemble?

Die Tanne bleibt natürlich eine Tanne und ist auch auf der Zeichnung, die von ihr gefertigt wurde, als eine solche zu erkennen. Doch das Auge ist irgendwo, in eine Schicht des Anblicks, eingedrungen, die eigentlich nicht mehr sichtbar ist. Genauer: die zwar sichtbar ist, aber nicht mehr zur konkreten, sinnlichen Tanne gehört. Das Auge vertieft sich immer mehr in den sinnlichen Anblick, in dem dann das Nicht-Sinnliche, das Hölderlin und später auch Rilke als »das Offene« bezeichnen werden, erscheint, als das, was nur Säuglinge, Sterbende und Tiere sehen könnten – jene, die den Tod bereits hinter sich wissen.

Es geht um die Befreiung der Sinnesorgane. Um etwas, was für die europäische Mystik immer schon von außerordentlicher Bedeutung gewesen ist, da sie in ihr die Voraussetzung für eine persönliche Begegnung mit Gott erblickte. Ihre praktischen Bedingungen und Möglichkeiten entstanden jedoch erst um diese Zeit, zu Beginn des neunzehnten Jahrhunderts.

III. Visionenmalerei

Visionenmalerei

Kehren wir zum *Wanderer über dem Nebelmeer* zurück. Das Bild hat zwei Themen. Zum einen die Gestalt des im Vordergrund stehenden Wanderers, zum anderen das ferne Nebelmeer. Nach einer gängigen Behauptung der Friedrich-Fachliteratur stellt der Vordergrund seiner Bilder die irdische Welt dar, der Hintergrund deren Transzendenz. In der Tat stellt auf Friedrichs bedeutenden Bildern der Vordergrund gewöhnlich die reale Welt dar, während der mit Lasurtechnik ins Unendliche hinausgeschobene Hintergrund zumeist irreal wirkt. Irdische und himmlische Ebenen tauchen auch schon in der früheren Maltradition, etwa in der spanischen Kirchenmalerei des 17. Jahrhunderts, immer wieder auf. Die Spanier realisierten das zumeist in sogenannten »zweigeteilten« Gemälden, die innerhalb der Bildwelt zwei Ebenen zeigten: eine irdische und eine himmlische.[58] Dabei war der himmlische Schauplatz genauso realistisch gemalt wie der irdische, das heißt nicht der Gegenstand der Darstellung war irreal, sondern die Verknüpfung beider Schauplätze innerhalb der Komposition. Friedrichs Bilder haben eine wesentlich komplexere Struktur. Neuartig bei ihm ist das veränderte Verhältnis von Vorder- und Hintergrund: Beide stehen einander nicht mehr nur gegenüber, sondern durchwirken einander. Wie auf dem 1832 entstandenen Gemälde *Das große Gehege*, in dem die Symmetrie von Himmel und Erde derart makellos ist und beide Ebenen einander derart vollkommen spiegeln, dass sich das Bild auch umdrehen ließe. Das führt dazu, dass die Erde, der diesseitige Schauplatz, eine transzendente Färbung bekommt, während der Himmel, der »Schauplatz« der Transzendenz, vollständig diesseitig

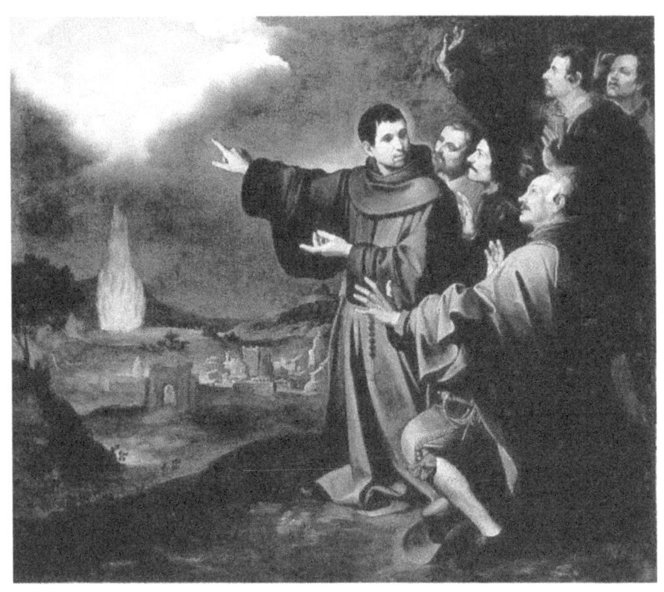

Fray Julián Alcalás Vision der Himmelfahrt der Seele von König Philipp II.

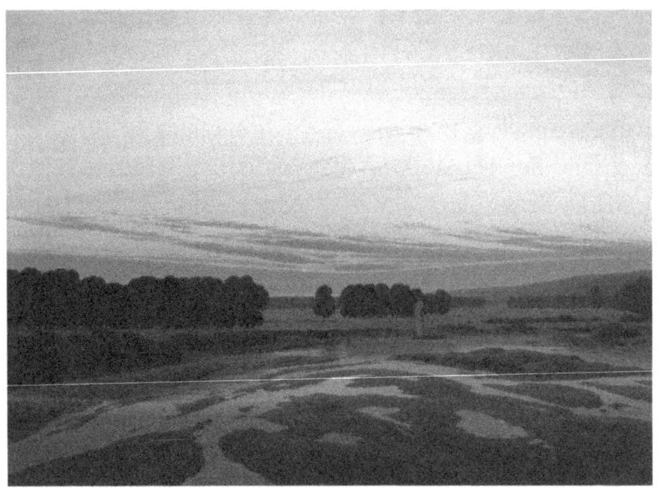

Das Grosse Gehege

wird.* Ein narrativer Zusammenhang zwischen den beiden Schauplätzen besteht nicht, sie verweisen und deuten nicht aufeinander, wie es die scharf voneinander geschiedenen Schauplätze in den spanischen Gemälden tun, sondern entdecken sich selbst ineinander. Thematisch lassen sich die »Transzendenz« und die »irdische Welt« in Friedrichs Gemälden noch unterscheiden, malerisch sind sie einander aber bereits sehr ähnlich: Dank der Luftperspektive erweckt die »irdische« Welt dasselbe Gefühl von Unendlichkeit wie der »Himmel«.

Die Theorie lässt die Malerei hinter sich

Weshalb hat sich das Verhältnis von Vorder- und Hintergrund so verändert?

Im achtzehnten Jahrhundert war die Landschaft nach allgemeiner Übereinkunft vor allem Schauplatz menschlicher Handlungen, ein äußerer, neutraler Boden, auf dem man seinen mühsamen Geschäften nachging, von der Kriegsführung bis zur

* Adam Müller, der mit Friedrichs Werken vertraut war, schrieb 1808 bezüglich der Landschaftsmalerei (natürlich lange vor der Entstehung von *Das große Gehege*): »Überall nemlich, wo der Mensch wandelt, ist sein Auge so eingestellt, daß er das himmlische und irdische Element mit einem Blick auffassen muß. Das, was den Menschen unmittelbar umgibt, seine Hütte, die Bäume seines Gartens, alles dieses erscheint in schroffem Gegensatze fest, deutlich und klar neben dem formlosen, flüssigen Äther; nun hebt sich sein Auge, daß es eine größere Ferne beherrschen kann, und die Umrisse der irdischen Dinge werden weicher, die Farben sanfter, Luft und Erde scheinen zusammen zu fließen; sie tauschen auch mit lieblicher Vertrautheit ihre Plätze: in den Wolken scheint die Erde auf die Seite des Himmels herüberzutreten, in den Seen und Flüßen der Himmel auf die Seite der Erde – und in der weitesten Weite verlieren sich die Grenzen, bleichen die Farben ineinander, was dem Himmel, was der Erde angehöre läßt sich nicht mehr sagen« (Adam Müller, *Etwas über Landschaftsmalerey*, in: *Adam Müllers vermischte Schriften über Staat, Philosophie und Kunst*, Bd. 2, Wien 1812, S. 348).

Landwirtschaft, vom Hausbau bis zum Vergnügen. Weitaus inniger war das Verhältnis von Landschaft und Seele in den Augen der romantischen Naturphilosophie und Landschaftsmalerei. Ja, für sie waren die Landschaft und der Mensch, der sie betrachtete, gar nicht voneinander zu trennen.* Wie der Naturwissenschaftler Lorenz Oken 1809 in seinem *Lehrbuch der Naturphilosophie* schrieb: »Alles, was wir sehen, sind Gedanken Gottes; wir sehen nur Gott denken oder vielmehr, da wir nichts anders, als Gedanken Gottes sind, so merken wir nur die Succession der Gedanken Gottes«.[59]** Die Landschaft ist hier nicht der äußere Schauplatz menschlicher Handlungen, sondern das innere Schicksal des Menschen. Wie Schelling sagt: »die Landschaft hat nur im Auge des Betrachters Realität«.[60] In der Sprache von heute ausgedrückt: Die Landschaft ist nichts anderes als unsere Projektion. Adam Müller, der als einer der besten Freunde Kleists Friedrich vermutlich auch persönlich kannte, lehnt in seiner 1808 erschienenen Studie *Etwas über Landschaftsmalerey* die realistische Darstellungsweise ab, da das innerste Wesen der Landschaftsmalerei für ihn ein religiöses ist, und »nicht die bloße süßliche Erinnerung an schöne Plätzchen und Stunden und Reisen von der Vedute des Landschaftsmalers verlangt werden«.[61] Aufgabe der Malerei sei nicht, die Natur nachzuahmen, letztlich könne der Landschaftsmaler, um seinen Gesamteindruck einer Landschaft festzuhalten, von den einzelnen Gegenständen auch absehen, schreibt der zeitgenössische Kunsthistoriker Carl Ludwig Fernow (1763–1808).

Eindeutiger formuliert: Ein Landschaftsbild bedarf gar nicht unbedingt einer Landschaft, um ein echtes Landschaftsbild zu sein.

* Ein verschollenes Landschaftsbild von Friedrich aus dem Jahr 1822 trägt den Titel *Ecce homo*.

** Eine 1820er Ausgabe der *Isis*, einer von Oken seit 1817 herausgegebenen Zeitschrift, veröffentlichte übrigens einen lobenden Artikel über Friedrichs Bild *Klosterfriedhof im Schnee* (Börsch-Supan/Jähnig, *Caspar David Friedrich*, S. 254) aus der Feder Karl Wildenhains, eines früheren Friedrich-Schülers in Dresden.

Wenn ein Landschaftsmaler aber sowohl die Historienmalerei als auch das Malen von bürgerlichen Genrebildern als auch die Landschaftsdarstellung im engeren Sinn ablehnt, was bleibt ihm dann noch übrig? Etwas, was Landschaftsmalerei ist, aber in einer Weise, dass man dennoch nicht weiß, was es ist. Diese nebelige Formulierung ist beabsichtigt, denn auch die damaligen Maler und Schriftsteller formulieren nicht viel verständlicher. Philipp Otto Runge hält die Landschaftsmalerei nicht einmal mehr für einen Zweig der Malerei, sondern erblickt darin das innerste Prinzip der Malerei an sich – etwas, das mit einer realistisch darstellbaren Landschaft kaum etwas zu tun hat. Indem er nicht den Gegenstand, sondern das Gefühl als das wichtigste Element der Kunst bezeichnet, nimmt Runge den Gedankengang von Malewitschs hundert Jahre später formulierter Suprematismus-Theorie vorweg.* Dem Gegenstand und dem Thema (»Sujet«) müsse stets das Gefühl vorausgehen, schreibt er 1802 in einem Brief; je mehr ein Gemälde vom Gefühl beherrscht werde, desto bedeutender sei es. »Alle schönen Compositionen neigen sich zur Landschaft hin«, folgert er.[62] »Alles ist luftiger und leichter als das bisherige«, schreibt er später, »es drängt sich alles zur Landschaft«.[63]

Doch wie mag eine solche Landschaft aussehen? Genauer, wie stellt Runge sie sich vor? Das ist schwer zu sagen, denn die Theorie war gut hundert Jahre vorausgeeilt, während die Malerei ihr noch nicht folgen konnte. So konnte es zu der seltsamen Situation kommen, dass Runge zwar radikale Ansichten über die Malerei hatte, seine überaus konventionellen (und auch zu seiner Zeit zweitrangigen) Landschaftsdarstellungen aber weit davon entfernt sind, mit Malewitsch verwechselt werden zu kön-

* »Unter Suprematismus verstehe ich die Suprematie der reinen Empfindung in der bildenden Kunst. Vom Standpunkte des Suprematisten sind die Erscheinungen der gegenständlichen Natur an sich bedeutungslos; wesentlich ist die Empfindung – als solche ganz unabhängig von der Umgebung, in der sie hervorgerufen wurde« (Kasimir Malewitsch, *Die gegenstandslose Welt*, Mainz, Berlin 1980, S. 65).

nen. Auch die Landschaftsbilder seines eine Generation jüngeren Malerkollegen Ludwig Richter (1803–1884) versanden in einer schon damals unzeitgemäßen Landschaftsmalerei, und auch wenn er behauptet, ein gutes Landschaftsbild sei »tief ergreifende Musik der Farbentöne«,[64] so gilt das kaum für seine eigenen Gemälde. »Wie die Musik zu werden ist das Ziel jeder Kunst«, notierte der junge Schopenhauer 1804[65] und zählte zu den Künsten auch die Malerei. Friedrich wird derjenige sein, der, obwohl theoretisch weniger gewappnet und auch philosophisch weniger geschult als seine Zeitgenossen, der Malerei in der Praxis bereits damals eine neue, musikalische Richtung geben wird.

»Er hätte ruhig auch eine leere Leinwand ausstellen können«

Die Luftigkeit und Leichtigkeit, also die Unbestimmtheit, die für Runge eine elementare Forderung der Landschaftsmalerei ist, wurde bei Friedrich zu einem Strukturprinzip. Nicht nur, weil er zufällig im Norden geboren wurde, fühlte er sich sogar im südlich gelegenen Dresden zu den nordischen Landschaften hingezogen, sondern weil ihm das nordische Dämmerlicht für die Anwendung der Luftperspektive geeigneter erschien als das grelle, südliche Sonnenlicht, das eher nach Gebrauch der Linienperspektive verlangt.* Verschwommenheit und Unbestimmtheit

* Schon Schelling erschien die Darstellung des Kampfes von Licht und Dunkelheit wichtiger als die Darstellung der physischen Landschaft; und auch August Wilhelm Schlegel schreibt, dass während die Linienperspektive eine Bedingung der mathematisch-geometrischen Darstellung sei, die Luftperspektive die des Lichtes sei. Die Luftperspektive »konnte wohl überhaupt nur dadurch recht cultiviert werden, daß man die Landschaftsmahlerey zu einer eigenen Gattung erhob. Denn alsdann erhielt die duftige Verworrenheit und Unbestimmtheit der Fernen einen Werth an sich, statt daß man bey Geschichten auf die Deutlichkeit ging, und sie auch da fingierte, wo sie in der Natur nicht anzutreffen ist« (Schlegel, *Über Literatur, Kunst und Geist des Zeitalters*, S. 134).

wurden in der Malerei aufgewertet. Im Falle von Friedrichs Bildern erleichterte das nicht nur dem Betrachter, in ihrem Anblick aufzugehen, sondern auch ein Verschmelzen des Vorder- und des Hintergrunds innerhalb der Bildwelt. Noch hören sie nicht auf, erkennbar zu sein, wie das dann im 20. Jahrhundert, etwa in den Bildern Mark Rothkos der Fall ist; aber sie sind auch nicht mehr so streng geschieden wie auf den visionären Gemälden des 17. Jahrhunderts. Auf diesem Gebiet war Friedrich ein Vorreiter: Er setzte die Unbestimmtheit auch in der Struktur seiner Bilder um. Seine Zeitgenossen, unter ihnen Goethe, nahmen das sofort wahr.

Was die Themen seiner Bilder betrifft, genügte Friedrich den Anforderungen seiner Zeit; was ihre Struktur, ihre Komposition betrifft, war er ein Tabubrecher. Aus der Distanz von zwei Jahrhunderten erscheint es uns unvorstellbar und doch wurde Friedrich zu seiner Zeit wiederholt mit Vorwürfen bedacht, als wäre er ein nicht-figurativer Maler hundert Jahre später. Als er einmal an seinem neuesten Bild arbeitete, das nebelige, sich in der Ferne verlierende Berge darstellte, mit einem fliegenden Adler in den Lüften, begann der Kritiker Karl August Böttiger, der gerade Damen durch das Atelier führte, mit überschäumender Begeisterung die Schönheit und tiefe Bedeutung dieser Meereslandschaft zu schildern, bis Friedrich das Gemälde verärgert von der Staffelei nahm.[66] Ähnlich erging es ihm auch mit einem anderen Bekannten, der das Bild einer wolkigen Meereslandschaft verkehrt auf die Staffelei stellte, die Wolken für das Wasser, das Wasser für die Wolken hielt.[67] Herzog August von Sachsen-Gotha kritisierte seine Malerei mit der Begründung, man könne seine Bilder von allen Seiten betrachten »ohne zu wissen, was es ist«,[68] und ohnehin seien seine Gemälde »bunte, krause, polarische Unnaturen«.[69] Auch Goethe begründete seine Abneigung unter anderem damit, dass Friedrichs Bilder verkehrt aufgehängt genauso viel bedeuteten. Bezüglich seines Ölbildes *Eule vor dem Mond* erklärte 1820 ein anonymer Kritiker, hinter dem sich vermutlich der Kunsthistoriker Ludwig Schorn verbarg, im damals maßgeb-

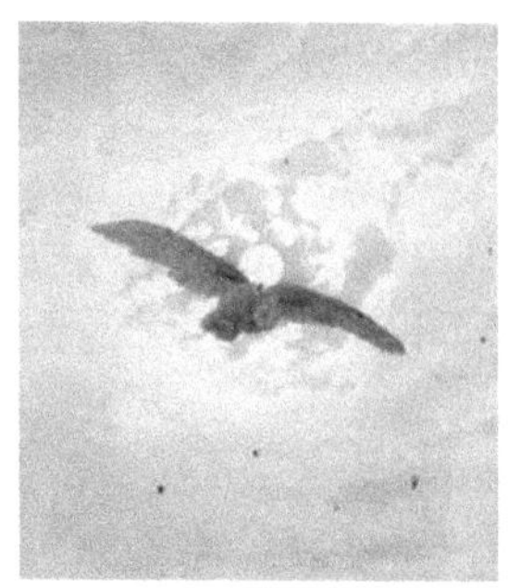

Fliegende Eule vor dem Mond

lichen Kunst-Blatt: »stellt eine leere Tafel hin, und man kann sich noch mehr dabey denken.«[70] Und die folgende, 1827 erschienene Kritik hätte ebenso gut auch auf Kandinsky gemünzt sein können: »Seine Erhabenheit ist oft auf Leere gegründet, welche aber, in wundersame Harmonie des Farbtons getaucht, durch große hingeworfene Andeutungen das poetische Gemüt mehr ahnen als erraten läßt, als Fülle und bestimmtere Gestaltung zu geben vermögen. Daß der Beschauer vor den Werken dieses Künstlers gezwungen wird, selbst zu dichten, um sie zu ergänzen, gibt ihnen gerade einen so eigentümlichen Zauber.«[71] Beispielhaft ist das bereits erwähnte, 1832 entstandene Spätwerk *Das große Gehege*. Mayumi Ohara hat in seiner Studie des Bildes minutiös nachgewiesen, dass Friedrich, noch bevor er das Bild als Ganzes gemalt hätte, alle Details schon im Voraus angefertigt und in realistische Zeichnungen eingesetzt hatte. Und doch ist der Gesamteindruck keine realistische Landschaft, sondern eine künstliche, durchaus bewusst konstruierte Kunstwelt.[72] Das Ergebnis: eine makellose Konstruktion, die bereits den Konstruktivismus des zwanzigsten Jahrhunderts vorwegnimmt, ohne deren gelegentlichen Dogmatismus. Oskar Schlemmer und Kandinsky erkannten das in Friedrichs Bildern genauso wie Goethe – allerdings schon im lobenden Sinn.*

* Oskar Schlemmer schrieb mit seiner ganzen Erfahrung des Bauhaus: »Alle große Kunst enthält ebenso viel Konstruktives, ja Konstruiertes, in Form von realer und metaphysischer Mathematik, wie blutvoll Erfülltes. Ph. O. Runge und C. D. Friedrich erschienen ihren Zeitgenossen konstruiert und geometrisch« (zit. n. Gottlob Fiege, *Caspar David Friedrich*, Hamburg 1981, S. 144). Und Kandinsky konstatierte: »Friedrich – der Beginn der Abstrakten Kunst« (Maurice Guillaud, »Caspar Davids Theater«, in: *CDF Linien und Transparenz*, Paris 1984, S. 13–28, hier S. 19).

Die kompositorischen Lösungen, deren Möglichkeiten er mit der Zeit immer mehr ausschöpfen sollte, entdeckte Friedrich etwa um 1807. Er ließ zwischen Vordergrund und Hintergrund keinen Übergang, sondern trennte sie scharf, er kontrastierte die vertikalen und horizontalen Elemente, er verwendete bevorzugt, zuweilen schon zwanghaft, eine symmetrische Bildstruktur. Das alles zog eine Umstellung des Raumes, ja sogar die Schaffung neuer Raumverhältnisse nach sich. Als er Weihnachten 1808 in seinem Dresdner Atelier sein Gemälde *Das Kreuz im Gebirge* (Tetschener Altar) ausstellte, wurde es von Friedrich Wilhelm Basilius von Ramdohr, einem angesehenen Kritiker der Zeit, scharf, aber mit nicht von der Hand zu weisenden Argumenten abgelehnt. Obwohl eines seiner bekanntesten Werke, gehört der Tetschener Altar keineswegs zu Friedrichs bedeutendsten Gemälden. Wenn es als Schlüsselwerk bezeichnet werden kann, dann nicht in künstlerischer Hinsicht, sondern aufgrund seiner Problematik.

Ramdohrs Argumente sind lehrreich. In seinen Augen besteht die Aufgabe des Landschaftsmalers darin, die Lichter zu verteilen, Atmosphäre zu erzeugen und die perspektivisch sich entfernenden Formen passend zu gestalten. Von alledem sei bei Friedrich nichts anzutreffen: Der Hintergrund, sagt er, sei genauso scharf wie der Vordergrund, »die Erde oben, der Himmel unten«, sodass man am Ende gar nicht mehr sagen könne, wo der Betrachter steht. Man müsste in der Luft schweben, so Ramdohr, um die Landschaft so zu sehen, wie sie auf dem Tetschener Altarbild erscheint: »Der Maler hat gar keinen Standpunkt angenommen oder auch annehmen können, um dasjenige auszudrücken, was er ausdrücken wollte. Um den Berg zugleich mit dem Himmel in dieser Ausdehnung zu sehen, hätte Herr Friedrich um mehrere tausend Schritte in gleicher Höhe mit dem Berg und so stehen müssen, daß die Horizontallinie mit dem Berg gleichlief. Aus dieser Distanz konnte er gerade gar keine Details innerhalb der Umrisse des Berges sehen […] Nicht das allein! Angenommen,

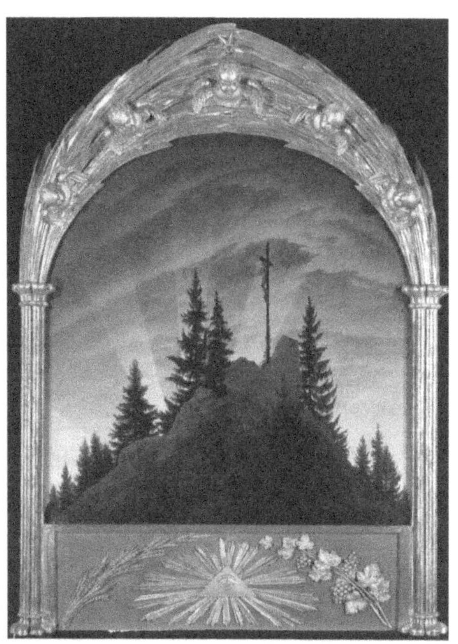

Tetschener Altar (Kreuz im Gebirge)

welches nicht geleugnet werden kann, die Horizontallinie läuft mit der Spitze des Berges parallel, so ist die Beleuchtung des Kruzifix völlig gegen die ersten Regeln der Optik. Denn zieht man das Prisma der Sonnenstrahlen, welche den Himmel durchschneiden, bis zu dem Punkt zusammen, von dem sie ausgehen, nämlich bis zur Sonne, so kommt ihr Stand so niedrig zu stehen, daß es unmöglich wird, daß Herr Friedrich, der hinter dem Berg stand, auch nur den geringsten Abglanz des Gestirns an der Christusfigur, am wenigsten von unten auf, habe bemerken können.«[73]

Ein hartes Urteil. Aber nicht unbegründet. Friedrich war sich über die Neuartigkeit seines Verfahrens natürlich im Klaren. Wenn er »Fehler beging«, tat er es bewusst. Er musste absichtlich Fehler begehen, um die Raumstruktur aufzulockern, die ihm die Maltradition bot, die er zur Darstellung dessen, was er mit seinen Bildern darstellen wollte, aber für ungeeignet hielt. Der klassische, an einen Blickpunkt gebundene, perspektivisch konstruierte

Raum war von Friedrichs malerischer Warte aus betrachtet kein »natürlicher« Raum mehr, sondern eher eine Gitterkonstruktion, die gerade das Gefühl der Unendlichkeit malerisch nicht darstellen ließ. Um seinen Standpunkt zu verteidigen, bekundete Friedrich die zum Ende des achtzehnten Jahrhunderts immer beliebter werdende Ansicht, wonach jeder Mensch seinen eigenen »sehe-Punct« (den Begriff führte Johann Martin Chladenius in seinem 1742 erschienenen Buch *Einleitung zur richtigen Auslegung vernünftiger Reden und Schriften* ein) habe und somit jeder dieselbe Welt anders sähe. In den Worten Hilmar Franks: Es war eine Zeit, in der man seine eigene Position immer weniger verabsolutierte, was sich nicht nur in der visuellen Kultur zeigte, sondern auch in einem Geschichtsbewusstsein, das für die Relativierung immer empfänglicher wurde.[74] Friedrich selbst verteidigte seinen Standpunkt Ramdohr gegenüber folgendermaßen: »was die neueren Landschaftsmaler in der Natur in einem Kreis von 100 Graden gesehen, pressen sie unbarmherzig in den Sehwinkel von 45 Graden zusammen. Und was also in der Natur durch große Zwischenräume getrennt lag, berührt sich hier im gedrängten Raume, überfüllt und übersättigt das Auge und macht auf den Beschauer einen widrigen, beängstigenden Eindruck.«[75] Friedrich spricht von 100 Grad, was übrigens an sich schon größer als der Blickwinkel des natürlichen Sehens ist. Hundert Jahre später sprachen die Kubisten bereits von 180 Grad oder noch mehr, da sie den Standpunkt, wonach man die Dinge unter einem einzigen, festgelegten Aspekt darstellen müsse, endgültig aufgegeben hatten. Es ist kaum verwunderlich, dass auch die Kubisten von der zeitgenössischen Kritik mit etwa den gleichen Vorwürfen bedacht wurden, wie Ramdohr sie formuliert hatte.* Aber man muss nicht

* Die Zeitschrift *Univers* schrieb zu Beginn des zwanzigsten Jahrhunderts über Cézanne: »Etwas Wirreres als die Werke Cézannes kann man sich nicht einmal im Traum vorstellen; das Ganze ist falsch, wild, verrückt.« *Petit Temps* urteilte: »Ein großer Unvollkommener, dessen Sehstörung ihn schon lange daran hindert, gerade Linien nicht schief zu sehen« (zit. n. R. H. Wilenski, *Modern francia festők*, Budapest 1972, S. 298).

einmal ein Jahrhundert vorauseilen: Schon 1845, fünf Jahre nach Friedrichs Tod, entwarf der deutsche Kupferstecher Friedrich von Martens in Paris einen Apparat, mit dem man Daguerreotypie-Aufnahmen im 150-Grad-Winkel machen konnte, und im Jahr darauf experimentierte er bereits mit der Herstellung von Fotos mit einem Blickwinkel von 360 Grad. Und 1862 erschien das sogenannte Pantoskop, eine Kamera, die sich mit Hilfe eines Motors um ihre eigene optische Achse drehen konnte.[76] Hätte Friedrich diese Erfindungen erlebt, hätte er sich bestätigt gefühlt.

Die »Fehler« von *Das Kreuz im Gebirge* entspringen Friedrichs Versuch, einen Blickwinkel von 100 Grad zu erzielen, wo bis dahin nur fünfundvierzig Grad erlaubt waren. Das Wort Fehler muss aber nicht in Anführungsstriche gesetzt werden. Denn das Gemälde besitzt tatsächlich einen großen Fehler. Und zwar, dass Friedrich das Ziel, das er sich gesetzt hatte, nicht konsequent verfolgt und auf jegliche Kompromisse verzichtet hat. Zu Recht konstatiert Joseph Leo Koerner, dass sich das Gemälde einer Kontextualisierung widersetzt.[77] Wäre Friedrich noch konsequenter gewesen, hätte er noch mehr Fehler gemacht, sodass Ramdohr das Gemälde gar nicht erst in den Kontext des Verhältnisses von Religion und Malerei hätte stellen können. Als er das Gemälde auf Drängen seiner Freunde in seinem Atelier ausstellte, ließ er dafür nicht nur einen eigenen Rahmen anfertigen, sondern verdunkelte das leere Zimmer auch und stellte das Bild auf einen mit einem schwarzen Tuch abgedeckten Tisch. Wie ein zeitgenössischer Augenzeuge berichtet, waren die Besucher stumm und betroffen, als befänden sie sich in einer Kirche. Schon diese »Installation« deutet darauf hin, dass Friedrich sich das Ziel gesetzt hatte, aus dem von der Zentralperspektive bestimmten Rahmen herauszutreten. Zu jener Zeit experimentierte er bereits ausgiebig mit den erwähnten neuen Kompositionslösungen. So können in seinen Bildern infolge seiner absichtlichen, metaphysisch begründeten Perspektivenverstellung ein außerordentlich genau beobachteter Vordergrund und ein nebelverhangener Hintergrund (die Grenze und das Grenzenlose), natürliche Farbe und unnatürliche Farbe (das Bekannte und das Unbekannte) Seite an Seite stehen; und das macht es möglich, dass innerhalb eines Bildes verschiedene Tageszeiten – zum Beispiel Nachmittag und Abenddämmerung, Nacht und Morgendämmerung – erscheinen (Licht und Dunkelheit). Der wahre Fehler bei *Das Kreuz im Gebirge* liegt in Friedrichs Zögern und Zaudern: Zwar setzte er die neuen Lösungen ein, aber gleichsam schüchtern, wie jemand, der sich darauf verlässt, dass man es nicht bemerken würde. Er versuchte gleichzeitig zwei Erwartungen zu genügen, wodurch das Bild tatsächlich gekünstelt wirkt: Er wollte den Publikumserwartungen genügen, gleichzeitig aber auch seine eigenen Ansprüche befriedigen. Er nahm auf die Regeln der Malerei des achtzehnten Jahrhunderts Rücksicht, experimentierte unter Verletzung dieser Regeln aber auch mit einer radikal neuartigen Bildkonstruktion. Sein Verfahren ist »realistisch« und auch nicht: Er weicht den Raum auf, will seine Lösungen zugleich aber auch zurücknehmen. Der eigentliche Fehler des Bildes ist die Selbstzensur.

Die Rückenfiguren

Es ist kaum vorstellbar, dass sich nicht auch Friedrich dessen bewusst war. Es boten sich ihm mehrere Möglichkeiten, einer Selbstzensur auszuweichen. Etwa die »Flucht nach vorne«, durch eine radikale Aufhebung der Perspektive und Beibehaltung der abstrakten Konstruktion. Das hätte eine Bildstruktur ergeben, die dann für die hundert Jahre später entstandenen Bilder Klees oder Feiningers typisch wurde. Damals war die Zeit dafür noch nicht reif. Eine zweite Lösung wäre die radikale Aufhebung der Perspektive bei gleichzeitiger Beibehaltung des Naturanblicks gewesen. Das hätte den Weg zu Turners Bildern gewiesen. Obwohl seine Malerei dahingehende Spuren aufweist, betrat Friedrich diesen Weg dennoch nie. Stattdessen griff er auf eine geniale dritte Lösung zurück: Er führte eine Rückenfigur in die Bildwelt ein. Wozu dient diese Figur? Sie nimmt Friedrich gleichsam die Last von den Schultern. Zum einen kann er die Rolle des realistischen, traditionellen Malers oder zumindest den Anschein dessen beibehalten. Zum anderen überträgt er auf die Rückenfigur all das, wonach er sich tief in seiner Seele sehnt – das ungebundene Sehen, die Lockerung der Komposition, die radikal neue Sichtweise. Dieses Vorgehen ließe sich auch aus der Friedrich eigenen charakterlichen Dualität (Radikalismus – Besonnenheit, Tabubruch – Schüchternheit) erklären, was aber eher zu einer biografischen, psychologischen Deutung führen würde. Die Genialität seiner Bilder besteht gerade darin, dass sie sich nicht auf persönliche Motive reduzieren lassen, sondern die Malerei selbst in eine Grenzsituation versetzen. Friedrich wahrt die Tradition in einer Weise, die zugleich die Moderne auf den Weg brachte.

IV. Der Schöpferische Blick

Den Sehpunkt sehen

Der Wanderer über dem Nebelmeer ist das bekannteste und zugleich gelungenste Beispiel für die Einführung der Rückenfigur. Da der Wanderer mit dem Rücken zum Betrachter steht, wird das Bild durch keine oder fast keine psychologische Erklärung belastet: Man sieht sein Gesicht nicht und kann somit auch seine Gedanken nicht daraus ablesen. Es ist nicht einmal ausgeschlossen, dass er gar kein Gesicht hätte, wenn er sich umdrehte. Und so lohnt es sich gar nicht, psychologische Deutungen zu bemühen. (Zum Beispiel, was die Rückenfigur über den Anblick vor sich denkt? Was sie empfindet? Ob sie wirklich die Verkörperung der unendlichen Sehnsucht ist? Ob wir uns mit ihr identifizieren können oder nicht? Und natürlich erübrigt sich dadurch auch die gelegentlich geäußerte, ansonsten unbegründete Vermutung, Friedrich habe menschliche Gestalten deshalb in Rückansicht gemalt, weil er keine Porträts malen konnte.) Statt sich mit der Persönlichkeit des Wanderers zu befassen, sollten wir uns lieber dem zuwenden, was wir sehen: dem räumlichen Verhältnis zwischen der Landschaft und dem Menschen, der sie betrachtet. Und das wirft von neuem die Frage der Perspektive auf.

Welche Stellung innerhalb der Bildkomposition nimmt der Wanderer ein? Was sofort auffällt: Sein Kopf befindet sich fast im geometrischen Mittelpunkt des Gemäldes. Das an sich ist bereits eine symbolische und vielsagende Geste. Im gleichen Jahr, 1818, malte Friedrich sein Bild *Frau vor der untergehenden Sonne*, auf dem die Frau (vermutlich Friedrichs Ehefrau) ähnlich betont mit dem Rücken zum Betrachter steht. Hier befindet sich nicht ihr Kopf im geometrischen Mittelpunkt des Bildes, sondern ihr Brustkorb, genauer ihr Herz. Dieser Mittelpunkt ist zu-

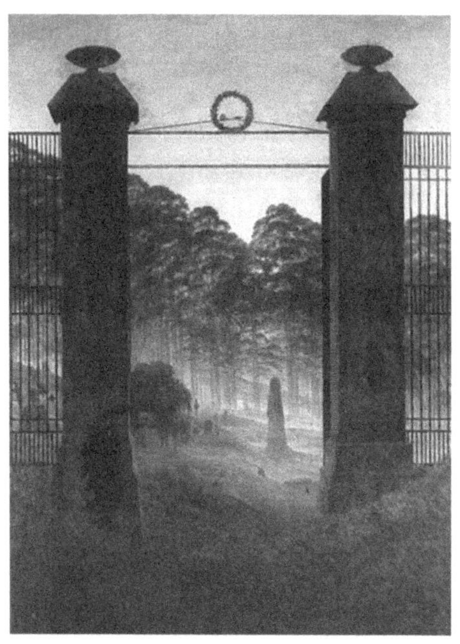

Friedhofseingang

gleich identisch mit der Sonne, die von der Frau verdeckt wird, sodass wir nur anhand der Strahlen auf sie schließen können. Die Sonne steht genau dort, wo das Herz der Frau ist. Man kann das Bild auch so sehen, dass sich in seiner Mitte, genauer im Fluchtpunkt der vor der Frau liegenden Landschaft, ein Loch befindet, durch das ein Lichtstrahl hereinfällt. Ein paar Jahre später, zwischen 1824–1826, malte Friedrich ein Bild mit dem Titel *Friedhofseingang*, das auch rückwirkend eine Erklärung bietet. In der geometrischen Mitte dieses Bildes befindet sich nämlich kaum wahrnehmbar ein mit ganz schwachen Umrissen gemalter, fliegender Engel. Er ist, wie es sich für einen echten Engel gebührt, zugleich sichtbar und auch nicht; da und auch nicht da. Seine Existenz ist fast schon virtuell. Da er aber an einer betonten Stelle, nämlich im Zentrum, erscheint (oder verschwindet), wirkt sich diese Unfassbarkeit auf das ganze Gemälde aus. Der Engel oder – um zum *Wanderer über dem Nebelmeer* zurückzukehren – der gesichtslose Kopf des Wanderers ist ein betonter und dennoch leerer Punkt, der die Mitte geometrisch markiert. Es bedarf keiner großen Mühe, auch den Kopf als ein in die Mitte des Gemäldes geschnittenes Loch zu sehen. Als einen Punkt, an dem das Bild gleichsam »durchlocht« ist und sich selbst einsaugt. Oder sich zumindest anschickt, sich umzustülpen.

Dieses imaginäre Loch erlaubt zwei Assoziationen. Einerseits erinnert es an ein technisches Gerät, das in der Renaissance gerade für die Perpektivenforschung wichtige Anregungen gab: die Camera obscura. Sie dürfte Friedrich durchaus vertraut gewesen sein, denn wie wir sehen werden, experimentierte auch er gelegentlich damit, seine Gemälde mit optischen Medien zu verknüpfen. Andererseits beschwört es ein Ereignis herauf, das seinerseits mit der Entstehung der Perspektive im Zusammenhang steht. Die Idee eines in die Bildmitte geschnittenen Loches erinnert an das Verfahren, mit dem Brunneleschi etwa um 1425 die Richtigkeit der Perspektive dadurch bewies, dass er das Baptisterium San Giovanni in Florenz in perspektivischer Verkürzung auf ein Bild malte und dann ein Loch in die Bildmitte bohrte. Der Betrachter musste das kleinformatige Bild mit der Rückseite in die Hand nehmen und an sein Auge führen, in der anderen Hand musste er einen Spiegel halten und durch das Loch das sich darin spiegelnde Gemälde betrachten. Bei der entsprechenden Armeslänge wirkte es genau so, als ob der Späher die echte Kapelle sähe.[78]

Bezieht man das Experiment auf Friedrichs Wanderer heißt das: Man kann den Wanderer als jemanden sehen, der durch ein Loch ein Gemälde betrachtet. Oder aber als jemanden, dessen Kopf das Loch ist, durch das wir Betrachter das Gemälde in einem Spiegel sehen.

Wie dem auch sei: Die Stellung des Wanderers, der die Landschaft betrachtet, und die des Betrachters, der den die Landschaft betrachtenden Wanderer beobachtet, sind verschieden, zugleich aber auch ähnlich. Ähnlich, insofern beide an einem idealen Punkt stehen. Verschieden, insofern sie jeweils etwas anderes sehen. Der Wanderer sieht von einem idealen Punkt die Landschaft, der Betrachter sieht von einem gleichfalls idealen Punkt (der mit dem Sehpunkt des Wanderers natürlich nicht identisch ist) das Bild. Denn die Linearperspektive geht von einem idealen Punkt aus, der außerhalb des Anblicks und der Darstellung liegt, und von dem aus der Anblick gemalt werden kann. Das weckt den Anschein, als ob der Anblick »objektiv«, immer schon gegeben wäre. Dieser ideale Punkt ist unsichtbar – nicht, weil er Bestandteil des »göttlichen Auges«, sondern weil er mit dem Sehpunkt des Bildbetrachters identisch ist. Der Betrachter als Besitzer dieses Sehpunktes glaubt, auch der Besitzer des letzten, göttlichen Anblicks zu sein. Denn jede perspektivische Darstellung setzt den Sehpunkt dessen, der die Darstellung betrachtet, voraus – er ist als unsichtbarer Punkt gleichsam in die Darstellung hinein komponiert.* Indem Friedrich einen Betrachter auch in das Bild einfügt, macht er auf diesen sonst unsichtbaren Punkt und damit auch auf die Voraussetzung des Sehens aufmerksam. Als Betrachter des Bildes sehe ich nicht nur den Wanderer und das Nebelmeer, sondern auch einen Sehpunkt – den Sehpunkt des Wanderers. Und da ich sehe, wie zufällig und an einen Menschen gebunden er ist, beziehe ich das unweigerlich auch auf meinen eigenen, bis dahin unsichtbaren Standpunkt. Mit seiner in die Bildwelt hineinkomponierten Figur lässt Friedrich das Sehen selbst sehen und erschüttert dadurch den naiven Glauben an die »Objektivität« des Sehens.

Die Gestalt des Wanderers macht deutlich, dass die perspektivische Darstellung nicht »objektiv«, sondern sehr wohl personengebunden und zufällig ist, abhängig davon, wo man gerade steht. Also subjektiv und willkürlich. Die Sehpunkte können sich verändern, wandern, ja sogar selbst sichtbar und darstellbar sein.

* Der Ausdruck Sehpunkt (sehe-Punkt) erscheint im deutschen Sprachraum zum ersten Mal 1742 in Johann Martin Chladenius' Buch *Einleitung zur richtigen Auslegung vernünftiger Reden und Schriften* (Leipzig 1742) und steht im Zusammenhang mit der Angleichung der Perspektiven, der Suche nach einer letzten, universellen Wahrheit (vgl. Pérez-Gomez/Pelletier, *Architectural Representation*, S. 290).

Von einem anderen, sich gleichfalls als »objektiv« bezeichnenden Sehpunkt betrachtet, verliert der »objektive« Sehpunkt gerade die Glaubwürdigkeit seiner »Objektivität«. Es ist, als würde man sein eigenes Sehen sehen, als würde das Sehen selbst sichtbar werden.

Das Sehen des Sehens

Es lohnt sich, an dieser Stelle einen kurzen Exkurs zu machen. Was ist beim Sehen am wenigsten sichtbar? Das Sehen selbst. Wenn wir sehen, sehen wir immer etwas, nie das Sehen an sich. Um das zu sehen, dürfte unser Sehen auf nichts gerichtet sein. Wenn es aber auf nichts gerichtet ist, ist es auch nicht auf sich selbst gerichtet. Am Sehen des Sehens könnte sich bestenfalls Baron Münchhausen versuchen.

Die gründlichste Erörterung des auf sich selbst gerichteten Sehens stellt Nicolaus Cusanus' 1453 entstandenes Werk *Von Gottes Sehen* (*De visione Dei*) dar, das die Lösung bereits im Titel präsentiert: Gott ist es, dessen Sehen so umfassend ist, dass er auch sein eigenes Sehen zu sehen vermag. Ein solches Sehen kann der Mensch höchstens anstreben. Cusanus' Argument: Beim Menschen ist das Sehen eine Funktion des Auges, also eines von vornherein begrenzten und beschränkten Sinnesorgans, bei Gott hingegen bedeutet das Sehen nicht nur das Funktionieren dieses Sinnesorgans, sondern gehört zur Substanz Gottes selbst.[79] »Dein Auge (oculus), Herr, gelangt zu allem ohne sich ihm zuwenden zu müssen. Daß unser Auge sich einem Gegenstand zuwendet, kommt daher, daß unser Sehen nur in einem Winkel von bestimmter Größe sieht. Der Winkel Deines Auges hingegen, o Herr, ist nicht von bestimmter Größe, sondern unendlich, das heißt ein Kreis, ja eine unendliche Kugel, weil Dein Blick das Auge der Kugelhaftigkeit (oculus sphaericitatis) und der unendlichen Vollkommenheit ist.«[80] Das Sehen ist dann in der Lage, sich selbst zu sehen, wenn – um sich der Grundbegriffe der Perspektive zu bedienen – die Position (der Standpunkt) des Sehenden und der Fluchtpunkt seines Sehens miteinander übereinstimmen. Die Verwendung der Begriffe der Perspektive ist nicht unbegründet: Cusanus, ein hoher kirchlicher Würdenträger, stand in engem Kontakt zu Leon Battista Alberti, dem großen Perspektivenforscher der Renaissance,[81] und sein Werk *Von Gottes Sehen* wurde von Leonardo da Vinci mit nicht geringerem, wenn nicht gar größerem Gewinn studiert als von den Kirchenvätern oder den Mystikern. Cusanus schreibt zwar durchweg von Gott und dessen Sehen, in Wahrheit beschäftigt ihn jedoch die Funktionsweise des menschlichen Sehens. Gott ist bei ihm ein Idealmaß, das das Messen und In-Bezug-Setzen der von vornherein beschränkten menschlichen Wahrnehmung ermöglicht.

Das menschliche Auge ist bloß ein schmaler Spalt am Körper des unendlichen, kugelförmigen Raumes. Das Sehen des Menschen wäre vollkommen, wenn der Mensch die göttliche Position einnehmen könnte. Es ist eine der Urfragen des europäischen Denkens: Kann der Mensch mittels seines Sehens aus dem engen Bereich der Wahrnehmung heraustreten? Das »göttliche Allsehen« ist eine uralte Metapher, in der eine allzu menschliche Sehnsucht zum Ausdruck kommt: Der Mensch möchte die Beschränktheit seines Lebens überwinden, dessen Unvollkommenheit irgendwie zur Ganzheit zaubern. Dann wäre er in der Lage, sich selbst so zu sehen, wie er es sonst nie tun konnte.[*] Nicht im Geflecht zufälliger Meinungen (doxa), sondern im Licht der Wahrheit, wie Platon es ausdrückt. So fragt in seinem frühen Dialog Charmides Sokrates: »Bedenke nur, ob du glauben kannst, es gebe ein Sehen, welches gar nicht ein Sehen der Dinge ist, die gesehen werden, sondern nur ein Sehen von sich selbst und ande-

* »[...] meine Situation ist meinen eigenen Augen undurchsichtig, sie hat Aspekte, die mir entgehen und die ein äußerer Blick, wäre er möglich, besser erhellen könnte. Was ich insgesamt bin, geht über das hinaus, was ich für mich selbst bin.« (Maurice Merleau-Ponty, *Das Sichtbare und das Unsichtbare*, München 1994, S. 87.)

rem Sehen und Nichtsehen.«[82] Die griechische Entsprechung von Sehen (theastai) ist etymologisch verwandt mit Staunen (thaumazein), das für Platon der wichtigste Beweggrund der Philosophie ist. Und da das Gute laut Platon das Hellste des Seins ist, ist das wahre Sehen das Sehen der sinnlich uneingeschränkten Wahrheit selbst. Staunen bedeutet also, das Sehen selbst zu erblicken. Erst da kann das äußere Licht, das der Mensch so schwer erträgt, das innere Dunkel zerstreuen. Mit Platons Gleichnis ausgedrückt: In solchen Momenten tritt der Mensch aus der Höhle und sieht das, was er bis dahin nur mittelbar gesehen hatte, nun unmittelbar. Das »Urbild ist der Menge zu groß und erhaben, um es erfassen zu können«, schreibt Friedrich im Sinne Platons,[83] darum bedürfe es der Gemälde, die als »Menschenwerk« auch für Menschen mit schwacher Auffassungsgabe (die »Schwachen«) aufnehmbar seien – auf diese Weise würden die Maler das Urbild auch ihnen zugänglich machen. Beim Lesen dieses Gedankens fragt man sich unwillkürlich, ob sich Friedrich nicht auch mit Schopenhauer darüber unterhalten hat, der in *Die Welt als Wille und Vorstellung* einen ähnlichen Standpunkt vertritt: Was ein Künstler darstellen wolle, sei »nicht das einzelne Ding, das Objekt der gemeinen Auffassung«, sondern die »Idee in Platons Sinne«.[84]

Das Sehen der Ideen, das »göttliche Allsehen«, war eines der herausragenden Themen in der Kunst, der Literatur und dem künstlerischen Denken an der Wende vom 18. zum 19. Jahrhundert. Wer sich dazu äußerte, wurde oft von einer an Mystiker gemahnenden Verzückung ergriffen. Diese Verzückung war aber ein Zeichen dafür, dass sich das Sehen seit dem Ende des 18. Jahrhunderts mit immer größeren Herausforderungen konfrontiert sah. Der Erdball war zwar zusammengeschrumpft (also immer durchsichtiger geworden), doch hatte die Zivilisation immer komplexere Bezugssysteme hervorgebracht (war also immer undurchsichtiger geworden). Und da das Ziel – im Sinne der Forderungen der Aufklärung – das Streben nach vollständiger Transparenz war (dem Allwissen, das mit dem Allsehen einherging), wurde auch jede dem Sehen, der Vermittlung von

Bildern dienende, zeitgenössische Technik vor gewaltige Herausforderungen gestellt. Noch nie hatte man in Europa eine derart brennende Notwendigkeit verspürt, dem »natürlichen« Sehen zu Hilfe zu kommen, es durch Erfindungen und Geräte diverser Art zu unterstützen. Noch nie hatte man so viele Instrumente zur Erzeugung von Ansichten herstellen wollen. Wäre man dazu in der Lage gewesen, hätte man die bewegten Bilder, den Film, schon damals entdeckt und mit einem Gefühl im Kino Platz genommen, endlich wirklich die Allheit sehen zu können. Die Ansprüche wurden in der Regel noch in der Sprache der Mystik formuliert; das, wonach man wirklich strebte, zeigte aber voraus, zum zwanzigsten und einundzwanzigsten Jahrhundert. Das alles ließ natürlich auch die visuelle Kunst der Zeit nicht unberührt. Wenn wir in den optischen Erfindungen von der Wende vom 18. zum 19. Jahrhundert die ersten Ansätze des Kinos beziehungsweise des Fernsehens und der digitalisierten visuellen Schöpfungen erblicken, kann man auch im Bereich der bildenden Künste die Wurzeln jener späteren Bewegungen nicht übersehen, die mit jeglicher thematischen Darstellung brachen – im Namen der Befreiung des Sehens, im Banne eines auf sich selbst gerichteten Sehens.

Verfremdungsgesten in Rückansicht

Kehren wir zu Friedrichs Wanderer zurück. Die Figur des Wanderers auf diesem Gemälde ist nicht als Motiv bedeutsam (der Städter, der einen Ausflug aufs Land unternimmt – obwohl auch diese Bedeutungsebene des Bildes nicht zu vernachlässigen ist), sondern als Verkörperung der Kritik des Sehens. Sie hinterfragt die scheinbare Natürlichkeit des »naiven Sehens« eines realen Betrachters.

Aber nicht nur das. Die »Naivität« des Sehens, der Glaube, dass das, was wir sehen, objektiv und unzweifelhaft sei, geht eng mit der Überzeugung von der Einheit, der Identität der Persönlichkeit, einher. Ich traue meinen Augen am ehesten dann, wenn ich keinerlei Zweifel an mir selbst habe. Der Betrachter eines perspektivisch konstruierten Bildes nimmt unwillkürlich die Position des Künstlers ein (»auch er sieht die Szene so wie der Künstler [...]«) und erhebt damit auch Anspruch auf die Position des »Schöpfers«. Die Geburt der Perspektive geht Hand in Hand mit der Geburt des neuzeitlichen Subjekts, das, indem es seine eigene Identität nicht in Frage stellt und jeden diesbezüglichen Zweifel verscheuchen will, unausgesprochen nach göttlichen Lorbeeren trachtet. Die Rückenfigur in diesem Gemälde, wie ähnliche Gestalten in anderen Bildern Friedrichs, lässt hingegen Zweifel aufkommen. Diese Figuren vollziehen Kants kopernikanische Wende in der Kunst. Ein Bild sehen: Das ist nun nichts Selbstverständliches und Offensichtliches mehr. Im Gegenteil: Ein Gemälde sehen, sich darin vertiefen und es sich erlebnishaft aneignen bedeutet für einen Betrachter, Kritik an seinem bisherigen Sehen zu üben. Das tut auch Friedrich, dessen Rückenfiguren lauter Anführungsstriche, Verfremdungseffekte und kritische Gesten sind. Im Gegensatz zur traditionellen Landschaftsmalerei bewegen sich Friedrichs Gestalten betont fremd in der Landschaft, in der sie auftauchen. Es sind keine Schäfer, keine Ackersleute, keine Bauern, aber auch keine gewöhnlichen Ausflügler, sondern Figuren, die aus dem Unbekannten auftauchen und dorthin verschlagen werden. Sie betrachten die Landschaft deshalb so innig, wollen so sehr mit ihr eins werden, weil abzusehen ist, dass sie dazu nie in der Lage sein werden. Obwohl es ihr innigster Wunsch ist, werden sie dort nie zu Hause sein. Sie sind allesamt Verkörperungen der Fremdheit. Starr, reglos stehen sie da und untergraben dabei die Verlässlichkeit der Dinge, konfrontieren die Persönlichkeit mit ihrer Zerbrechlichkeit. Nicht einmal Gesichter haben sie. Sie ebnen den Weg für etwas, was Rilke hundert Jahre später so formulieren wird: »Denn was ich fortstelle, / hinein in die Welt, / fällt, / ist wie auf eine Welle / gestellt« (»Der Letzte«).

Die perspektivische Darstellung setzt aber nicht nur einen Sehpunkt voraus, sondern auch einen unendlich weit entfernten Fluchtpunkt, in dem die fliehenden Linien des Bildes irgendwo in der Tiefe des Bildraumes zusammenlaufen. Obwohl er in Wirklichkeit nie zu sehen ist, gäbe es ohne ihn keine perspektivischen Verhältnisse. Der Mathematiker Brian Rotman setzte den Fluchtpunkt mit der Null gleich und deutete ihn so: »Wie die Null besitzt er eine sehr spezifische Doppelrolle. Als Zeichen unter Zeichen wirkt er intern als ein beschreibendes Zeichen auf derselben Ebene wie andere solche Zeichen. Dementsprechend repräsentiert er wie sie einen definierten Standort innerhalb der durch den Fensterrahmen wirklich erlebten physischen Szene. Einen Standort, der jedoch dadurch, daß er unendlich weit in der Ferne liegt, durch eine Person oder ein jegliches physisches Objekt uneinnehmbar ist [...] Seine Bedeutung kann, mit anderen Worten, nur aus dem Prozeß des Abbildens selbst zurückverfolgt werden.«[85] Die Linien der perspektivischen Konstruktion laufen in dem unendlich weit entfernten Fluchtpunkt zusammen, der wie ein virtuelles Loch in der Bildmitte ist – ein Loch, in dem alles nichtig, also unsichtbar wird. Dieses Loch ist natürlich nicht zu sehen, man kann es sich nur erschließen. Und doch existiert es sehr wohl. Stellte sich jemand an den fernen Fluchtpunkt, würde umgekehrt ich, der vor dem Bild stehende Betrachter, für ihn unendlich weit entfernt sein, unsichtbar, eine Gestalt, auf deren Existenz er nur schließen könnte. Einander beobachtend fühlten wir uns wie die Figuren von *Yellow Submarine* im »Sea of Holes«. Zu Recht schrieb Jacques Lacan über das Blicken und Sehen: »Ich bin nicht einfach jenes punktförmige Wesen, das man an jenem geometrischen Punkt festmachen könnte, von dem aus die Perspektive verlaufen soll. Zwar zeichnet sich in der Tiefe meines Auges das Bild (tableau). Das Bild ist sicher in meinem Auge. Aber ich, ich bin im Tableau.«[86]

Hier zeigt sich das große Paradox der perspektivischen Konstruktionsweise. Einerseits nimmt der Bildbetrachter eine Position ein, die früher Gott allein vorbehalten war; er sieht alles, sofern er sein eigenes Sehen als unbedingt, ausschließlich und »objektiv« erachtet. Andererseits ist er auch selbst ein Fluchtpunkt, dessen Existenz der in die perspektivische Darstellung hineinkomponierte, unendlich ferne und kleine Punkt ist. Während der Bildbetrachter (vor dem Bild stehend) die Darstellung »von hier aus« betrachtet, kann er sich selbst am virtuellen »jenseitigen Ufer« des perspektivisch konstruierten Anblicks als negativen Abdruck, als »Traumkopie« seines Ichs erblicken. Der Kopf des Wanderers in Friedrichs Gemälde ist ein »Punkt« (ein Spalt, eine Öffnung, ein imaginärer Spiegel), durch den der Bildbetrachter gleichsam durch den Kopf des Wanderers hindurchsehen kann. Etwa so wie die Besucher des Schlossparks von Schwetzingen durch jenen Mitte des 18. Jahrhunderts entworfenen Anblick *Das Ende der Welt* hindurchsehen konnten: Am Ende des Gartenweges stand eine Mauer, darin befand sich eine Öffnung, hinter der eine sich im Unendlichen verlierende »Traumlandschaft« zu sehen war.[87*] Bezogen auf Friedrichs Gemälde heißt das: Der Kopf des Wanderers ist ein »Loch«, durch das der unendlich weit entfernte Fluchtpunkt erscheint, in dem der Betrachter sich selbst entdecken kann – sein ungreifbares, zur Null reduziertes Ich. Einerseits begreift er alles; andererseits wird er selbst unbegreiflich und ungreifbar. Das Alles und das Nichts in einem. Noch einmal in Anspielung auf den Film *Yellow Submarine*: He's a real nowhere man.

* Dieser Anblick erinnert an Marcel Duchamps Installation *Etant donnés: 1) la Chute d'eau, 2) le Gaz d'éclairage* (1946–1966), bei der sich vor dem Betrachter beim Blick durch die Ritzen einer alten Holztür eine märchenhafte Landschaft auftat, mit einer im Gras liegenden, nackten Frau und einer leuchtenden Gaslampe im Vordergrund. Auch Duchamps Ziel bestand darin, die Gewissheit bezüglich des Raumes zu erschüttern, die Positionen des Sehenden und des Gesehenen zu verunsichern.

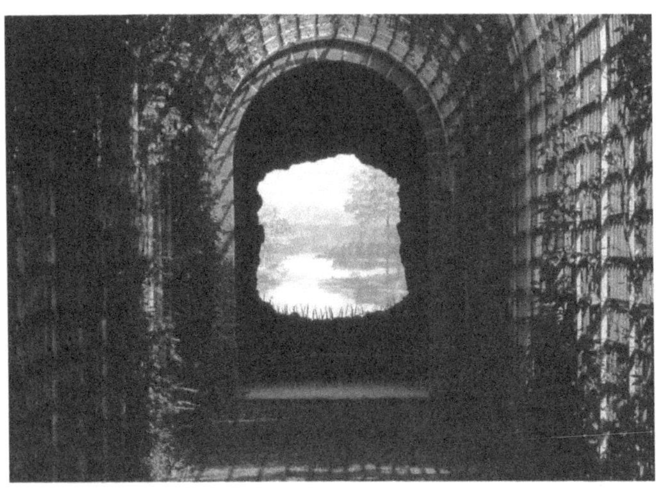

Ende der Welt

Auf diese eigentümliche Dichotomie und Paradoxie verweist der Wanderer in *Der Wanderer über dem Nebelmeer*. Er ist sowohl der Sehpunkt (der die Landschaft betrachtet) als auch der Fluchtpunkt (sein Kopf ist der unendlich weit entfernte Punkt, in dem die Linien zusammenlaufen); er betrachtet einen Anblick (eine Gebirgslandschaft), ist gleichzeitig aber auch ein Teil des Anblicks (der Bildwelt). In ihm nähern sich die Gegensätze einander an, auch wenn sie nicht zusammenfallen. Und da sie nach Cusanus allein bei Gott tatsächlich zusammenfallen, können wir den Wanderer als eine Figur sehen, die sich die Praxis der *omnivisio*, des allein Gott vorbehaltenen Sehens, zum Ziel gesetzt hat.

Die Frage, die Friedrich beschäftigte, ist keine geringere als die, ob der Mensch die perspektivische Darstellung zu überwinden vermag. Anders formuliert: Ob es möglich ist, dass der Sehpunkt und der Fluchtpunkt zusammenfallen und der sehende Mensch nicht zwischen zwei Extremen hin und her schwankt, sondern beide miteinander vereinen kann.

Das Gemälde ist ein außergewöhnliches Stück visuelle Theologie. Es ist nicht deshalb »religiös«, weil der Wanderer die Landschaft mit einer Andacht betrachtet, als nähme er an einem

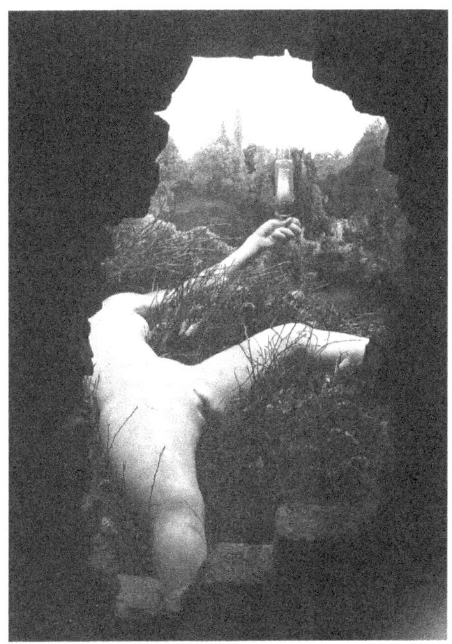

Etant donnés: 1° la chute d'eau / 2° le gaz d'éclairage

Abendmahl teil, sondern weil seine Gestalt die Bildkomposition in eine Grenzsituation versetzt und den menschlichen Sehpunkt dem gedachten, göttlichen Sehpunkt anzunähern versucht. Nicht seines Gegenstandes oder seines in Worte fassbaren Themas, sondern seiner Struktur wegen kann es als religiös bezeichnet werden.

Der schöpferische Blick

Nicolaus Cusanus unterschied zwischen zwei Arten des Sehens. Die eine lässt sich als sinnliches Sehen bezeichnen und ist »in Zeit, Himmelsrichtungen, einzelnen Gegenständen und dergleichen Bedingungen verschränkt«. Die andere ist das »abstrakte Sehen« (*visus abstractus*), das an dergleichen nicht gebunden ist, sondern den Beweis erbringt, »daß es nicht der Seinsheit des Sehens entspricht, ein Ding mehr zu betrachten, als ein anderes«, und alles absolut zu betrachten vermag.[88] Diese Unterscheidung des doppelten Sehens impliziert von vornherein, dass der Mensch danach streben muss, das göttliche Sehen zu erlangen, seine Sinnesorgane also zu erweitern. In die Sprache der bildenden Kunst übersetzt: Das Sehen muss befreit werden. Friedrich strebte genau das an und William Blake formulierte es theoretisch.*

Aber wie kann man das Sehen befreien? Cusanus' Antwort lautet: indem man in allen sichtbaren Dingen Gott selbst entdeckt: »Von jedem Sehenden wirst Du in allem Sichtbaren und in jedem Akt der Schau gesehen.«[89] Das ultimative Ziel des Sehens ist also die Einswerdung mit Gott, die *unio mystica*.[90] Obwohl Cusanus in der Sprache der Theologie schreibt, hat er stets auch die bildenden Künste vor Augen. Seine Abhandlung basiert auf einem Beispiel aus der bildenden Kunst: auf einem vermutlich aus dem fünfzehnten Jahrhundert stammenden Tafelbild (*tabella*), das eine Christusfigur darstellt, die stets den Betrachter fixiert, aus welchem Winkel auch immer dieser das Bild betrachten mag. Laut Cusanus stellt das Gemälde das Bild eines »Alles-Sehenden« dar, weshalb er es als »Ikone Gottes« bezeichnet. Es liegt also nahe, dass in Cusanus' Augen das Ziel der *unio mystica* auch für die Malerei galt. Und das bedeutete nicht nur, dass religiöse Themen gemalt, sondern auch das Sehen selbst produktiv und kreativ gemacht werden sollte. So könne der Mensch das – mit Cusanus gesprochen – »absolute Sehen« erlangen.[91]

Das kreative, schöpferische Sehen ist eine Forderung, die für jeden Maler selbstverständlich ist. In der Gotik genauso wie zu

* Now I a fourfold vision see
And a fourfold vision is given to me
Tis fourfold in my supreme delight
And threefold in soft Beulahs night
And twofold Always. May God us keep
From Single vision & Newtons sleep.
(Brief an Thomas Butts, 22. November 1802)

Cusanus' Zeit, im Barock genauso wie im Klassizismus oder im 21. Jahrhundert. Es ist eine unerlässliche Grundvoraussetzung der Malerei, die sich dann von Epoche zu Epoche in immer neuem Rahmen manifestiert. An der Wende vom 18. zum 19. Jahrhundert begann sich das kreative, schöpferische Sehen auch auf die Aufweichung, Unterminierung oder gar Sprengung der Raumdarstellung und der perspektivischen Konstruktion auszudehnen. In dieser Zeit gab man dem kreativen Blick – mit dem Vokabular der zweiten Hälfte des 18. Jahrhunderts gesprochen – den Namen Blick des Genies; er ist dem Blick, den Cusanus als göttlich bezeichnet, nicht unähnlich. In seinem populären, seinerzeit vielgelesenen Buch *Physiognomische Fragmente* (1775–1778) erörterte Lavater gesondert den Blick des Genies und schrieb darüber: »Das ist nicht nur das Treffende, Blitzende, das sich aus der Zeichnung des Auges ergeben mag – sondern das Ausschließende, wenn ich so sagen darf [...] das Auge des Genies, des gesalbten Gottes, scheint – Ausflüsse zu haben, die auf andre Augen physisch und unmittelbar wirken [...] Der Blick des Genies in seiner höchsten Treffenheit, wenn ich so sagen darf, ist – beynahe wunderwirkend – unwiderstehlich, allenerkannt, göttlich [...] Durch diesen Blick voll allempfindbarer Überlegenheit, wie Rousseau es wohl sagt, verwandeln wahre Genieen die andern in sich selbst.«[92] Der Blick des Genies erfasst alles, durchdringt alles und formt alles nach seinem eigenen Bildnis, sagt Lavater. Das gilt auch für die Raumstruktur, die infolge eines solchen Blickes ihren starren und gitterartigen Charakter verliert, plastisch, formbar, nicht-euklidisch wird.

Alles beginnt sich aufzulösen, die scharfen Konturen von einst werden unsicher. Auch die »Wirklichkeit« erbebt. Als kündigte sich ein Erdbeben an. Nach dem Tod Caspar David Friedrichs mussten nur noch neununddreißig Jahre bis zur Geburt Kasimir Malewitschs vergehen.

V. Fliegen

Fliegen

Das göttliche ganze Sehen, die *omnivisio*, ist eine typisch theologische Forderung. Jedoch begannen sich die Voraussetzungen ihrer Verwirklichung zu Beginn des 19. Jahrhunderts abzuzeichnen.

Hier ein Beispiel von vielen: Der bereits mehrfach zitierte Naturwissenschaftler Gotthilf Heinrich von Schubert berichtete in seiner Autobiografie lange nach Friedrichs Tod von einem seltsamen Bild, das dieser Jahre vor der Entstehung des Gemäldes *Der Wanderer über dem Nebelmeer* gemalt habe: »Es stellte keine Landschaft dar, denn vom Lande sah man nichts als einige über den Hochnebel hervortretende Berggipfel, sondern es war ein Bild, dergleichen nur der Luftschiffer sehen kann, wenn er auf seinem Fahrzeuge sich über die Tiefe der Wolken, welche das Land unter ihm bedecken, bis dahin erhebt, wo schon hin und wieder durch den zerrissenen Nebelschleier das ungetrübte Blau des Himmels gesehen wird und ein Strahl der Sonne hereinbricht.«[93] Später fügte er hinzu: Nicht ein Luftschiffer habe über der nebelverhangenen Landschaft gekreist, sondern ein Adler, womit Friedrich den Patriotismus der Deutschen habe betonen wollen. Dennoch ist die Erwähnung des Luftschiffes und des Luftschiffers ein vielsagender Vergleich. Denn es handelt sich um die Entdeckung einer neuen Technik, die nicht nur half, den alten Menschheitstraum vom Fliegen Wirklichkeit werden zu lassen, sondern auch auf die Sichtweise, die Sensibilität, ja sogar das theologische Denken zu Beginn des neunzehnten Jahrhunderts großen Einfluss hatte. Als am 4. Juni 1783 in Paris der erste, noch unbemannte Wasserstoffballon abhob, stellte eine Karikatur aus demselben Jahr bereits die Auferstehung Christi so dar,

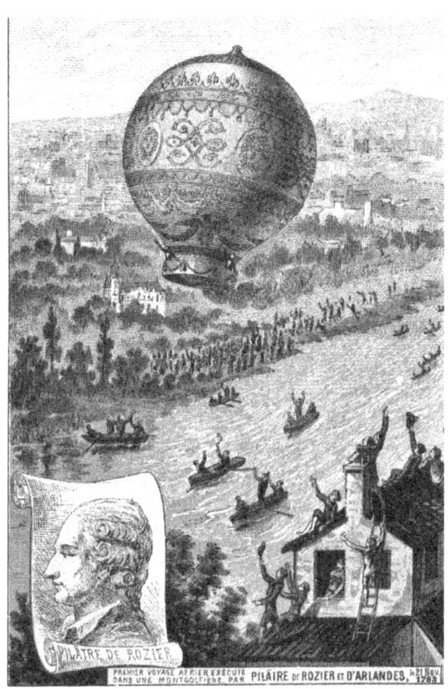

Pilâtre de Rozier im Ballon, November 21

dass aus dem sich öffnenden Grab zum Entsetzen der dort stehenden Soldaten ein Luftballon in die Höhe steigt.[94] Bald darauf war es dann nicht mehr nur Christus, der in den Himmel entschweben konnte. Am 19. September wurden ein Hahn, ein Enterich und ein Lamm in den Korb gesetzt, am 21. November hob schließlich der erste Mensch, Pilâtre de Rozier, ab. Anderthalb Monate später, am 1. Dezember, entstand aus der Feder Jacques-Alexandre César Charles' der erste authentische Bericht über das Erlebnis des Aufstiegs in den Himmel. Nachdem er sich von der Erde unten gelöst hatte: »betrachtete [ich] einen Augenblick den unermeßlichen Umkreis der Luft und die irdischen Dünste, die aus dem Schoße der Täler und aus den Flüssen aufstiegen. Die Wolken schienen aus der Erde zu kommen und sich mit Beibehaltung ihrer gewöhnlichen Gestalt übereinander zu häufen.«[95]

Diese Zeilen hätte auch Caspar David Friedrichs Wanderer schreiben können. Neue Technik, neue Experimente, neue, nie gesehene Anblicke. Das Firmament ist nicht mehr der Sitz Christi oder der Seele, sondern ein Schauplatz wissenschaftlicher Forschungen. Nach seinen Wolkenuntersuchungen der 1780er Jahre veröffentlichte Luke Howard 1803 sein bereits erwähntes Buch, das eine wissenschaftliche Beschreibung und Terminologie der Wolken beinhaltete und auf Forschungen oben in der Höhe beruhte. Der Himmel hatte sich unerwartet geleert, anstelle Gottes stieß man dort oben auf atmosphärische Phänomene. Parallel dazu begannen auch die Kirchen, Gottes Residenzen auf Erden, eine neuartige Anziehungskraft auszuüben. An der Wende vom 18. zum 19. Jahrhundert erschien vielen die Natur zur Anbetung Gottes bereits besser geeignet als ein Kirchengebäude.[*] Und umgekehrt wurden die Kirchen bereits nicht nur von Gläubigen, sondern auch von Schaulustigen aufgesucht. Um 1800 stößt man in den zu dieser Zeit zahlreicher werdenden Reisebeschreibungen immer öfter auf Berichte von Reisenden, die aus der Höhe, von Türmen hinabblickten und Städte und Landschaften anhand ihrer dortigen Erlebnisse beschrieben. Da es zunächst nur wenige Aussichtstürme gab – das Baufieber von Aussichtstürmen bricht in Europa in der Mitte des neunzehnten Jahrhunderts aus, und 1856 fotografiert Nadar Paris bereits aus einem Luftschiff –, bestiegen die Reisenden die Kirchtürme. Goethe tat es auch und erzählt in *Dichtung und Wahrheit*, wie er seine Höhenangst dadurch zu

* Ludwig Theobul Kosegarten, der Pfarrer von Altenkirchen (Rügen), beauftragte Caspar David Friedrich (dessen Bilder er als einer der ersten zu sammeln begonnen hatte) für die Kapelle von Vitt, ein Dörfchen an der Küste Rügens, ein Altarbild zu malen. Er hatte wohl ein Landschaftsbild im Sinn, denn er kannte Friedrichs Werke gut und maß der Landschaft bei der Seelenbildung auch selbst eine große Bedeutung bei: Seine Predigten hielt er regelmäßig im Freien ab, mit dem Rücken zum Meer, das die Gläubigen mal als Gott, mal als das »Unbekannte« anbeteten (Kosegarten verwendete beide Begriffe abwechselnd! Vgl. Ludwig Theobul Kosegarten, *Briefe eines Schiffbrüchigen*, in: ders., *Rhapsodien*, Bd. 2, Leipzig 1790, S. 85–89).

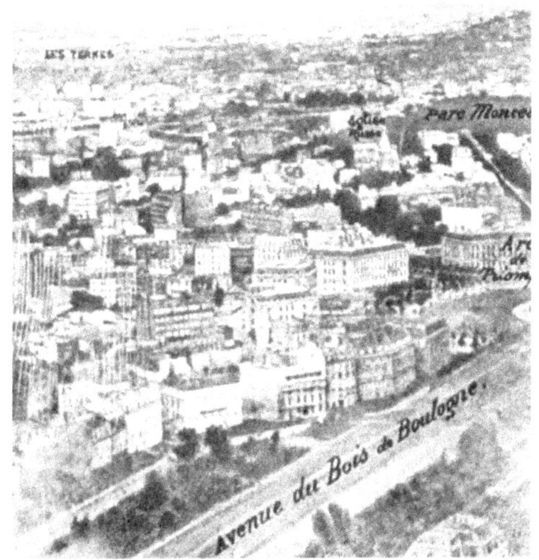

Luftaufnahme von Paris

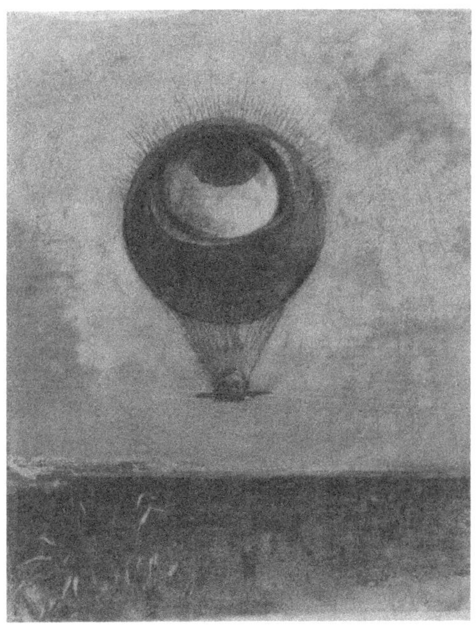

Das Auge steigt wie ein seltsamer Ballon in Richtung Unendlichkeit. Für Edgar Poe

überwinden suchte, dass er hoch hinaufstieg – auf den Turm des Straßburger Münsters: »Ich erstieg ganz allein den höchsten Gipfel des Münsterturms, und saß in dem sogenannten Hals, unter dem Knopf oder der Krone, wie man's nennt, wohl eine Viertelstunde lang, bis ich es wagte, wieder heraus in die freie Luft zu treten, wo man auf einer Platte, die kaum eine Elle ins Gevierte haben wird, ohne sich sonderlich anhalten zu können, stehend das unendliche Land vor sich sieht, indessen die nächsten Umgebungen und Zieraten die Kirche und alles, worauf und worüber man steht, verbergen. Es ist völlig, als wenn man sich auf einer Montgolfiere in die Luft erhoben sähe.«[96] Kirchtürme ziehen nicht mehr nur die Blicke der Gläubigen auf sich. Natürlich ist denen, die sie besteigen, auch das metaphysische Erlebnis nicht abzustreiten. Wie Stephan Oettermann treffend bemerkt: Wer einen Kirchturm bestieg, um den Ausblick aus der Höhe zu genießen, wurde selbst gottähnlich .[97] Der junge Goethe notierte in der Schweiz: »Welche Begierde fühl' ich, mich in den unendlichen Luftraum zu stürzen, über den schauerlichen Abgründen zu schweben und mich auf einen unzugänglichen Felsen niederzulassen. Mit welchem Verlangen hol' ich tiefer und tiefer Atem, wenn der Adler in dunkler blauer Tiefe, unter mir, über Felsen und Wäldern schwebt.«[98] Hätte sich Goethe 1818 noch die Mühe gemacht, Friedrichs Bilder zu besehen, hätte er sich beim Anblick von *Der Wanderer über dem Nebelmeer* gewiss an diese Zeilen erinnert.

Seltsamer Zwiespalt: Die Technik nährte und steigerte die Hoffnung auf die *unio mystica* und die Annäherung an Gott, die gleiche Technik wurde aber auch zum erfolgreichen Mittel der Säkularisierung, der Entleerung des Firmaments. In seinem Roman *Siebenkäs* (1796–1797) »entleerte« Jean Paul den Himmel, vergeblich suchte der tote Christus darin nach Gott, er fand an dessen Platz nur Leere vor. 1801 ließ Jean Paul wieder jemanden emporfliegen. Diesmal nicht Christus, sondern einen Luftschiffer (*Des Luftschiffers Giannozzo Sehbuch*), der über das, was er in der Höhe sieht, Tagebuch führt, bis er schließlich in einem gewaltigen Sturm ums Leben kommt – als Märtyrer der Beobachtung und des Sehens. Oder als ein sorgfältig inventarisierender Christus. Über Gott oder dessen Tod verliert Giannozzo nicht viele Worte; umso mehr über die Natur, über das, was er von oben, aus der Höhe, als »Welttheater« bezeichnet. Angesichts der zahllosen, kleinen Ereignisse unten kommt er sich wie Gott vor: »indes für mich wie für einen Gott alles nur Gegenwart war.«[99] Er begegnet der Höhe mit einer Andacht, die einer Gottesandacht gleichkommt: »Das Leben hier schweigt und ist groß und droht fast – Gott weiß, welcher gewaltige böse oder gute Geist hier in dieser stillen Höhe dem Treiben grimmig-grinsend oder weinend-lächelnd zusieht und die Tatzen ausstreckt oder die Arme, und ich frage eben nichts nach ihm.«[100]

Emporsteigen, entschweben und fliegen: bei vielen löste schon der bloße Gedanke daran ekstatische Erlebnisse aus.* Und zwar nicht nur weil man sich, wie Philipp Otto Runge es sich erhoffte, fliegend der Sonne nähern, hineinstürzen und – *unio mystica*! – mit der Quelle allen Lichts eins werden könnte.** Sondern auch weil die technischen Voraussetzungen des Fliegens zu dieser Zeit tatsächlich vorhanden waren.

* Paolo Tarsis, Pilot und Protagonist von d'Annunzios Roman *Vielleicht – vielleicht auch nicht* (1910), spürt während eines Fluges, dass auch der Technik tiefste Bestimmung darin besteht, im Menschen mystische Erlebnisse zu wecken: »Er fühlte [...] wie sein Körper die ganze Maschine regierte, daß im Innern seiner Flügel wie in den hohlen Knochen der Vögel die gleiche Luft kreiste wie in seinen Lungen. Wieder ward das Gefühl in ihm lebendig, nicht mehr ein Mensch in einer Maschine zu sein, sondern ein einziger großer Körper mit ihr. Die Empfindung des unerhört Neuen lebte in jeder seiner Bewegungen. Er flog dahin wie auf seiner eigenen schwellenden Lust« (Gabriele D'Annunzio, *Vielleicht – vielleicht auch nicht*, München 1989, S. 96).
** Philipp Otto Runge: »Welch eine Riesengestalt ist die Sonne in ihrem Aufgang! Ihre Flügel reichen bis ans Ende der Welt, sie durchschaut mit ihren Augen die Tiefen wie ein Adler, und ihre Gedanken schweben in unendlicher Höhe; von Anfang ist sie gekommen und ohne Ende ist ihr Flug [...] O daß ich fliegen könnte mit dir und sterben mit dir, und preisgeben meinen Leib und meine Seele [...] Warum erhielt nur der Adler Flügel, sich in diese Seligkeit zu stürzen!« (Zit. n. Langen, »Zur Lichtsymbolik in der deutschen Romantik«, S. 249).

Metaphysischer Selbsttrost

Machen wir einen erneuten Exkurs – auf den Spuren der Anblicke, die sich einem in der Höhe bieten.

Wenn man emporsteigt und aus der Höhe – aus einem Luftschiff, von einem Kirchturm, einem Berggipfel oder in unseren Tagen aus einem Flugzeug – hinabschaut, sieht man sich, wie *Der Wanderer über dem Nebelmeer* zeigt, gegensätzlichen Impulsen ausgesetzt. Einerseits sehnt man sich danach, restlos mit dem Anblick zu verschmelzen, der sich vor einem auftut, andererseits beobachtet man das, was man sieht, unweigerlich von außen.* Beim Blick aus der Höhe vergisst man sich, die Grenzen des eigenen Ichs stürzen ein – und doch bleibt man nüchtern, hält Ausschau, konstatiert. Wohl gerade weil man außerhalb des Anblicks ist, sehnt man sich danach, mit ihm eins zu werden. Dieser Zwiespalt zeigt sich am Ende des 18. Jahrhunderts als eine merkwürdige Symbiose vom Verschmelzen mit der Natur und dem Willen, sie zu beherrschen und korreliert mit einer eigentümlichen Parallele: Einerseits wurde die Natur zu einem Objekt des rationalen, wissenschaftlichen Denkens, was zu ihrer immer gnadenloseren, technischen Ausbeutung führte, andererseits sahen in ihr viele nach wie vor das Subjekt des Universums, den Ausdruck ästhetischer Harmonie, einer rational nicht zu fassenden Vollkommenheit, einer Art mystischen Identität. Wer die reinen, autonomen Gesetze des Verstandes durchsetzen wollte und die Natur als Objekt behandelte, konnte sich genauso selbstverständlich auf sie berufen wie der Anhänger einer holistischen Sichtweise, der die Natur für eine Schicksalsfrage

* Bezüglich des Eiffelturms schreibt Roland Barthes: »Jeder Besucher des Eiffelturms [betreibt] Strukturalismus, ohne es zu wissen [...]: er trennt und ordnet. Paris bietet sich ihm dar wie ein virtuell *präpariertes* Objekt. Diese Tätigkeit des Geistes, ausgeübt durch den bescheidenen Blick des Touristen, hat einen Namen: das Entziffern« (Roland Barthes, *Der Eiffelturm*, Frankfurt am Main 2015, S. 22).

hielt und in ihr etwas Heiliges erblickte. Jemand wie Novalis, der Beweise für die Existenz Gottes suchte, wandte sich ebenso an die Natur wie jemand, der Gott in Frage stellen wollte – wie der Marquis de Sade. Die Natur stand genauso für den universellen Verstand wie für das Fehlen jeglichen Verstandes und eine universelle Gleichgültigkeit.

Friedrichs Malerkollege Carl Gustav Carus rief beim Blick von einem Berggipfel in einem Brief aus: »Du bist nichts, Gott ist alles.«[101] Ein ähnliches Gefühl bekundete Hölderlin in *Hyperion*: »Eines zu sein mit Allem, was lebt, in seliger Selbstvergessenheit wiederzukehren ins All der Natur.«[102] Es ist kaum zu übersehen, dass sich hinter dieser Sehnsucht nach Selbstvergessenheit ein Gefühl der Ohnmacht verbirgt. Der Mensch neigt dazu, alles, was ein Gefühl der Ohnmacht in ihm weckt, ins Absolute zu steigern. Als Carus in einem anderen Brief bezüglich des restlosen Eintauchens in die Natur nachzuweisen sucht, dass das kein Verlust sei,[*] verspricht er sich merklich – und will sich vom Gewinn dann wie jemand überzeugen, der sich seiner Sache selbst nicht sicher ist. In einer Zeit, in der der »entzaubernde« Blick auf die Natur dank der Technik (zum Beispiel dem Luftschiff) immer dominanter wird, kommt die krampfhafte Sehnsucht nach Selbstvergessenheit in der Natur einer Art metaphysischem Selbsttrost gleich.

In dieser Zeit suchten viele Zuflucht in einem solchen Selbsttrost. Damit konnte man ein Gegengewicht gegen die sich unaufhaltsam ausbreitende Säkularisation schaffen. Gotthilf Heinrich von Schubert zum Beispiel schreibt, das ultimative Ziel des Menschen bestehe darin, wieder restlos mit der Natur zu verschmelzen: »daß es das höchste Ziel, der höchste Beruf des Lebens sey, daß das Einzelne sich selber und sein ganzes Streben,

* »[E]in solches Untergehen ist kein Verlieren, es ist nur Gewinnen, und indem was sonst nur geistig erschaut wird, hier beinahe dem körperlichen Auge erreichbar ist, nämlich Überzeugung der Einheit in der Unendlichkeit des Alls […] « (Carl Gustav Carus, *Reisen und Briefe*, Bd. 3, 1915, S. 37).

dem allgemeinen, heiligen Werk des Guten und Wahren zum Opfer bringe.«[103] Unter Berufung auf die Natur verkündet Schubert den Selbstverzicht – was auf Friedrichs Gemälde der Kapitulation vor dem Nebelmeer entspricht. Diese Selbstaufgabe – oder dieser Verzicht auf das Ich – ist bei vielen von Schuberts deutschen Zeitgenossen zu beobachten. Wenn die Bestimmung der Natur darin besteht, dass – wie Schelling sagt – die Natur der sichtbare Geist und der Geist die unsichtbare Natur sein soll,[104] oder wenn sie in den Worten des Naturwissenschaftlers Lorenz Oken, eines anderen Bekannten Friedrichs, das »selbstbewußte Absolute« ist, dann hieße das im Prinzip, dass Mensch, Natur und Gott zusammenfallen. Zu Gott wird der Mensch also, wenn er sich ganz der Natur überlässt und endgültig aufhört, er selbst zu sein. In Okens Worten: »Alles Verschwinden des Endlichen ist ein Zurückgehen ins Absolute, oder ein Endliches kann nicht vergehen, ohne wieder ins Absolute zurückzugehen [...] Es ist aus dem Nichts entstanden, ist selbst das seiende Nichts, daher muß es auch wieder in das Nichts zurückgehen.«[105]

Unschwer hört man aus diesen pathetischen Worten den metaphysischen Selbsttrost heraus. Und das sollte zu Misstrauen Anlass geben. Ob die Rationalisten und die Romantiker, die Naturwissenschaftler im strengen Sinn des Wortes und jene, die an einer holistischen Sichtweise festhalten, wirklich ein unüberbrückbarer Abgrund voneinander trennt? Die Gestalt von Friedrichs Wanderer hoch über dem Nebel, seine Körperhaltung, die statt Verschmelzung Konfrontation suggeriert, seine städtische Kleidung und vor allem die Tatsache, dass seine Figur das am stärksten betonte Element des Bildes ist, mahnen uns, dass sich die Sehnsucht nach dem Ich-Verzicht sehr wohl mit einem Ich verträgt, das selbstsicher in Erscheinung tritt und nach der Auflösung von allem verlangt.* Nur wenn man über ein starkes Ich-

* Die Auflösung der Individualität als anzustrebendes Ziel entwarf Hegel in seiner Schrift *Grundlinien der Philosophie des Rechts* (1821): Er stellte dem abstrakten, absoluten Staat den Zustand des sich auflösenden Indi-

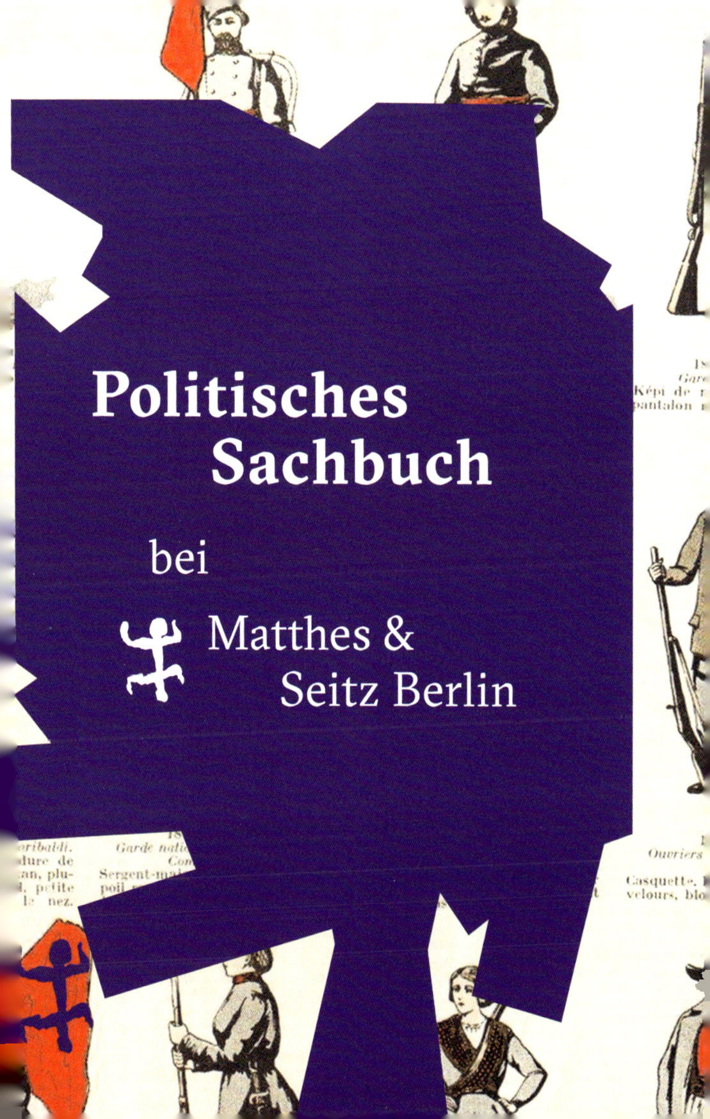

Politisches Sachbuch

bei

Matthes & Seitz Berlin

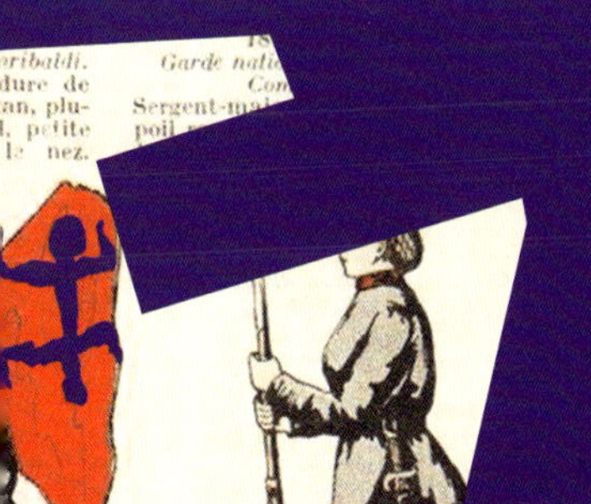

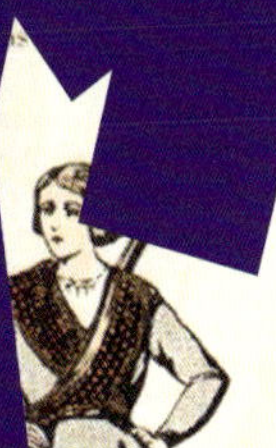

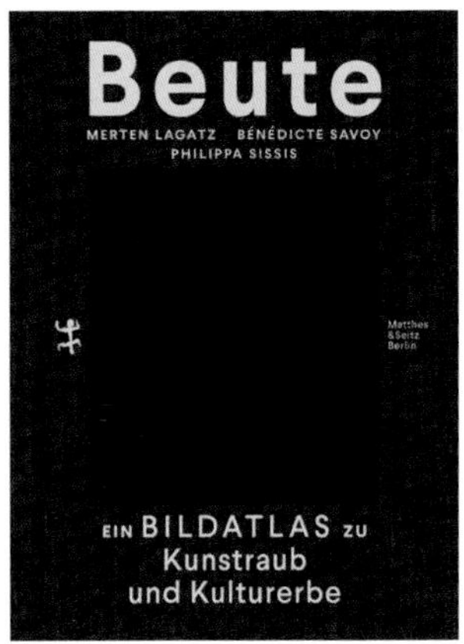

Eine Geschichte der Welt in Objekten
erworben, erbeutet, zurückgegeben.
Vom wechselhaften Leben der Objek
zwischen Erwerb, Entwenden und
Restitution.

Beute
Ein Bildatlas zu Kunstraub und Kulturer

hrsg. v. Bénédicte Savoy, Merten Lagat
und Philippa Sissis

400 Seiten, in Leinen gebunden
€ 38,00 (D) / € 39,10 (A)
ISBN 978-3-75180-311-3

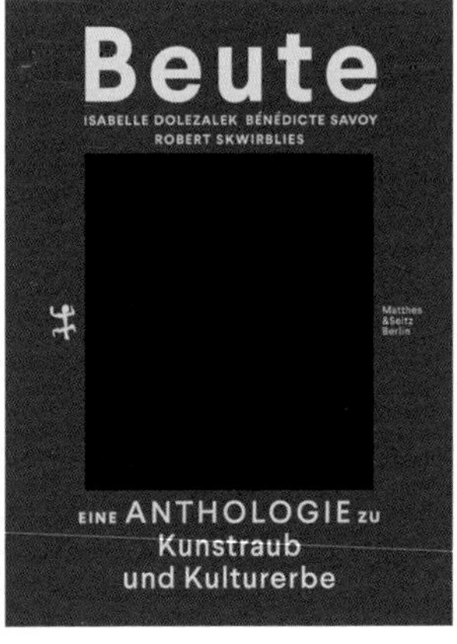

Das Pendant zum großen Bildatlas:
Stimmen zu Entwendungen, Transl
tionen und Rückgaben in Texten
von der Antike bis in die Gegenwar

Beute
*Eine Anthologie zu
Kunstraub und Kulturerbe*

hrsg. v. Bénédicte Savoy,
Isabelle Dolezalek, Robert Skwirblies
und unter Mitarbeit von Luca Frepoli

500 Seiten, gebunden
€ 38,00 (D) / € 39,10 (A)
ISBN 978-3-75180-312-0

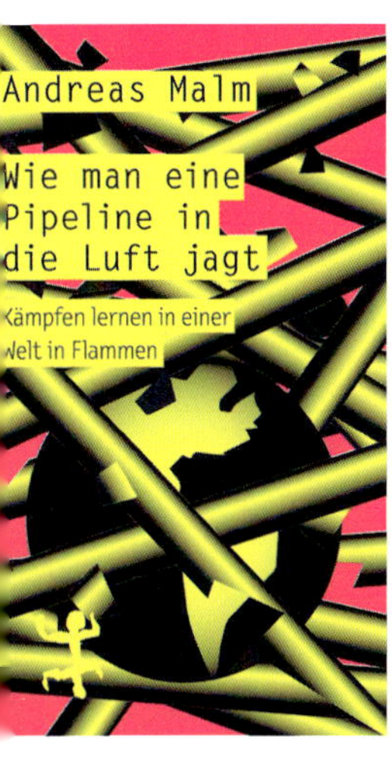

Ist es an der Zeit, das kaputt zu machen, was uns kaputt machen wird? Wir müssen die Förderung fossiler Brennstoffe zum Stillstand bringen – Andreas Malm fordert nichts weniger als die Eskalation.

Andreas Malm
Wie man eine Pipeline in die Luft jagt
Kämpfen lernen in einer Welt in Flammen

Aus dem Englischen von David Frühauf

211 Seiten, Klappenbroschur
€ 18,00 (D) / € 18,50 (A)
ISBN 978-3-75180-305-2

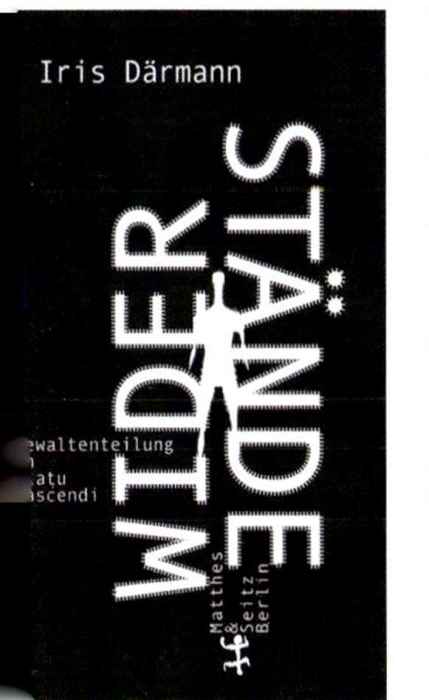

Unter Bedingungen extremer Gewalt erscheint Widerstand kaum vorstellbar. Und doch haben Menschen immer wieder das Unmögliche gewollt, gesucht und getan.

Iris Därmann
Widerstände
Geschichte und Theorie

200 Seiten, gebunden
€ 20,00 (D) / € 20,60 (A)
ISBN 978-3-75180-510-0

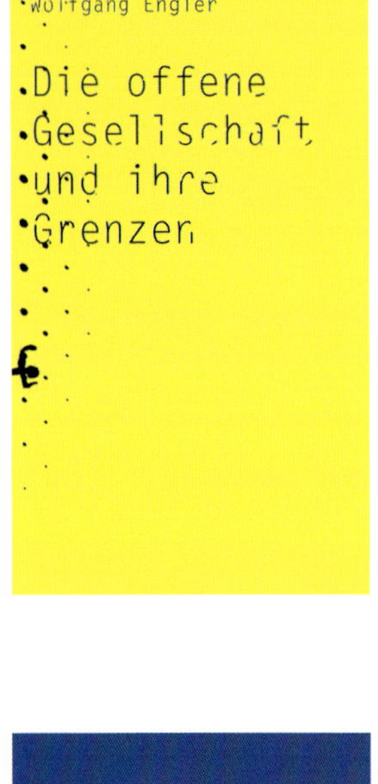

Eine schonungslose Analyse des derzeitigen Ansehensverlustes unserer offenen Gesellschaft

Wolfgang Engler

Die offene Gesellschaft und ihre Grenzen

160 Seiten, Klappenbroschur
€ 18,00 (D) / € 18,50 (A)
ISBN 978-3-75180-300-7

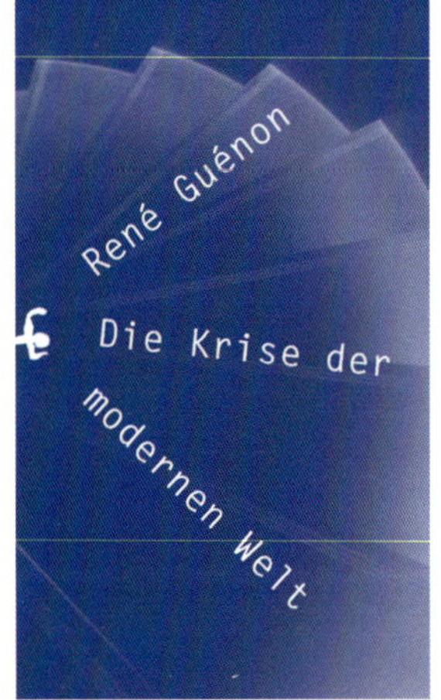

Leidenschaftlich wendet sich Guénon gegen das Streben nach Profitmaximierung, materiellem Fortschritt und individueller Selbstverwirklichung.

René Guénon

Die Krise der modernen Welt

Aus dem Französischen von Ulrich Kunzm
Mit einem Vorwort von Mark Sedgwick

190 Seiten, gebunden
€ 24,00 (D) / € 24,60 (A)
ISBN 978-3-95757-851-8

Bewusstsein verfügt, kann man sich nach einer Aufgabe des Ichs sehnen. Die Konturen des Ichs sind paradoxerweise gerade dann am stärksten ausgeprägt, wenn es sich am meisten danach sehnt, diese Konturen zu verlieren.

Bezogen auf Friedrichs Gemälde: Je größer der Nebel, in dem das Ich untertauchen will, desto fester ist der Kern des sich nach Untertauchen sehnenden Ichs. Auch wenn dieses Ich sich vom Gegenteil überzeugen will. Betrachtet man den Wanderer in Friedrichs Gemälde, fällt auf, dass er sich der Andacht zwar hingibt, sich von der Natur, die diese Andacht in ihm erst weckt, zugleich aber auch sehr entschieden absetzt. Er macht den Eindruck, als würde er die vor seinen Füßen liegende Natur mit seinen Blicken geradezu vergewaltigen und in ihr nur das sehen, was er sehen will. Um ein Gedicht des Dichters Michael Krüger zu zitieren: »Der Ehrgeiz kommt von den Augen, / die Unterwerfung der Welt mit einem Blick.«[106] Friedrichs Wanderer projiziert auf die Natur ein Bild ihrer, das er sich zu Hause, in der Stadt, in den vier Wänden seines Arbeitszimmers, von ihr gemacht hat. So gesehen entsteht der Verdacht, dass die romantische »Vergöttlichung« der Natur, ihre Ausdehnung ins Metaphysische, genauso auf eine Vergewaltigung der Natur abzielt wie eine offen technizistische Haltung. Auch hinter ihr lauert die Absicht, Rechenschaft einzufordern, zu beweisen, zu überzeugen, zu unterwerfen, der Wille, dass die Natur das Ebenbild des Menschen, der Spiegel seiner Seele sei. Mit einem Wort, der Wunsch, dass die Natur den Vorstellungen des Menschen gehorche – auch wenn diese Vorstellungen sich von denen der Naturwissenschaftler unterscheiden. In *Heinrich von Ofterdingen* nannte Novalis den

viduums gegenüber, in dem sich Individualität nur als Leiden (Erleiden) verwirklichen kann. Indem der Staat »objektiver Geist ist, so hat das Individuum selbst nur Objektivität, Wahrheit und Sittlichkeit, als es ein Glied desselben ist«, § 258). Deshalb sehnt sich das Individuum nach Schutz – dem Schutz des absoluten Geistes –, den er am ehesten als ein Beamter im Staatsdienst finden könne. Als ein Beamter, wie – nach seiner Kleidung geurteilt – auch Friedrichs Wanderer einer ist.

Bergmann einen »verkehrten Astrologen«. Analog dazu können wir Friedrichs Wanderer einen »verkehrten Naturwissenschaftler« nennen. Aus seiner Frustration schmiedet er eine Tugend, wobei er seine Vorstellungen und Gedanken genauso auf die Natur projiziert, ja ihr gewaltsam aufzwingt, wie es Wissenschaftler tun. Nur weniger ehrlich: Während der Naturwissenschaftler die Natur offen als Objekt behandelt, stilisiert der Wanderer sie zu einem Subjekt, mit dem man angeblich genauso eins werden kann wie ein Liebender mit seiner Geliebten.

Die Sehnsucht der Romantiker gilt einer Natur, die denjenigen, der sich Trost suchend an sie wendet, kugelartig in sich einschließt. Wie eine Mutter ihr Kind. Diese Natur unterscheidet sich in nichts von einem vollkommen abgerundeten Kunstwerk. Aber – und halten wir uns wieder Friedrichs Wanderer vor Augen – nicht die Natur wird ästhetisiert, sondern das Bedürfnis nach Ästhetik ringt die Natur nieder. Und das gemahnt wieder an den Willen zur Ausbeutung und Vergewaltigung. Mit den Worten Jean Baudrillards: »Das Ästhetische stellt die Herrschaft des Subjekts über die Ordnung der Welt wieder her, einer Form der Sublimierung der totalen Illusion der Welt, die uns andernfalls vernichten würde«.[107] Das ist die Illusion, der der Wanderer in Friedrichs Gemälde erliegt. Es geht nicht darum, dass er während seiner Wanderschaften unvermittelt auf etwas Zauberhaftes gestoßen wäre. Sondern im Gegenteil: Er ist es, der mit seinem Blick die Welt um sich verzaubern will. Er ist es, der mit seinem Blick die wirkliche, tatsächliche Natur zunichte gemacht und seine eigenen Sehnsuchtsbilder auf sie projiziert hat.*

* Unschwer erkennt man in Friedrichs Nebelmeer das »Nebelmeer des absoluten Geistes«, über den Heine (bezüglich Ludwig Börne) die vernichtenden Zeilen schreiben wird: »Wann wird die Harmonie wieder eintreten, wann wird die Welt wieder gesunden von dem einseitigen Streben nach Vergeistigung, dem tollen Irrtume, wodurch sowohl Seele wie Körper erkrankten! Ein großes Heilmittel liegt in der politischen Bewegung und in der Kunst. Napoleon und Goethe haben trefflich gewirkt. Jener, indem er die Völker zwang, sich allerlei gesunde Körperbewegung zu gestatten; dieser,

Und hier können wir auch schon zu den Fragen des Sehens und Sehenlassens zurückkehren, kurz: zum allumfassenden Blick, der auch der Blick eines emporsteigenden Luftschiffers ist.

Der Totaleindruck

Nicht umsonst wurde »Totaleindruck« einer der beliebten Begriffe der Zeit. Alexander von Humboldt, von dessen Bergsteigererlebnis bereits die Rede war, erwähnt dieses Wort ausdrücklich im Zusammenhang mit der Landschaftsmalerei: »Diesen [den Totaleindruck einer Gegend] aufzufassen und anschaulich wiederzugeben, ist Aufgabe der Landschaftsmalerei«, schreibt er.[108] Auch der Totaleindruck (das »In-eins-Sehen«), das gleichzeitige Sehen von allem, lässt sich aus der Tradition der christlichen Mystik ableiten. Cusanus hat darauf hingewiesen, dass, wenn man ein Buch aufschlägt, die Seite zunächst als verschwommener Anblick vor einem erscheint. Will man die Bedeutung der Buchstaben, der Silben, der Worte verstehen, muss man sie der Reihe nach, eines nach dem anderen, lesen und das Geschriebene Schritt für Schritt, Zeile für Zeile in sich aufnehmen. Nicht so Gott, meint er, der im Gegensatz zu den Menschen über die Fähigkeit des Totaleindrucks verfügt: »Du aber Herr überblickst zugleich die ganze Seite und liest sie ohne jede Verzögerung«.[109] »Totaleindruck« im Fall Gottes bedeutet, so Cusanus, dass Gott die Details und das Ganze gleich scharf sieht. Der Blick von Cusanus' Gott synthetisiert und analysiert zugleich.

Zum Ende des achtzehnten Jahrhunderts gewann dieser Gedanke neue Aktualität. Das Bedürfnis nach dem »Totaleindruck« erschütterte gerade die Festigkeit des Stand- und Seh-

indem er uns wieder für griechische Kunst empfänglich machte und solide Werke schuf, woran wir uns, wie an marmornen Götterbildern, festklammern können, *um nicht unterzugehen im Nebelmeer des absoluten Geistes* [...]« (Heinrich Heine, *Über Deutschland*, in: ders., *Ausgewählte Werke*, Bd. 4, Berlin 2019, S. 251).

punktes. In einem seiner Fragmente kommt Novalis auf eine Literatur zu sprechen, die auf dem Totaleindruck beruht – und seine Worte ließen sich genausogut auf die Malerei beziehen: »Erzählungen, ohne Zusammenhang, jedoch mit Assoziation, wie Träume. Gedichte, bloß wohlklingend und voll schöner Worte, aber auch ohne allen Sinn und Zusammenhang – höchstens einzelne Strophen verständlich – wie lauter Bruchstücke aus den verschiedenartigsten Dingen. Höchstens kann wahre Poesie einen allegorischen Sinn im Großen haben und eine indirekte Wirkung, wie Musik usw., tun.«[110] Es ist vielsagend, dass Novalis' Worte gerade von Carl Dahlhaus in seinem Buch über die absolute Musik zitiert werden[111]. Hätte Novalis diese Worte im Hinblick auf die Malerei geschrieben, wäre es eine Malerei gewesen, die auf jede Linearität, jede perspektivische Konstruktion verzichtet und sich in Richtung nicht-figurative Kunst bewegt hätte. Die sich – im Interesse der Wahrung des Totaleindrucks – jeder thematischen Darstellung enthalten hätte. Wenn wir zeitlich einen großen Schritt nach vorne machen, bis Malewitsch, sehen wir, dass auch er in seiner Abhandlung *Die gegenstandslose Welt* einen an Novalis erinnernden Anspruch formuliert – diesmal bezüglich der Malerei: »Der Aufstieg zu den gegenstandslosen Höhen der Kunst ist mühselig und voller Qualen [...] aber dennoch beglückend. Das Gewohnte bleibt immer weiter und weiter zurück [...] Immer tiefer und tiefer versinken die Umrisse des Gegenständlichen; und so geht es Schritt um Schritt, bis schließlich die Welt der gegenständlichen Begriffe [...] unsichtbar wird. Keine ›Ebenbilder der Wirklichkeit‹ –, keine ideellen Vorstellungen – nichts als eine Wüste! Die Wüste aber ist erfüllt vom Geiste der gegenstandslosen Empfindung, der alles durchdringt.«[112]

Malewitschs Worte lassen sich auch wie die Worte eines Luftschiffers – eines Piloten – verstehen, der immer höher steigend die irdische Welt immer verschwommener, immer fantastischer sieht, ohne dass er an ihrer Wirklichkeit auch nur einen Augenblick zweifelte. Wie Novalis wertet auch er die Vorstellungskraft, die Imagination, zu einer Kraft auf, die über die bloßen Anblicke hinausgeht.[113] Paradoxerweise sucht Malewitsch den Totaleindruck dadurch zu wahren, dass er gerade von den Details absieht. Das ist das Erbe der Romantik. Das Dunkel, das Rätsel, das Edmund Burke bezüglich des Erhabenen für genauso wichtig erachtete wie ein Jahrhundert später John Ruskin bezüglich Turners Bildern, ist das Mittel einer seltsamen Strategie: die Welt gerade dadurch zu erfassen und abzubilden, dass man einen Bogen um sie herum macht.

Die Details verlieren sich im Nebel, die konkreten Anblicke hüllen sich in Dunkel, eine strudelnde Lichterflut blendet alles, Wolken verdecken die Landschaft, ja verdecken sogar die konkreten Wolken, damit sie den Großteil der Leinwand nicht als atmosphärische Gebilde, sondern als metaphysische Phänomene überziehen. Je zwingender die Sehnsucht nach dem Totaleindruck ist, desto abstrakter, nicht-figurativer wird die Malerei.

Der Totaleindruck. Fortsetzung

Dieser Begriff ließ auch die Alltagserfahrungen nicht unberührt. Als es den deutschen Naturforscher und Reisenden Georg Forster 1790 nach Amsterdam verschlug, konnte er die vielen Erlebnisse und Anblicke im endlosen Gewühl der überfüllten, von Menschen wimmelnden Stadt kaum aufnehmen. Die Kaufleute, die Lastenträger, die Verlader, die Händler, hinter ihnen die Schiffe, die Häfen, die Lagerhäuser: Das Ganze erweckte den Eindruck einer riesigen Maschine, an deren Betrieb alle tätig teilnahmen, in der jeder aber nur ein Glied in der Kette, ein Rad im Räderwerk war, ohne das Ganze überblicken zu können. Um seine Erlebnisse abschließend zusammenzufassen, verwendet auch Forster das Wort »Totaleindruck«: »Dies ist mir der Totaleindruck aller dieser unendlich mannigfaltigen, zu einem Ganzen vereinigten Gegenstände, die vereinzelt und zergliedert so klein und unbedeutend erscheinen. Das Ganze freilich bildet und wirkt sich ins Daseyn aus, ohne daß die Weisesten und Geschäftigsten es sich träumen ließen; sie sind nur kleine Triebfedern in der Maschine und nur Stückwerk ist ihre Arbeit.« Die Maschine funktioniert wie geölt, doch worum es im Ganzen geht, davon hat niemand eine bestimmte Vorstellung. Davon kann man sich nur in der Phantasie ein Bild machen, das der Wirklichkeit aber genauso fernsteht wie etwa Fritz Langs imaginäre Stadt Metropolis den industriellen Großstädten am Anfang des zwanzigsten Jahrhunderts: »Das Ganze ist nur da für die Phantasie, die es aus einer gewissen Entfernung unbefangen beobachtet und die größeren Resultate mit künstlerischer Einheit begabt; die allzu große Nähe des besonderen Gegenstandes, worauf die Seele jedes Einzelnen, als auf ihren Zweck, sich concentrirt, verbirgt ihr auch des Ganzen Zusammenhang und Gestalt.«[114]

Der Totaleindruck bietet die Erfahrung »eines Ganzen«; doch erinnert diese Erfahrung nicht mehr an die Zielsetzung der christlichen Mystik, sondern ergibt sich aus der Lebensform, die die moderne, kapitalistische Großstadt mit sich bringt. Als Forster einige Jahre später, 1793–1794, in das von den Revolutionsereignissen erschütterte Paris reiste, begegneten ihm auch dort vielfältige, kaum miteinander zu vereinbarende Eindrücke. Wie in Amsterdam fiel ihm auch hier auf, dass die Ereignisse flutartig über den Einzelnen hinwegfegen, der an ihnen zwar teilnimmt, das Ganze aber dennoch nicht überblickt. Jeder erhofft sich von der Revolution etwas anderes und so ist jeder ein wenig enttäuscht. »Sobald wir aber erkennen müssen, daß die Vorsehung durch die Revolution ganz andre Zwecke, als die Befriedigung der Leidenschaften einer Handvoll Ehrgeitziger, erreichen will, – und dies ist augenscheinlich, indem die Revolution von diesen einzelnen Personen unabhängig ist –: so bald gewinnt auch diese große, und in mancher Rücksicht beispiellose Begebenheit in ihren allgemeinen Verhältnissen eine so überwiegende Wichtigkeit, und ihr Totaleindruck wird so kolossalisch, daß ich mich nie genug wundern kann, wenn Menschen mit gesunden Augen nach dem Vergrößerungsglase greifen, um in der Atmosphäre dieses Kometen Sonnenstäubchen tanzen zu sehen.«[115]

Als die Romantiker ihren Anspruch auf das »Allsehen« formulierten, war das eine entschlossene Reaktion darauf, dass man die Dinge nicht länger in eins sehen konnte. Es ist verräterisch und vielsagend, dass Forster das Vergrößerungsglas erwähnt. Genausogut hätte er aber auch das Fernrohr oder andere Hilfsmittel des »natürlichen« Auges erwähnen können. Die Romantiker sprechen vom »Totaleindruck«; sobald es aber darum geht, ihn wahrnehmbar zu machen, müssen sie sich technischer Erfindungen bedienen. Alexander von Humboldt zum Beispiel schlägt im zweiten Band (1847) seines umfangreichen, fünfbändigen Buches *Kosmos* (1845–1865) Folgendes vor: »Der Begriff des Naturganzen, das Gefühl der Einheit und des harmonischen Einklangs im Kosmos werden umso lebendiger unter den Menschen, als sich die Mittel vervielfältigen, die Gesamtheit der Naturerscheinungen zu anschaulichen Bildern zu gestalten.«[116] Die Idee der Ganzheit und vollkommenen Einheit der Natur geht auf traditionelle holistische Vorstellungen zurück; Humboldt hingegen hat, wenn er von den »anschaulichen Bildern« spricht, bereits die Möglichkeiten der modernen, Bilder fixierenden Techniken vor Augen. (Sein damals außerordentlich populäres Werk beinhaltete nahezu einhundert farbige Illustrationen – es war nicht nur lesenswert, sondern auch sehenswert.)

VI. Das Auge Gottes

Das Auge Gottes

Wer seit dem Ende des achtzehnten Jahrhunderts ein Luftschiff bestieg, musste sich wie Gott fühlen, wenn er aus der Höhe hinabsah. Doch wie mag Gott wohl sehen?* Das zieht sofort eine zweite Frage nach sich: Von wo sieht er? Lässt sich ein Sehen, das im Prinzip uneingeschränkt ist, an einem einzigen, privilegierten Punkt festmachen?

Versuche, den allsehenden Gott im Raum zu fixieren, hatte es bereits früher gegeben. Nach Kepler zum Beispiel lässt sich die vollkommene Harmonie des Kosmos nur von einem einzigen idealen Punkt aus wahrnehmen, und zwar von der Sonne aus.[117] Eine andere Theorie behauptet genau das Gegenteil: Der Spanier Juan Caramuel de Lobkowitz schrieb in seinem 1678 erschienenen, architekturtheoretischen Handbuch, der Mittelpunkt der Erde sei der letzte feste Punkt des Universums, dorthin konvergierten auch die Mauern aller menschlichen Bauten, und auch Gott nähme diesen geometrischen Punkt ein, als kosmischen Mittelpunkt des absoluten Sehens.[118] Auch Leibniz platzierte das göttliche Auge in den Raum: Nach seiner Ansicht blickte das Göttliche Auge von oben, aus der Höhe herab, und im Gegensatz zum menschlichen Sehen, das perspektivisch beschränkt sei, sähe das göttliche Auge alles aus der Vogelperspektive: »der Un-

* Als Weltauge und Luftschiff zugleich steigt auf Odilon Redons Kupferstich *Für Edgar Poe: Das Auge steigt wie ein seltsamer Ballon in Richtung Unendlichkeit* (1882) ein riesiges, losgelöstes Auge in die Luft – und sechs Jahre später, 1888, lässt der Franzose Artur Batut den ersten mit Fotoapparat ausgestatteten, fliegenden Drachen hochsteigen, um aus der Höhe Aufnahmen zu machen.

terschied zwischen dem Aussehen eines Körpers für uns und für Gott [ist] der Unterschied zwischen einer planperspektivischen Darstellung, d. h. der Skenographie, und der Vogelperspektive.«[119]

All diesen Überlegungen ist gemeinsam, dass sie Gott einen Punkt außerhalb des Kreises der sichtbaren Dinge zuweisen. Stets handelt es sich um einen Idealpunkt, der kein Teil der sichtbaren Welt ist und dem Menschen unzugänglich bleibt. Vorerst einmal. (Denn das Luftschiff, der Berggipfel, der Kirchturm – sie stellen allesamt Versuche dar, diesen Idealpunkt zu erobern.) Sie alle suchen für Gott einen Punkt im Raum, von dem aus auch die Voraussetzung des Raumes selbst sichtbar ist. Mit anderen Worten: Gott blickt von einem Punkt auf die Welt, der auch die Voraussetzung der vollkommenen Perspektive bildet. Im Gegensatz zum begrenzten Sehwinkel des Menschen schließt diese Perspektive alles ein. Etwa so wie die verströmende Gnade, die durch nichts eingedämmt werden kann. Gerade um die Grenzenlosigkeit der verströmenden göttlichen Gnade zu verdeutlichen, gebrauchte Roger Bacon im dreizehnten Jahrhundert das Wort *perspectiva*.[120]

Das menschliche Auge sieht nur eine einzige Projektion der Gegenstände; das absolute Sehen dagegen sieht alle Projektionen gleichermaßen. Auf dem Titelblatt der 1682er Amsterdamer Ausgabe von Jakob Böhmes Buch *Aurora* (1612) sieht man einen Planeten, umgeben von Ringen, die aus lauter kleinen Augen bestehen. Das göttliche Auge ist die Summe unendlich vieler Augen; jedes von ihnen blickt in eine andere Richtung, um dann gemeinsam als Einziges Auge alles zu sehen. Mit etwas Ähnlichem werden zu Beginn des zwanzigsten Jahrhunderts auch die kubistischen Maler experimentieren: denselben Gegenstand zur gleichen Zeit aus vielen Blickwinkeln sehen. Ein solches Sehen eignet sich zu vielem. Zum einen ist das Eine Auge frei von der Beengtheit des beschränkten Sehens. Zum anderen bietet es die Illusion des endgültigen Sehens und Deutens der Dinge – alles lässt sich auf ein einziges Prinzip zurückführen. Zum dritten ragt das Eine Auge in einer Weise über die Welt hinaus, dass es zwar im Raum ist, den Raum gleichzeitig aber auch von außen sieht.

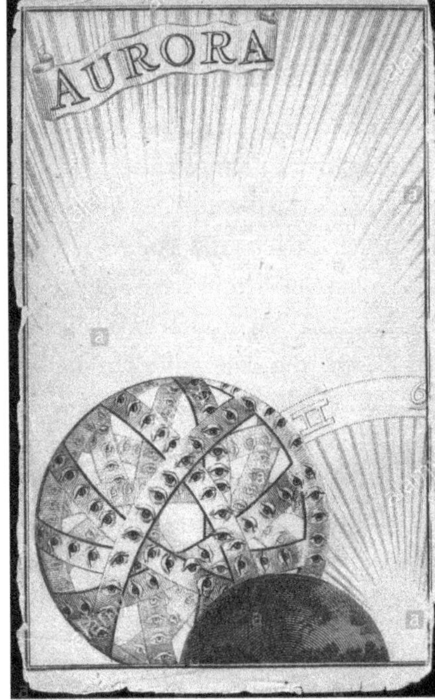

Aurora oder Morgenröte

Es ist sowohl draußen als auch drinnen. Es lässt sowohl die Vorder- als auch die Kehrseite der Dinge sehen. Mit den Worten Jesu ausgedrückt: Das Eine Auge sieht nicht trüb, mittels eines Spiegels, sondern von Angesicht zu Angesicht, ohne Verzerrungen.

Die Welt ohne Verzerrungen

Doch wie mag die Welt ohne Verzerrungen aussehen?

Es gibt darin zum Beispiel keinen Schatten, denn das allsehende Auge – als Quelle des Lichts – beleuchtet alles gleich stark. (Es steht auf einem anderen Blatt, dass man dann kaum mehr von Licht sprechen kann, denn wenn das Licht von überall gleich stark auf alles fällt, dann verblendet es.) Deshalb gibt es in einer solchen Welt auch nichts Unsichtbares, denn es kommt gerade auf die vollkommene Durchsichtigkeit, Transparenz an. Wenn aber alles sichtbar ist, bedeutet das, dass das Auge letztlich nichts sieht, da es nur völlige Dichte wahrnimmt. Diese Welt ohne Verzerrungen mag letztlich so aussehen, dass darin alles durchsichtiger als Glas, gleichzeitig aber auch dichter und undurchdringlicher als Blei ist. Sie ist in einer Weise voll, dass von dieser Fülle nichts zu sehen ist. Malewitschs Schwarzes Quadrat (1915) vermittelt am besten, wie die Welt ohne Verzerrungen, gesehen durch das göttliche Auge, aussehen könnte.

Eine solche »Welt ohne Verzerrungen« zeichnet sich aber auch durch ein weiteres wichtiges Merkmal aus. Sie unterliegt nicht dem Gesetz der Perspektive. Das Wesen des vollkommenen (göttlichen) Sehens besteht gerade darin, dass die Welt von perspektivischen Verzerrungen befreit wird. Die Sehnsucht danach lag in der zweiten Hälfte des achtzehnten Jahrhunderts in der Luft. Zudem wurde das, was bis dahin eine theologische Frage gewesen war, immer offenkundiger zu einer Frage der philosophischen, politischen und künstlerischen Praxis. Das »göttliche Auge« wurde zu einer praktischen Frage – und das »göttliche Sehen« zu einer Fähigkeit, die endlich vielleicht auch dem Menschen beschieden sein würde. Nicht zuletzt dank der technischen Hilfsmittel (Fernrohr und Mikroskop, Luftschiff und Panorama, usw.). Jakob Böhme hatte das vollkommene Sehen noch an Gott festgemacht. Doch schon im ersten, 1799 erschienenen Band seines Werkes über die himmlische Mechanik *Traité de mécanique* céleste schreibt Pierre Simon de Laplace, dass Gott eine »überflüssige Hypothese« sei.[121] Der Glaube an Gott bekam immer mehr Risse, die Sehnsucht nach dem »göttlichen Sehen« blieb aber nach wie vor lebendig. Mit anderen Worten: Im Zeitalter der Aufklärung und der Romantik blieb das nicht theologische, sondern – mit Hans Belting gesprochen – anthropologische Bedürfnis nach Glauben genauso lebendig wie je zuvor.[122] Das erklärt auch, warum parallel zur »Entthronung« Gottes der Mensch selbst danach zu streben begann, an dessen Stelle zu treten und sich für allmächtig und allsehend zu halten. Das vollkommene Sehen schien nunmehr auch ohne Gott möglich zu sein. Genauer: Der Mensch selbst meldete seinen Anspruch auf ein solches Sehen an.

Die optischen Techniken und künstlerischen Neuerungen, die sich aus der Sehnsucht nach dem »Allsehen« nähren, sind lauter kleine Manifestationen der Entthronung Gottes. Sie alle dienen dem Menschen dazu, gleichsam »unter Umgehung« Gottes selbst das vollkommene Sehen zu erlangen. Manche widersetzten sich dieser Entwicklung. William Blake etwa lehnte solche Techniken, vom Fernrohr bis hin zum Mikroskop, ab: Er spürte genau, dass es sich dabei um Geräte zur Leugnung Gottes handelte. Deshalb nannte er sie die technischen Hilfsmittel Satans. Nach seiner Ansicht förderten sie das Sehen, indem sie die Blindheit steigerten. Blake führte jedoch ein hoffnungsloses Rückzugsgefecht. Zum einen war die Entwicklung der Technik unaufhaltsam. Zum anderen – und das ist noch wichtiger – förderten die technischen Geräte, die Einblick in bis dahin ungesehene Reiche gewährten, nicht nur das menschliche Sehen, sondern machten auch klar, wie dynamisch der Akt des Sehens selbst war. Zum ersten Mal wird der Mensch damit konfrontiert, dass er beim Sehen nicht nur einen Anblick für sich »zusammensetzt«, sondern dass er durch sein Sehen auch sich selbst »erschafft«. Der Mensch ist, was er sieht. Das hängt mit jener kopernikanischen Wende des Denkens zusammen, die mit dem Namen Kants verbunden ist, und die die Sichtweise und damit auch die Fantasie des Menschen in einem zuvor nie gekannten Ausmaß befreit hat.

Der Siegeszug der optischen Hilfsmittel ist nicht nur ein Kapitel der Technikgeschichte, sondern auch eine Begleiterscheinung der Selbsterkenntnis des menschlichen Geistes. Sartre schrieb bezüglich des göttlichen Allsehens, dass nicht einmal Gott die Totalität sehen könne, da er selbst ein Teil der Totalität sei – wenn er sie aber sehen könnte, würde sie für ihn zu einem Objekt, was aber dem Wesen der Totalität widerspräche, denn deren Wesen bestünde gerade darin, dass sie niemals ein Objekt sein könne.[123] Bezogen auf das menschliche Sehen: An der Wende vom achtzehnten zum neunzehnten Jahrhundert zeigte sich in dramatischer Weise, dass der Mensch sehr wohl ein Teil dessen war, was er sah. Nicht weil er den Dingen gegenübersteht und außerhalb ihrer ist, sieht er sie, sondern weil auch er selbst in der Welt der Dinge ist. Mit den Worten Merleau-Pontys: »Das Sichtbare kann mich somit nur deshalb erfüllen und besetzen, weil ich als derjenige, der es sieht, es nicht aus der Tiefe des Nichts heraus sehe, sondern aus der Mitte seiner selbst, denn als Sehender bin ich ebenfalls sichtbar.«[124] Anders ausgedrückt: Der Mensch könnte nicht sehen, wenn er nicht auch selbst ein sichtbares Wesen wäre. Dass er sehen kann, ist ein Ausdruck der universellen Sichtbarkeit. Und sein Sehen ist umso kreativer und produktiver, je mehr er es zu einem Mittel des universellen Sehens werden lässt – es gleichsam durch seine Netzhaut »hindurchströmen« lässt.

Das bedeutet nichts weniger, als dass das Sehen stets »vom Menschen abhängig« ist. Woraus wiederum folgt, dass es eine Welt ohne Verzerrungen nicht gibt. Die »reine« Welt ohne Verzerrungen ist ein Idealmaß, dem man sich nur annähern kann, ohne es je erreichen zu können.

Kugelförmige Räume

Kehren wir zu Friedrichs Wanderer zurück. Stephan Oettermann hat darauf hingewiesen, dass während die Gestalt des Wanderers mit realem Licht beleuchtet wird, auf den Hintergrund – also den Anblick, der sich vor dem Wanderer auftut – ein diffuses, zerstreutes Licht fällt. Ohne darauf einzugehen, dass es zahlreiche Gemälde von Friedrich gibt, auf denen mehrere Lichtquellen zu erkennen sind,* folgert Oettermann daraus, dass der Anblick der Gebirgslandschaft von anderswo beleuchtet wird als der Wanderer. Das Licht fällt nicht unmittelbar darauf, sondern verdeckt

* Die Unterscheidung zwischen »echtem Licht« (*lumen*) und mit den Augen wahrnehmbarem Licht (*lux*) geht auf die mittelalterliche Malerei zurück (vgl. Jay, *Downcast Eyes*, S. 303).

und von oben. Ein häufiges Verfahren in den zu jener Zeit immer populärer werdenden Panoramen. Oettermann folgert daraus, dass der Wanderer inmitten eines Panorama-Bildes stehe.[125]

Diese Folgerung ist stark überzogen. Aber nicht unbegründet. Fassen wir sie lieber metaphorisch auf und modifizieren wir sie dahingehend, dass nicht der Wanderer in einem Panorama steht, sondern ein Panorama sich vor ihm auftut. Dann müssen wir Friedrichs Gemälde nicht in den Rahmen dieser damals beliebten Sehenswürdigkeit hineinzwingen, bestreiten aber auch nicht deren Wirkung. Wir haben gesehen, dass die Sehnsucht nach einem aus einem einzigen Punkt sich öffnenden Totaleindruck eine allgemeine Forderung der Zeit war. Ob im übertragenen oder im konkreten Sinn, ihre Spuren finden sich in den unterschiedlichsten Bereichen. Die ultimative Zielsetzung des hegelschen absoluten Geistes richtet sich genauso darauf wie die immer beliebter werdenden, neuartigen visuellen Geräte. Das Ziel ist jedes Mal ähnlich: Wie könnte man mehrere Dinge gleichzeitig sehen, alles, was man sonst nur sukzessive, in seinem Ablauf sieht, zeitgleich wahrnehmen?

Als Claude-Nicolas Ledoux 1775 das Theater von Besançon entwarf, stellte er es in die Pupille eines riesigen Augapfels. Auf dem Entwurf sieht man ein Auge, das alles sieht, ohne dass es sich auf etwas Bestimmtes richtete.[126] Es erinnert zwar an das Göttliche Auge, ist aber ein eindeutig diesseitiges Auge ohne göttliche Attribute. Schließlich handelt es sich um einen alles überwachenden Blick. Wie Ledoux selbst sagte: »Alles hängt mit dem Auge zusammen […] In meinem Saal sieht man überall alles und wird überall auch gesehen.«[127] Derart radikale Darstellungen der Bedingungen des Sehens waren zur damaligen Zeit nichts Einzigartiges. Ein paar Jahre später, 1784, entwarf Étienne-Louis Boullée, der zweite

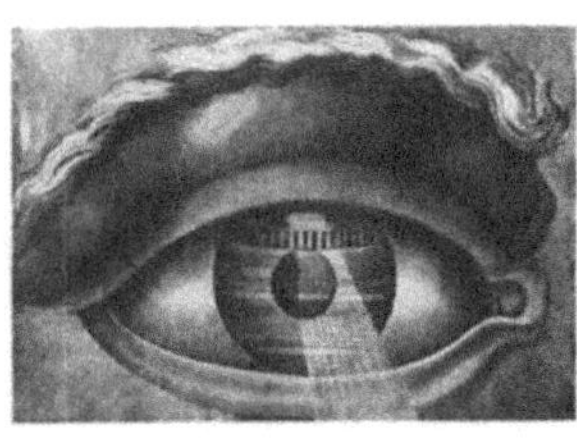

Innenraum des städtischen Theaters von Besançon, gesehen im Spiegel eines Auges

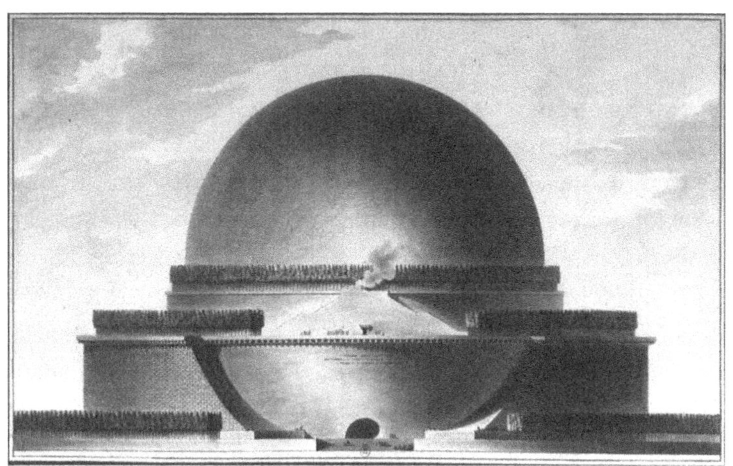

Entwurf eines Kenotaphs für Isaac Newton

Schöpfer der französischen Revolutionsarchitektur, ein Grabmal für Newton. Boullées Absicht bestand darin, Newton, der die neuzeitliche Sicht des Raumes entscheidend verändert hatte, ins Reich der Unsterblichkeit zu heben. Er konstruierte eine gewaltige Kugel, in deren leeres Innere das Grab gestellt werden sollte. »Hier sind die einzigartigen Vorteile dieser Form: wohin man auch immer blickt (wie in der Natur), man gewahrt nur eine fortlaufende Oberfläche – ohne Anfang, ohne Ende –, und je mehr man sich in ihr bewegt, desto größer wird sie [...] Frei und abgesondert von allen können seine [des Betrachters] Blicke sich nur der Unendlichkeit des Himmels zuwenden. Das Grabmal ist der einzige materielle Gegenstand.«[128] Der unendliche Anblick des Himmels hebt auch den Besucher empor – wie das erste Luftschiff, das ein Jahr zuvor gerade in Paris abgehoben und zweifellos auch Boullées Fantasie beflügelt hatte. Bezüglich des Grabmals schreibt er: »Mit der Zeichnung vor Augen kann man sehen, was man für unmöglich gehalten hätte. Man sieht ein Monument, in dem der Betrachter wie durch Zauberkraft in die Lüfte und auf den Wolken in die Unendlichkeit des Raumes getragen wird.«[129] Das hätte er genausogut auch über Friedrichs Wanderer sagen können. Das Newton-Grabmal sollte die Unendlichkeit des Raumes heraufbeschwören und so die perspektivische Konstruktionsweise außer Kraft setzen. Bei einer Kugel gibt es keinen hervorgehobenen, idealen Sehpunkt. Deshalb zogen Alberto Pérez-Gómez und Louise Pelletier zu Recht eine Parallele zwischen Boullées Werk und den Landschaftsbildern Turners: »Zwischen Étienne-Louis Boullées den göttlichen Raum heraufbeschwörenden Kenotaph für Newton oder seinen Entwürfen für eine ›Basilika‹ und dem unendlichen Raum in Turners Landschaftsbildern besteht eine tiefe Verwandtschaft; beide stellen die gewaltige und unendliche Natur eines deistischen Gottes dar, eine ›natürliche‹ Natur, die mit dem architektonischen Raum selbst identisch sein soll.«[130]

Sowohl Ledoux' als auch Boullées Entwurf können als Wendepunkt der neuzeitlichen Geschichte des Sehens gelten. Der eine bietet ein Beispiel für die völlige Transparenz, der andere für den allsehenden, aperspektivischen Blick. Das »Allsehen«, das bis dahin allein Gott vorbehalten war, beansprucht der Mensch nun für sich. Und wenn es zum göttlichen Allsehen gehört, dass Gott auch sich selbst, sein eigenes Sehen sieht, dann wird der Mensch vielleicht auch dazu in der Lage sein. Da der Mensch im Zeitalter der Aufklärung in immer mehr Bereichen Positionen einzunehmen beginnt, die bis dahin einem angenommenen Gott vorbehalten waren, erweitern sich auch seine Fähigkeiten rasant. Immer mehr setzt sich die Überzeugung durch, dass man beim Sehen den äußeren Anblick nicht nur in sich aufnimmt, sondern sehend gleichsam auch erschafft, dass die Wahrnehmung also stets auch ein schöpferischer Akt ist. Seitdem erscheint nichts natürlicher, als dass man tatsächlich alles sehen möchte. Zu Recht sagte der Dichter Lawrence Ferlinghetti bezüglich der Smartphone-Bildschirme im einundzwanzigsten Jahrhundert, dass auf ihnen jeder sein eigenes »tragbares Universum« sehen könne. Das Bedürfnis danach war an der Wende vom achtzehnten zum neunzehnten Jahrhundert dringlich geworden: Alles sollte dahingehend in Bewegung gesetzt werden, dass das Sehen fortan durch nichts begrenzt werde. Damit ich beim Sehen endlich das Universum selbst sehen könne.

VII. Das Bild betreten

Wo endet das Bild?

Wenn ein Maler in seinem Gemälde den Totaleindruck – das Universum – festhalten will, stößt er auf ein Problem, das für die bildenden Künstler zur Zeit Friedrichs eine neue Herausforderung darstellte. Nämlich, wo endet ein Bild?

Die Antwort klingt einfach: am Rahmen. Ein Gemälde ist fertig, wenn kein einziger Pinselstrich mehr hinzugefügt werden kann; damit ist die Welt des Gemäldes abgerundet, abgeschlossen und wird durch den Rahmen gleichsam abgestempelt. Der Rahmen ist in der Regel kein organischer Teil der Bildwelt – gemessen daran ist er künstlich, äußerlich. Dabei grenzt er die Welt des Gemäldes von der Umgebung nicht nur ab, sondern signalisiert auch, dass das Bild »fertig« ist, ganz ist. Der Rahmen ist äußerlich in einer Weise, dass er dennoch ein organischer Bestandteil des Werkes ist. Die Welt innerhalb des Rahmens ist genauso vollständig, ganz und autonom wie die »äußere« Welt jenseits des Rahmens. Der Rahmen gewährleistet, dass das Bild eine von der äußeren Welt unabhängige, zu ihr parallele, nach ihren eigenen Gesetzen funktionierende, innere Welt ist. Ein Paralleluniversum.

Das war anscheinend immer schon so, und zwar nicht nur in der Malerei, sondern sogar auch in der Bildhauerei, wo sich die Skulptur – oder das Skulpturenensemble – dadurch einen eigenen Raum schuf, dass sie sich mittels ihres unsichtbaren, räumlichen Rahmens klar feststellbar von den Gebäuden, die sie ringsum aufnahmen, abgrenzte. Henri Focillon stellte bezüglich der Bildhauerei der Romanik ein »Gesetz des Rahmens« (*loi du cadre*) auf, wonach Skulpturenensembles in Kirchen so komponiert waren, dass ihre Anordnung sich exakt nach dem Raum richtete, der sie aufnahm. Focillon schrieb das 1931, doch wurde sein Gesetz schon kurz darauf von Meyer Schapiro – einem Fürsprecher der Avantgardekunst – infrage gestellt. Ihm war im Zusammenhang mit den Skulpturen in den Abteien von Souillac und Silos aufgefallen, dass die einzelnen Skulpturen den von der Bauweise der Gebäude gebotenen architektonischen Rahmen oft nicht berücksichtigten, ja manche Künstler der Zeit seiner Ansicht nach bewusst danach gestrebt hatten, die Gesetze des Rahmens zu überschreiten. Schapiro erblickte in dieser »Diskoordination« einen Beweis für die Freiheit des Künstlers.[131] Das bedeutet jedoch, dass die kubistische Zersplitterung des Raumes im zwanzigsten Jahrhundert keineswegs ein neues Phänomen war – das Bedürfnis danach hatte sich in der Kunst schon Jahrhunderte früher bemerkbar gemacht.

Bis zum Ende des achtzehnten Jahrhunderts beschwor dieses Bedürfnis in der Kunst keine Krise herauf. Es herrschte allgemeine Übereinstimmung, dass ein Anblick gerahmt sein musste, da es sich dabei um eine in sich geschlossene und unauflösliche Welt handelte. Und das Auge zweifelte keine Sekunde an seiner eigenen Zuverlässigkeit. Vergeblich gab es in der Romantik die ersten Experimente, die auf eine Erschütterung des Sehens abzielten, die Selbstsicherheit des Auges ins Wanken zu bringen erwies sich als schwerer als alles andere. Quatremère de Quincey etwa schrieb 1823 in seinem Buch *Abhandlung über das Wesen, das Ziel und die Mittel der Nachahmung in den bildenden Künsten*: »Wenn der Maler einen weiten Raum in ein kleines Viereck hineinbringt, wenn er mich auf einer ebenen Fläche unendlich weit in die Tiefe führt, wenn er die Luft durch ein Bild strömen läßt [...] dann gebe ich mich mit Wonne der Täuschung hin, die er geschaffen hat, aber ich will den Rahmen sehen, und ich will mir gleichzeitig dessen bewußt bleiben, daß, was ich sehe, wirklich nur ein Stück Leinwand ist, und nichts anderes als eine ebene Fläche.«[132]

Das restlose Vertrauen in den Rahmen wird erst erschüttert, als der Verdacht aufkommt, dass ein Bild womöglich kein Fenster ist, das sich auf die Welt öffnet, sondern ein willkürlicher Ausschnitt – und der Anblick auch aus einem anderen Winkel, einer anderen Position gemalt werden könnte, was aber einen ganz neuen Anblick ergäbe. Dass ein Bild also nicht die Manifestation eines göttlichen Blickes, sondern ein willkürlicher (menschlicher) Ausschnitt ist. Malern wie Caspar David Friedrich oder Turner, die diesen Verdacht hegten, suggeriert der Raum des Bildes nicht mehr die Ganzheit der Welt innerhalb des Bildes, sondern dass diese Welt grenzenlos und unfassbar ist. Diese Erkenntnis hatte eine Entfesselung, ja sogar Enthemmung der Fantasie zur Folge. Die Entwicklung vollzog sich nicht von einem Augenblick auf den anderen. Viele Maler des achtzehnten Jahrhunderts ebneten Friedrich oder Turner den Weg. Eine der wichtigen Fragen dieser Maler lautete, wie auf einer zweidimensionalen Leinwand ein dreidimensionaler Raum dargestellt werden könne, ohne dass seine scheinbare Unendlichkeit Schaden nähme. Erleichtert wurde das durch die Verwendung leicht gebogener, konvexer Spiegel (des sogenannten Claude-Glases): Er fing die Landschaft in einem wesentlich größeren Blickwinkel ein, als es das natürliche Sehen tun konnte.* Zudem verbreitete sich in der zweiten Hälfte des achtzehnten Jahrhunderts immer mehr die Überzeugung, dass bei einer Komposition der Vordergrund am wichtigsten sei und die »Basis« des Bildes darstelle. Mit anderen Worten: dass nur der untere Teil des Bildes einer Abgrenzung bedurfte, der Hintergrund hingegen keinen Rahmen benötigte. Der runde beziehungsweise ovale Rahmen hatte früher eher dekorativen Zwecken gedient, seit dem Ende des achtzehnten Jahrhunderts hingegen leistete die Verwendung eines solchen Rahmens der Auflösung des Gegensatzes zwischen den voneinander abweichenden Fokussen des natürlichen Sehens und des konvexen Spiegels Vorschub.[133] Mit anderen Worten: Sogar der Rahmen sollte den Eindruck suggerieren, dass sich der Anblick nicht begrenzen ließe.

* Bezüglich Waldszenen in Gemälden schrieb William Gilpin 1791 in England, dass die Verwendung eines konvexen Spiegels »allgemeine Wirkungen« (»general effects«) erzeuge, die mit bloßem Auge nicht wahrnehmbar seien. Dadurch könne man die Natur als Ganzes (»nature at large«) und

Die sogenannte »romantische Fantasie« erscheint deshalb uferlos, weil auch das Auge unsicher wird und das Gefühl hat, nicht mehr restlos Herr der sich ihm bietenden Anblick zu sein. In der Romantik ist der grenzenlosen Fantasie natürlich auch die tiefe Unsicherheit nicht fremd. Als immer mehr Maler statt der Linienperspektive die Luftperspektive anzuwenden beginnen, gewinnt das Auge (des Malers wie auch des Betrachters) das Gefühl, als würde es fliegen; das Gefühl des Fliegens geht aber auch mit dem Gefühl der Unsicherheit einher, dass man den Fuß nirgendwo absetzen kann. Nicht ohne Grund schrieb Ramdohr über Friedrichs Tetschener Altarbild: »Der Maler hat gar keinen Standpunkt angenommen oder auch annehmen können, um dasjenige auszudrücken was er ausdrücken wollte.«[134] Von den Schwierigkeiten der Perspektive in diesem Bild war bereits die Rede; hier soll es um den Rahmen gehen, mit dessen Anfertigung Friedrich den Dresdner Bildhauer Gottlieb Kühn beauftragte. Obwohl dieser Rahmen an die Rahmen von Altarbildern erinnert, wirkt er eher wie eine weltliche Verzierung.* So werden zwei, drei

ihre einzelnen Objekte gleichzeitig aufnehmen: »Wenn wir die Natur als Ganzes untersuchen, studieren wir ihren Aufbau und ihre Wirkung. Wir untersuchen auch die Formen bestimmter Objekte. Infolge der Größe der Objekte der Natur kann das Auge diese beiden Vorgänge aber nicht gleichzeitig durchführen. Wenn es sich mit den allgemeinen Wirkungen befasst, verschiebt es die einzelnen Objekte; wenn es sich dagegen bestimmten Objekten zuwendet, deren Formen und Farbtöne es mit einem flüchtigen Blick vom einen zum anderen erfasst, hat es keine Gelegenheit, die allgemeinen Wirkungen zu beobachten. In den minutiös genauen Darstellungen eines konvexen Spiegels hingegen werden Aufbau, Formen und Farben näher zusammengebracht, und das Auge untersucht die allgemeine Wirkung, die Formen der Objekte und die Schönheit ihrer Farbtöne in einem einzigen zusammengesetzten Anblick (William Gilpin, *Remarks on Forest Scenery and Other Woodland Views*, Bd. 2, Edinburgh 1834, S. 233).

* Friedrich hatte das Gemälde ursprünglich nicht als Altarbild bestimmt, sondern für den von ihm verehrten Schwedenkönig Gustav IV. Adolf angefertigt. Vgl. Koerner, *Caspar David Friedrich and the Subject of Landscape,* S. 59.

Generationen später die Schmuckrahmen aussehen, in die man Fotografien heftet, um sie anschließend auf den Kaminsims oder die Marmorplatte einer Frisierkommode zu stellen. Es besagt an sich schon viel, dass das Tetschener Altarbild in diesem Rahmen jahrzehntelang nicht in der Kapelle, sondern im Schlafzimmer der Gräfin Thun und Hohenstein hing, neben einer druckgrafischen Reproduktion (!) von Raffaels Sixtinischer Madonna von Dresden.[135] Dieser Rahmen verselbständigt sich derart, dass man das Gemälde nicht mehr für sich allein betrachtet, sondern als ein Element einer künstlich gestalteten Umgebung. In diesem Fall trennt der Rahmen das Bild nicht von der Umgebung, sondern wird selbst ein Teil des Bildes – eine Art Installation. Weihnachten 1808 stellte Friedrich das Altarbild seinen Bekannten vor: Er hängte es in einem abgedunkelten Zimmer nicht an die Wand, sondern stellte es auf einen mit einem dunklen Tuch abgedeckten Tisch. Das Gemälde begann sich in den dreidimensionalen Raum auszudehnen. Die Zeitgenossen mochten die Installation misstrauisch betrachtet haben. Friedrich selbst hingegen wäre wohl am liebsten noch einen Schritt weitergegangen.

Das Panorama

Dazu sollte er bald auch Gelegenheit finden. Im Herbst 1810 malte er das Bild *Der Mönch am Meer*, eines der bedeutendsten Werke seines Œuvres. Dieses Bild scheint von vornherein aus einem sich ins Unendliche erstreckenden Anblick herausgeschnitten zu sein. Es könnte in beide Richtungen fortgesetzt werden: Der Rahmen bricht den Anblick an beiden Seiten gewaltsam ab. Gleichzeitig ist der »Ausschnitt«, den der Maler sehen lässt, von makelloser Konstruktion. Indem Friedrich den Mönch nicht in die Mitte stellt, macht er den Anblick asymmetrisch, was die Verlassenheit der Figur noch schicksalhafter erscheinen lässt. Als hätte es ihn aus dem All dorthin verschlagen, in eine unbekannte Welt. Oder als wäre er auf einem unbekannten Planeten gefangen, als letzter Überlebender einer Expedition. Andererseits entspricht die Stellung der menschlichen Figur den Regeln des Goldenen Schnittes, wodurch das Gemälde auch eine tiefe Ruhe ausstrahlt. Und doch widerspricht seine Struktur den traditionellen Gesetzen der Bildkonstruktion: Die Leere des Himmels oben und die Leere der Erde unten sowie die fehlende Abgeschlossenheit an beiden Seiten des Bildes erwecken den Eindruck, als stünde der Mönch inmitten einer Kugel. Das erkannte auch Heinrich von Kleist bei der ersten Berliner Ausstellung des Bildes sofort. Es hätte »in seiner Einförmigkeit und Uferlosigkeit nichts, als den Rahmen, zum Vordergrund«, schreibt er, wodurch es den Eindruck erwecke, »als ob einem die Augenlider weggeschnitten wären«.[136*] Bei Kleist ist es nicht eindeutig, ob er den Mönch oder den Betrachter meint. Denn der Betrachter identifiziert sich gleichsam mit dem Mönch, und die Düne, vor der der Mönch steht, ist nichts anderes als das Bild, vor dem der Betrachter stehengeblieben ist. Kleist sagt zwar nicht, dass die Stellung des Mönchs den Anschein erwecke, als stünde er inmitten einer Kugel; aber er muss so etwas im Sinn gehabt haben, als er schrieb: »Nichts kann trauriger und unbehaglicher sein, als diese Stellung in der Welt [...] der einsame Mittelpunkt im einsamen Kreis.«[137]

Im Mittelpunkt eines Kreises zu stehen, sodass das Gemälde an keiner Seite einen Rand oder einen Rahmen hat: Was wäre das anderes, als inmitten eines Panoramas zu stehen.[*] Kleist wusste

* Dem römischen Feldherrn Regulus wurden die Augenlider von den Karthagern, die ihn gefangen genommen hatte, tatsächlich abgeschnitten. Auf Turners 1828 gemaltem Bild *Regulus* suchen wir Regulus vergeblich. Statt seiner sieht man Rom, den Tiber mit Palästen an beiden Ufern. Durch die Mitte der Bildfläche verläuft ein riesiger, blendender Strich in senkrechter Richtung. Das Bild zeigt nicht Regulus, auch nicht Rom, sondern wie ein Mann mit abgeschnittenen Augenlidern die Welt um sich herum sieht. Turner kann Kleists Aufsatz nicht gelesen haben. Der Gedanke der abgeschnittenen Augenlider – des uferlosen Sehens – lag aber in der Luft. Nicht der Anblick, das Sehen selbst ist auf Turners Bild festgehalten.

* Das erste Panorama im September 1799 in Paris wurde als »Gemälde ohne Rahmen« beworben (Oettermann, *Das Panorama,* S. 113).

genau, wovon er schrieb. Friedrichs Gemälde begrüßte er unter anderem auch deshalb so begeistert, weil er darin endlich das verwirklicht sah, was er auf den Panoramen vergeblich suchte: Die vollkommene Übereinstimmung von Anschein und Wirklichkeit. Friedrich war mit seinem Gemälde gelungen, was die Panoramen mit ihrer starren, sperrigen Struktur nie geschafft hatten, nämlich dass sich das Auge des Betrachters nicht nur an einen Anschein klammerte, sondern den Anblick auch als seine eigene Wirklichkeit durchlebte.* Dass sich Kleist, als er über das in Berlin ausgestellte Bild Friedrichs schrieb, nicht an ein Panorama erinnert hätte, das er zehn Jahre zuvor, am 15. August 1800, ebenfalls in Berlin gesehen hatte, ist ausgeschlossen. Er hatte das Panorama der Stadt Rom besucht und berichtete anschließend seiner Braut Wilhelmine von Zenge ausführlich über das, was er dort gesehen hatte – kritisch und ablehnend.** Seine Meinung fiel aber nicht deshalb negativ aus, weil er sich an der Täuschung, die mit dem Genre des Panoramas einhergeht, gestört hätte, sondern im Gegenteil: weil er nicht genug getäuscht worden sei.*** Dazu sei das am Gendarmenmarkt errichtete Gebäude ungeeignet gewesen.

* »Sah dann auch Bilder, die mit absoluter Genauigkeit die Wirklichkeit kopierten«, schrieb William Wordsworth 1805 über die Panoramen (William Wordsworth, *Präludium oder Das Reifen eines Dichtergeistes*, Stuttgart 1974, VII, Zeilen 302 f.).

** Das riesige Panorama in Berlin war ein Werk Johann Friedrich Tielkers (1763–1832), der ursprünglich ein Miniaturmaler gewesen war.

*** »Am Eingange wird man höflichst ersucht, sich einzubilden, man stünde auf den Ruinen des Kaiserpalastes. Das kann aber wirklich, wenn man durch einen dunkeln Gang hinaufgestiegen ist bis in die Mitte, nicht ohne große Gefälligkeit geschehen. Man steht nämlich auf tüchtigen Fichtenbrettern, welche wie bekannt, mit dem carrarischen Marmor nicht eben viele Ähnlichkeit haben. Aus der Mitte erhebt sich ein vierkantiger Pfahl, der eine glatte hölzerne Decke trägt, um die obere Öffnung zu verdecken. Was das eigentlich vorstellen soll, sieht man gar nicht ein; und um die Täuschung vollends mit dem Dolche der Wirklichkeit niederzubohren, hängen an jeder Seite des Pfahles vier niedliche Spiegel, die das Bild des Gemäldes auf eine widerliche, künstliche Art zurückwerfen. Der Raum für die Zuschauer ist durch eine hölzerne Schranke begrenzt, die ganz an

Dann schreibt er: »Keine Form des Gebäudes kann nach meiner Einsicht diesen Zweck erfüllen, als allein die kugelrunde. Man müßte auf dem Gemälde selbst stehen, und nach allen Seiten zu keinen Punkt finden, der nicht Gemälde wäre-«[138] Zehn Jahre später brach Friedrich mit seinem Gemälde *Der Mönch am Meer* – jedenfalls in den Augen Kleists – in diese Richtung auf.

In einer vollkommen geschlossenen Kugel stehen – oder sich zumindest vorstellen, dass man inmitten einer solchen stünde: da nimmt der Mensch einen Standpunkt ein, der den Göttern vorbehalten ist. Kleist verlangt nichts weniger, als dass sich der Mensch als irdisches Wesen des göttlichen Sehens bemächtige – und zwar so, dass er durch sein Sehen selbst göttlich werde. Dazu genügt es allerdings nicht, dass er sich vorstellt, inmitten einer Kugel zu stehen. Er müsste auch in einem Winkel von 360 Grad sehen können, das heißt, auch sein Auge müsste sich in eine Kugel verwandeln. Ja – wenn wir dieser absurden Annahme, die sich allerdings aus einer allzu verständlichen Sehnsucht nährt, konsequent folgen – sein ganzes Wesen müsste kugelartig werden. Sein Auge würde sich in eine Kugel verwandeln, die in alle Richtungen gleichermaßen sehen könnte. Allerdings könnte er sich dann nicht mehr von jener anderen Kugel unterscheiden, in deren Mitte er stünde. Schließlich würde er mit dem Anblick, den sein Blick erfasste, eins werden, das Bild, das er betrachtete, stünde ihm nicht mehr als Objekt gegenüber, sondern er selbst stünde im Bild, er

die Barrieren der Luftspringer oder Kunstreiter erinnert. Drüber hin sieht man zunächst weiß und rot marmorierte Leinwand in gestaltlosen Formen aufgehängt und gestützt, und vertieft und gehoben, was denn, wie Du Dir leicht denken kannst, nichts weniger als die durch den Zahn der Zeit zerknirschten Trümmer des Kaiserpalastes vorstellen soll. Nächst diesem Vordergrunde, folgt eine ohngefähr 3 Fuß hohe im Kreise senkrecht umhergestellte Tapete, mit Blättern, Gesteinen, und Trümmern bemalt, welches gleichsam den Mittelgrund, wie auf unsern Theatern, andeutet. Denke Dir dann im Hintergrunde, das eigentliche Gemälde, an einer senkrechten runden Wand, denke Dir einen inwendig bemalten runden Turm, und Du hast die ganze Vorstellung des berühmten Panoramas.« (Kleist II. S. 518-519) selbst wäre identisch mit dem Bild, das ihn genauso betrachtete wie er es. Das Bild, der Anblick, wäre nicht mehr von seinem Körper zu unterscheiden. Was auch immer er sähe, er sähe auch sich selbst. Die Anblicke ringsum spiegelten auch ihn wider – er würde in ihnen sein eigenes innerstes Ich wiedererkennen.

Das sind Gedankenspiele. Aber dem höchst absurden Genre des Panoramas wohnt auch die gedankliche Möglichkeit dieser Absurdität inne. Ohne diesen Faden weiter spinnen zu wollen, lohnt es sich, die Aufmerksamkeit auf einen einzigen bedenkenswerten Punkt zu richten: Das Panorama hat die Voraussetzungen der Aufnahme eines Bildes fundamental verändert.* Die Idee des Panoramas entstand, als der »objektivierende« Blick im herkömmlichen Sinn von einem beweglicheren, dynamischeren Sehen abgelöst wurde, das auch das Objekt des Sehens »bewegte«, es innerlicher, plastischer werden ließ. Indem das Panorama den Betrachter nicht vor den Anblick, sondern in den Anblick hinein stellte, in die Mitte, bestärkte es, ohne dass sein Entdecker und seine Meister das beabsichtigt hätten, die Erkenntnis der Zeit, dass sich der menschliche Blick zum Anblick wesentlich dynamischer verhielt, als man früher angenommen hatte: der »äußere« Anblick bietet sich dem Auge dar, während dieses ihn erschafft.

Das Bild betreten

Es lohnt sich, einen kurzen Exkurs zu machen, bevor wir uns wieder Friedrichs Wanderer zuwenden. Das Gefühl der Unsicherheit, von dem Besucher von Panoramen zu Beginn des neunzehnten Jahrhunderts immer wieder berichteten, das man-

* Panorama (pan, gr. = alles, ganz, horama, gr. = Anblick). Der Miniatur- und Porträtmaler Robert Barker (1739–1806) ließ seine Erfindung 1787 patentieren (damals hieß sie noch »Natur auf einen Blick«, der Ausdruck Panorama taucht zum ersten Mal in einer Annonce von 1791 auf). Laut Patentbeschreibung besteht sein Zweck darin, »dem sich im Kreis drehenden Betrachter ein gezeichnetes oder gemaltes, in seinen Details proportio-

che von ihnen später inmitten eines Pleoramas* stehend sogar seekrank werden ließ, entsprang dem Umschlagen der Perspektive. Sobald man das Bild »betritt«, kann man den Sehpunkt beziehungsweise den Fluchtpunkt nur noch schwer festlegen. Es gibt keinen sicheren Anhaltspunkt, an dem sich das Auge orientieren könnte. Man müsste alles mit derselben Intensität sehen – das heißt jeden Punkt als einen gleichermaßen hervorgehobenen Punkt betrachten. Das muss eine auf der perspektivischen Konstruktion beruhende »Bild-Dramaturgie« unweigerlich untergraben: Es gibt keine unter- oder beigeordneten Details, der Anblick entsteht nicht »hierarchisch« oder Schritt für Schritt. Hat das Auge aber keinen »Halt« mehr, wird der Anblick als Ganzes

nales und vollständiges Bild der Lage einer Landschaft oder einer Gegend zu bieten. Dafür soll der Maler [...] einen sicheren Punkt wählen und dann, sich im Kreise drehend, alle sich dem Auge bietenden Objekte getreu und zusammenhängend aufzeichnen, seine Zeichnung dort beendend, wo er sie begonnen hat [...] Des Weiteren bedarf es eines kreisförmigen Gebäudes [...] Dieses wird in seinem ganzen Umfang ausschließlich von oben durch ein gläsernes Kuppelgewölbe [...] beleuchtet. Der abgeschlossene Raum hält den Betrachter auf Distanz zur Zeichnung oder zum Gemälde, damit er dem Werk nicht zu nahekommt und damit verhindert, dass es seine Wirkung unverfälscht ausüben kann. Über dem abgeschlossenen Raum [...] verhindert ein Blendschutz [...] dass der Betrachter nach oben blickend über den Rahmen der Zeichnung oder des Gemäldes hinaus blicken kann.« In dem eigens für die Installation des Panoramas errichteten Gebäude – der Rotunde – gelangt der Betrachter durch einen abgedunkelten Gang sowie über eine Treppe zu einer in der Mitte des Gebäudes befindlichen Aussichtsplattform, von wo aus er sich im Kreise bewegend das Bild betrachten kann. In Amerika heißt ein 360 Grad Panoramagemälde Cyclorama, der Ausdruck Panorama steht in der amerikanischen Fachliteratur für das *moving panorama* (Kolta, *Képmutogatók*, Stichwort *Panorama*).

* Pleorama (1831–133, Breslau, Berlin): Eine vierundzwanzig Betrachter fassende Sehenswürdigkeit. Die Betrachter sitzen in einem Boot, das von Wellen bewegt wird, während auf beiden Seiten Bilder, die auf Leinwände gemalt sind, längs vorbeiziehen. Auf diese Weise konnte man in einer Stunde die Bucht von Neapel abwandern oder im Schiff den Rhein entlangfahren (Kolta, *Képmutogatók*, Stichwort *Pleorama).*

rätselhaft: es wird schwer, ihn aufgrund irgendwelcher Kriterien zu systematisieren, das »vorausgehende Wissen«, das die unabdingbare Voraussetzung jedes perspektivisch konstruierten Anblicks ist, verliert seine Gültigkeit. Denn die perspektivische Konstruktion funktioniert nach den Spielregeln des Glaubens: Ich akzeptiere das und nur das als »Wirklichkeit«, was nach den Regeln der Perspektive dargestellt ist, und akzeptiere damit unweigerlich auch die Selektion, ohne die es eine perspektivische Konstruktion nicht geben kann, als etwas »Natürliches«. August Wilhelm Schlegel machte in seinem Dialog *Die Gemählde* bereits 1799 darauf aufmerksam, dass die Perspektive letztlich nicht mit dem Sehen, sondern mit dem Wissen zusammenhängt: Ein Maler kann in einem Bild einen Vogel deshalb genauso groß malen wie eine Wolke, weil der Betrachter weiß, dass beide in Wirklichkeit nicht gleich groß sind. »Das Auge an sich kennt nur die scheinbare Größe der Gegenstände in ihrem Verhältnisse unter einander.«[139]

Indem der Betrachter die Regeln der Perspektive akzeptiert, sich also auf das Spiel, dass die Wolke und der Vogel gleich groß seien, einlässt, verzichtet er unausgesprochen darauf, alles mit der gleichen differenzierten Aufmerksamkeit und Intensität zu betrachten. Das Auge selektiert genauso im Voraus wie das Wissen. Wäre dem nicht so, würde man schon beim ersten Schritt stolpern und hinfallen, da man nicht wüsste, worauf man unter den Abermillionen von Erscheinungen, die einem Sekunde für Sekunde ins Blickfeld geraten, achten sollte. Man tritt vom Bürgersteig auf die Fahrbahn und sieht gleichzeitig das nahende Auto, die davonfahrende Straßenbahn, die hochragenden Häuser, die auffliegende Taube, den Apfelkern neben der Bordsteinkante, den Ölfleck auf der Fahrbahn, den Baum in der Nähe, den Schatten, den er wirft, oder auch nur seinen eigenen Schuh, wenn man den Fuß hebt. Würde man auf alles in gleicher Weise achten, würde man sofort vom Auto überfahren werden. Es überfährt einen aber nicht, da man – sofern man nicht an Demenz leidet – genau selektiert und unter den vielen Erscheinungen Prioritäten setzt. Darauf basiert auch die perspektivische Bilddarstellung. Schlägt die Perspektive bei der Darstellung aber um, wird es sofort fraglich, aufgrund welcher Kriterien der Maler unter den zahllosen, der Darstellung harrenden Erscheinungen seine Auswahl treffen soll. Die daraus resultierende Verunsicherung kann dann eine doppelte Wirkung haben. Dem Betrachter wird das, was ihm begegnet, zunehmend als sinnlos (eines Sinnes entbehrend) und nicht entschlüsselbar vorkommen: Die Bildwelt wird wirr, vielschichtig, chaotisch, und das macht den Betrachter des Bildes »seekrank«. Oder aber er wird überwältigt von der Sehnsucht nach dem »göttlichen Allsehen«, der Omnivision, und den Anblick als erhaben, nicht entschlüsselbar, überwältigend empfinden. Turners »Nebel- und Rauchgemälde« lösten bei den zeitgenössischen Betrachtern beiderlei Wirkungen aus. Manche empfanden sie als chaotisch, andere als erhaben, erschütternd. So erging es auch den Panoramen, die zu jener Zeit als gewöhnliche Sehenswürdigkeit galten: Auch sie waren berufen, im Betrachter das erhabene Gefühl von »Unendlichkeit«, von »Allsehen«, zu erwecken. Paradoxerweise sollte gerade eine höchst prosaische Erfindung, ein populäres Unterhaltungsmedium, jenen zu Hilfe eilen, die die Gedanken Cusanus' oder Böhme bezüglich der Omnivision für die Kunst fruchtbar machen wollten.

Natürlich waren die Romantiker nicht die ersten, die den inneren Widerspruch der perspektivischen Darstellung registrierten. Mit dem Anschein der Dreidimensionalität sollte im Grunde erreicht werden, dass der Betrachter einzig das als wirklich ansah, was im Bild dargestellt wurde. Die Bildhaftigkeit des Bildes, also seine Zweidimensionalität, die Tatsache, dass es an die Wand gehängt werden kann, widerspricht dem aber von vornherein: Je mehr der Betrachter das Bild als Kunstwerk betreten möchte, desto wirkungsvoller gebietet ihm das Bild als materieller Gegenstand Einhalt. Gerade das wird in Johann Heinrich Lamberts Buch *Die Freye Perspektive* (1774) thematisiert: Von einer vollkommenen Darstellung erwartete Lambert die Aufhebung des Unterschieds zwischen dem »geistigen« und dem »materiellen« Bild. »Ebenso solle man im Gemälde [wie in einem Spiegel] nichts von der Tafel, dem Tuche (der Leinwand), den Farbstrichen sondern schlechthin nur den Gegenstand in derjenigen Größe und Entfernung sehen, die bei der Zeichnung zugrundegelegt worden.«[140] Konsequent zu Ende gedacht bedeutet das, dass der Betrachter die Wirklichkeit außerhalb des Bildes überhaupt nicht zur Kenntnis nehmen, sondern ausschließlich die Bildwelt als real erachten soll. Nur die Welt, die sich in dem Anblick vor ihm auftut, als die faktische, physische Wirklichkeit sich vor Augen halten soll. Dazu müsste er aber tatsächlich im Bild stehen. Das hatte Lambert natürlich nicht im Sinn. Seinem Vorschlag wohnt aber die Möglichkeit inne, dass die Bildwelt gesprengt wird, das Bild die Wirklichkeit womöglich »verschlingt« und sie sich einverleibt. Die praktische Umsetzung dessen erfolgt im zwanzigsten Jahrhundert (Fluxus, *happening*), die ersten Ansätze dazu gab es aber bereits zwei Jahrhunderte zuvor.

Fantastische Visionen

Kehren wir zum *Wanderer über dem Nebelmeer* zurück. Wie *Der Mönch am Meer* ist auch dieses Bild an beiden Seiten nicht in beruhigender Weise abgeschlossen. Die beiden dominanten Berghänge sind symmetrisch und fallen so ab, dass sie sich im Brustkorb des Wanderers treffen, nach oben sind ihnen aber keine Grenzen gesetzt – sie könnten genauso weitergehen wie im anderen Gemälde das Meer. Deshalb erweckt auch der Raum selbst einen unabgeschlossenen Eindruck. Die Nebel unten und die Wolken oben verschmelzen miteinander, die Felsgipfel scheinen zu schweben, als trotzten sie der Schwerkraft. Für den Anblick, der sich vor dem Wanderer ausbreitet, gilt, was Wilhelm Grimm bezüglich Achim von Arnims Werken schrieb: »sie gleichen Bildern, die von drei Seiten einen Rahmen hatten, an der vierten aber nicht, und dort immer weiter fortgemalt waren, so daß in den letzten Umrissen Himmel und Erde nicht mehr zu unterscheiden waren; woraus eine ängstliche Unwissenheit für den Leser entsprang.«[141] Grimm verglich Arnims Werke mit Gemälden, sie hoben den Raum und die Zeit seiner Ansicht nach genauso auf wie die um eine Erschütterung der perspektivischen Darstellung bemühten, zeitgenössischen Maler.* Und weshalb sollte die perspektivische Darstellung erschüttert oder gar aufgehoben werden? Im Interesse des bereits erwähnten Totaleindrucks – damit alles auf einmal dargestellt werden könne. Dazu eignet sich das Medium der Literatur natürlich besser als das der bildenden Künste; die Worte und Sätze »breiten« die Anblicke von vornherein »aus«, stellen sie einen nach dem anderen dar. In der Malerei dagegen könnte das leicht zu einem Chaos der Anblicke führen, wie es Balzac in seiner eine Generation später entstandenen Erzählung *Das unbekannte Meisterwerk* schildern wird. Das Chaos der Anblicke stellte auch für Friedrich eine Quelle der Gefahr dar. Das Nebelmeer, das sich vor dem Wanderer ausbreitet, ist nicht nur ein Naturphänomen. Man kann diesen Nebel auch so sehen, dass sich darin alles verdichtet hat, damit die einzelnen Details sich nicht voneinander unterscheiden lassen.

Die Literatur hatte es leichter. In *Heinrich von Ofterdingen* berichtet Novalis von einem seltsamen Anblick, in dem alles zusammenkommt, Raum und Zeit relativ werden. In Klingsohrs Märchen werden die Prinzessin und ihre Begleiter in der Schatzkammer des Königs von den fantastischsten Bildern empfangen. Es lohnt sich, die Szene ausführlicher zu zitieren: »Auf einer Anhöhe erblickten sie ein romantisches Land, das mit Städten und Burgen, mit Tempeln und Begräbnissen übersäet war, und

* In seinem Vorwort zu den Werken Arnims schrieb Wilhelm Grimm 1839: »in unserer, der glücklichen Beschränkung entwachsenen, von tausend Fragen gequälten Welt ist es dem Einzelnen selten vergönnt, die von allen Seiten aufdringenden Erscheinungen gleichmäßig zu erfüllen« (Jacob und Wilhelm Grimm, *Über das Deutsche*, Leipzig 1986, S. 313).

alle Anmut bewohnter Ebenen mit den furchtbaren Reizen der Einöde und schroffer Felsengegenden vereinigte. Die schönsten Farben waren in den glücklichsten Mischungen. Die Bergspitzen glänzten wie Luftfeuer in ihren Eis- und Schneehüllen. Die Ebene lachte im frischesten Grün. Die Ferne schmückte sich mit allen Veränderungen von Blau, und aus der Dunkelheit des Meeres wehten unzählige bunte Wimpel von zahlreichen Flotten. Hier sah man einen Schiffbruch im Hintergrunde, und vorne ein ländliches fröhliches Mahl von Landleuten; dort den schrecklich schönen Ausbruch eines Vulkans, die Verwüstungen des Erdbebens, und im Vordergrunde ein liebendes Paar unter schattenden Bäumen in den süßesten Liebkosungen. Abwärts eine fürchterliche Schlacht, und unter ihr ein Theater voll der lächerlichsten Masken. Nach einer andern Seite im Vordergrunde einen jugendlichen Leichnam auf der Bahre, die ein trostloser Geliebter festhielt, und die weinenden Eltern daneben; im Hintergrunde eine liebliche Mutter mit dem Kinde an der Brust und Engel sitzend zu ihren Füßen, und aus den Zweigen über ihrem Haupte herunterblickend. Die Szenen verwandelten sich unaufhörlich, und flossen endlich in eine große geheimnisvolle Vorstellung zusammen. Himmel und Erde waren in vollem Aufruhr. Alle Schrecken waren losgebrochen. Eine gewaltige Stimme rief zu den Waffen. Ein entsetzliches Heer von Totengerippen, mit schwarzen Fahnen, kam wie ein Sturm von dunkeln Bergen herunter, und griff das Leben an, das mit seinen jugendlichen Scharen in der hellen Ebene in muntern Festen begriffen war, und sich keines Angriffs versah. Es entstand ein entsetzliches Getümmel, die Erde zitterte; der Sturm brauste, und die Nacht ward von fürchterlichen Meteoren erleuchtet. Mit unerhörten Grausamkeiten zerriß das Heer der Gespenster die zarten Glieder der Lebendigen. Ein Scheiterhaufen türmte sich empor, und unter dem grausenvollsten Geheul wurden die Kinder des Lebens von den Flammen verzehrt. Plötzlich brach aus dem dunklen Aschenhaufen ein milchblauer Strom nach allen Seiten aus. Die Gespenster wollten die Flucht ergreifen, aber die Flut wuchs zusehends, und verschlang die scheußliche Brut. Bald waren alle Schrecken vertilgt. Himmel und Erde flossen in süße Musik zusammen. Eine wunderschöne Blume schwamm glänzend auf den sanften Wogen. Ein glänzender Bogen schloß sich über die Flut auf welchem göttliche Gestalten auf prächtigen Thronen, nach beiden Seiten herunter, saßen. Sophie saß zu oberst, die Schale in der Hand, neben einem herrlichen Manne, mit einem Eichenkranze um die Locken, und einer Friedenspalme statt des Zepters in der Rechten. Ein Lilienblatt bog sich über den Kelch der schwimmenden Blume; die kleine Fabel saß auf demselben, und sang zur Harfe die süßesten Lieder. In dem Kelche lag Eros selbst, über ein schönes schlummerndes Mädchen hergebeugt, die ihn fest umschlungen hielt. Eine kleinere Blüte schloß sich um beide her, so daß sie von den Hüften an in eine Blume verwandelt zu sein schienen.«[142]

Was ist hier alles gleichzeitig zu sehen? Städte, Burgen, Kirchen, Friedhöfe, fruchtbare Felder, schroffe Klippen, grüner Frühling, rauer Winter, Meer, Schiffbruch, Vulkanausbruch, Erdbeben, Liebespaar, Hain, Trauer, Neugeborene, Schlacht, Sturm, Nacht, Flammen, Regenbogen. Und noch vieles mehr. Mit einem Wort: Die Prinzessin hatte den Raum und die Zeit gesehen. Was die Zeit betrifft: Sollte sie alles das, was Novalis schildert, tatsächlich gesehen haben, muss sie dafür sehr viel Zeit benötigt haben. Tage, Wochen, sogar Monate. Vom Verstreichen der Zeit schreibt Novalis aber nichts. Im Gegenteil, es ist, als geschähe alles, was sie beschreibt, gleichzeitig. Und was den Raum betrifft: Sollten die Prinzessin und ihre Gefährten diese vielen Sehenswürdigkeiten tatsächlich gesehen haben, ist es schwer vorstellbar, wie sie das von einem einzigen Punkt aus hätten tun können. Schließlich hatten sie nicht nur Dinge, die ungeheuer weit entfernt voneinander waren, gleichzeitig gesehen, sondern hatten auch die nahen und die fernen Dinge gleich scharf wahrgenommen, ja dieselben Dinge gleichzeitig aus mehreren Richtungen gesichtet. Sie hatten also das Verstreichen der Zeit (Geburt, Tod, Schlacht, Beerdigung, und so weiter) erlebt, ohne davon selbst betroffen zu sein, hatten mit anderen Worten außerhalb der Zeit gestanden. Und genauso hatten sie auch die Räume wahrgenommen (den nahen und den weit entfernten, den unteren und den oberen), was nichts anderes heißt, als dass sie selbst nicht im Raum gestanden hatten.

Es ist nicht ausgeschlossen, dass auch Friedrichs Wanderer, wollte er bei seiner Rückkehr in die Stadt alles, was er auf der Felsenklippe gesehen hatte, zu Papier bringen, etwas Ähnliches berichten würde wie Novalis. Geburt und Tod, Tag und Nacht, Nähe und Ferne, Idylle und Katastrophe – diese Vorstellungen umkreist er in Gedanken und ist von ihnen derart gefesselt, dass er um sich herum nur noch ihren nebeligen Strudel zu sehen vermag. Der Wanderer blickt von oben hinab wie der irische Maler Robert Barker ein paar Jahre zuvor, 1787, im schottischen Edinburgh von Calton Hill auf die Stadt hinabgeblickt haben mag. Dort oben, auf der Hügelkuppe, war ihm die Idee gekommen, ein Gemälde zu malen, das Edinburgh so zeigte, wie es von oben aussah – und dazu eignete sich in seinen Augen das von ihm selbst entdeckte Panorama am besten. Auch der Wanderer blickt um sich, als stünde er inmitten eines Panoramas – er blickt von oben hinab, obwohl er mitten im Anblick steht. Seine Stellung erinnert aber nicht nur an Robert Barker, sondern auch an die Luftschiffer, die um diese Zeit in ganz Europa abhoben. Zum Beispiel an den bereits erwähnten Luftschiffer Giannozzo, den Jean Paul hochsteigen lässt, und der oben seinerseits von Anblicken empfangen wird, die er unten, auf der Erde stehend, so nie hätte sehen könnte.* Giannozzo sieht aber nicht nur deshalb so viel, weil er aus der Höhe hinabblickt, sondern auch,

* »Auf der Fläche, die auf allen Seiten ins Unendliche hinausfloß, spielten alle verschiedenen Theater des Lebens mit aufgezogenen Vorhängen zugleich – einer wird hier unter mir Landes verwiesen – drüben desertiert einer, und Glocken läuten herauf zum fürstlichen Empfang desselben – hier in den brennend-farbigen Wiesen wird gemähet – dort werden die Feuersprützen probiert – englische Reuter ziehen mit goldnen Fahnen und Schabaracken aus – Gräber in neun Dorfschaften werden gehauen – Weiber knien am Wege vor Kapellen – ein Wagen mit weimarschen Komödianten

weil er sich mit seinem Luftschiff ständig vorwärts bewegt.* Der Horizont schiebt sich immer weiter hinaus, das Blickfeld ändert sich ständig, und das beschert ihm zuletzt ein Erlebnis, als wäre alles sichtbar. Für den Luftschiffer beginnt jenseits des Horizonts nicht das Unbekannte, ihm eröffnen sich vielmehr immer neue Horizonte. Was von unten, der Erde aus gesehen, als Grenze erscheint (Horizont bedeutete ursprünglich Grenze), geht

kommt – viele Kammerwagen von Bräuten mit besoffnen Brautführern – Paradeplätze mit Parolen und Musiken – hinter dem Gebüsche ersäuft sich einer in einem tiefen Perlenbach, nach dem dabei zusehenden Kniegalgen zu urteilen – lange Fähren mit vielen Wagen ziehen unten über breite Ströme und ich oben gleichfalls, aber ohne Fährgeld – ein Schieferdecker besteigt den Stadtturm, und ein sentimentalischer Pfarrsohn guckt aus dem Schalloch, und beide können (das kann ich viertelhalbtausend Fuß hoch observieren, weil die dünne Luft alles näher heranhebt) sich nicht genug über das hundert Fuß tiefe Volk unter sich verwundern und erheben – Gartendiebinnen mit Brustavisen stehen in Prangern wie Heilige in Kapellen sehr umrungen – einer auf Knien und hinter der Binde muß drei Kugeln seiner dreifarbigen Kokarde wegen in den Pelz auffangen – ein für die Kirmeß angeputztes Dorf samt vielen nötigen Verkäufern und Käufern dazu – katholische Wallfahrten, von schlechtem Gesang begleitet – ein lachender, trabender Wahnsinniger muß eingefangen werden – fünf Mädchen ringen entsetzlich die Hände, ich weiß nicht warum – über hundert Windmühlen heben im Sturm die Arme auf – die blühende Erde glänzt, die Sonne brennt aus den Strömen zurück, die muntern Schmetterlinge unten sind nicht zu sehen und die hohen Lerchen nur dünn zu hören, oder ich täusche mich sehr – das Leben hier schweigt und ist groß und droht fast – Gott weiß, welcher gewaltige böse oder gute Geist hier in dieser stillen Höhe dem Treiben grimmig-grinsend oder weinend-lächelnd zusieht und die Tatzen ausstreckt oder die Arme, und ich frage eben nichts nach ihm […]« (Jean Paul, *Des Luftschiffers Giannozzo Sehbuch*, S. 959 f.).

* Um 1820 begann man in England und den Vereinigten Staaten mit der Entwicklung der sogenannten *moving panoramas*, bei denen zwischen zwei wie Spulen funktionierenden Säulen lange Leinwand- oder Papierrollen gedreht wurden. Diese Rollen stellten Landschaftsbilder dar, und den Betrachtern war, als beobachteten sie aus einem Wagen – oder später aus einem Zugfenster – eine vorbeiziehende Landschaft. In den 1820er Jahren führte man in den Vereinigten Staaten zum Beispiel auf 1200 Meter langen Stoffrollen eine Reise auf dem Mississippi auf.

von oben betrachtet in der Grenzenlosigkeit auf. Die Erdkugel wird in ihrer Ganzheit aufnehmbar – der Mensch ist ihrer Herr geworden. Der Luftschiffer beschwört Peter Schlemihls Siebenmeilenstiefel herauf: Er ist hier und doch ist er schon woanders.*

Wie Novalis' Prinzessin vollzieht auch Friedrichs Wanderer die Eroberung und Inbesitznahme des Erdballs ohne dass er sich dabei auch nur einen Fußbreit von seinem Platz fortbewegt hätte. Nicht er überschreitet immer neue Horizonte, sie kommen auf ihn zu und türmen sich übereinander wie die Eisschollen auf Friedrichs Bild *Das Eismeer*. Seine Vorstellungskraft ermöglicht ihm alles. Reglos durchwandert er die Welt. Sein Standpunkt ist in einer Weise ein Teil des Raumes, dass von dort aus sogar der Raum selbst umgestülpt werden könnte.

Totale Transparenz

Obwohl Novalis in seinem Roman nicht erwähnt, ob die Prinzessin und ihre Gefährten ein Teleskop vor ihre Augen hielten, um bei der Betrachtung dieser märchenhaften Landschaft die weit entfernten Dinge genauso scharf sehen zu können wie die nahen, ein Fernrohr müssen sie auf jeden Fall benötigt haben. Und wie stand es um die Zeit? Auch deren Auflösung und erneute Zusammensetzung bedurfte eines technischen Hilfsmittels – einer anderen Art Fernrohr: eines »Fernrohres der Phantasie«, wie es Jean Paul nannte.[143] Für Novalis ist die Fantasie genauso ein technisches Mittel wie das Fernrohr: das sechste, wichtigste Sinnesorgan, der »wunderbare Sinn, der uns alle Sinne ersetzen kann«.[144]

* Lautréamont schreibt über seinen Helden in den *Gesängen des Maldoror*: »Heute ist er in Madrid; morgen wird er in Sankt Petersburg sein; gestern war er in Peking [...] [Dieser Bandit] ist vielleicht siebenhundert Meilen von diesem Lande entfernt; vielleicht nur einige Schritte von euch.« (Lautréamont, *Die Gesänge des Maldoror*, VI.2).

Die Fantasie ersetzt aber nicht nur die anderen Sinnesorgane, sondern macht sie auch genauer, schärft sie, eint sie. Die märchenhafte Landschaft, die sich vor der Prinzessin und ihren Gefährten auftut, erweckt den Eindruck, als hätten ihre Betrachter gleichzeitig ein Luftschiff bestiegen, in ein Mikroskop geblickt, ein Fernrohr vor ihre Augen gehalten und dabei auch noch geträumt.*

Und als hätten sie zudem noch einen Zug bestiegen. Denn gerade die Eisenbahn sollte schon zu Friedrichs Lebzeiten die Alltagswahrnehmung radikal verändern. Während einer Zugfahrt schrumpfen Raum und Zeit genauso zusammen wie vor Novalis' Prinzessin. Weit entfernte Landschaften rücken näher zusammen, und auch der ständige Wechsel der Schauplätze im Verlauf einer Fahrt kann den Eindruck vermitteln, als würden die Landschaften ineinander rutschen.** Für Novalis bedeutete diese Anhäufung von Anblicken die glückliche Erfüllung einer märchenhaften Utopie; für den wesentlich nüchterner veranlagten Heine dagegen war das Erlebnis unheimlich und beängstigend. Anlässlich der Eröffnung der Eisenbahnstrecke Paris – Rouen – Orleans schrieb er 1843 von einem »unheimlichen

* Gotthilf Heinrich von Schubert glaubte, dass Hellseher, die die Zukunft voraussehen konnten, Ekstatiker sowie alle, die in »erhöhte Zustände« geraten konnten, uns »in schöne, noch nie gesehene Gegenden, in eine neue und selbsterschaffene, reiche und erhabene Natur, in eine Welt voller Bilder und Gestalten« führten (Schubert, *Die Symbolik des Traumes*, S. 155).

** 1861 beschrieb Benjamin Gastineau die Eisenbahn folgendermaßen: »Die Dampfkraft, dieser machtvolle Maschinist, verschlingt einen Raum von 15 Meilen pro Stunde und reißt dabei die Kulissen und Dekorationen mit sich; sie verändert in jedem Augenblick den Blickpunkt, sie konfrontiert den verblüfften Reisenden hintereinander mit fröhlichen und traurigen Szenen, burlesken Zwischenspielen, mit Blumen, die wie Feuerwerk erscheinen, mit Ausblicken, die, kaum daß sie erschienen sind, schon wieder verschwinden; sie setzt die Natur in Bewegung, so daß diese nacheinander dunkel und hell erscheint, sie zeigt uns Skelette und junge Liebende, Sonnenschein und Wolken, heitere und düstere Anblicke, Hochzeiten, Taufen und Friedhöfe« (zit. n. Wolfang Schivelbusch, *Geschichte der Eisenbahnreise*, Frankfurt am Main 2004, S. 59).

Grauen«, denn sogar »die Elementarbegriffe von Zeit und Raum sind schwankend geworden«.[145] Und während er das Erlebnis schildert, das kurz darauf in ganz Europa eine Selbstverständlichkeit sein wird, beschwört er ungewollt Novalis' märchenhafte Landschaft herauf: »Mir ist, als kämen die Berge und Wälder aller Länder auf Paris angerückt. Ich rieche schon den Duft der deutschen Linden; vor meiner Tür brandet der Nordsee.«[146]

Zum surrealen Anblick des rauschenden Meeres vor der Tür seiner Pariser Wohnung hätte es ohne die Errungenschaften der modernen Technik gar nicht kommen können. Das gilt auch für Novalis' märchenhafte Landschaft, in der ebenfalls alles nah beieinander, gleichzeitig sichtbar ist. In einer Fantasiewelt aber, in der alles gleichzeitig sichtbar ist, herrscht völlige Transparenz. Oder im Gegenteil: völlige Finsternis. Malewitschs schwarzes beziehungsweise weißes Quadrat. So weit ist Novalis natürlich noch nicht – wie auch Friedrich oder Turner es nicht sind. Aber dessen Möglichkeit hat sie alle nicht ungerührt gelassen. Wir gehen, wenn wir Friedrichs Gemälde betrachten, gewöhnlich davon aus, dass sie zur Erweckung religiöser Gefühle und der Andacht entstanden sind. Doch gerade die Einführung der Rückenfiguren, vor allem des Wanderers beim Betrachten des Nebelmeeres, nährt den Verdacht: Vielleicht ging es um mehr als nur um die Erweckung religiöser Andacht. Der Wanderer steht nicht nur über dem Nebelmeer, sondern auch an der Schwelle zum Modernismus. Es müssen nur anderthalb Jahrzehnte vergehen, bis der Wanderer nicht nur die Wolken und die Nebel sehen kann, sondern auch den Rauch, der aus den Schornsteinen der Lokomotiven qualmt. Schließlich wurde die erste deutsche Ferneisenbahn gerade zwischen Dresden und Leipzig eröffnet – und zwar noch zu Friedrichs Lebzeiten. Ob er sich je in einen Zug gesetzt hat, weiß man nicht; dass er sich die Eisenbahn nicht einmal angesehen hätte, ist aber kaum vorstellbar. Und zweifellos hat der qualmende Rauch im Schornstein der Lokomotive seine Fantasie auch angeregt.

VIII. Der Anblick bewegt sich

Das Bild befreit sich

Als 1584 der berühmte Renaissancegelehrte Giambattista della Porta, der auch »Professor der Geheimnisse« genannt wurde, sein Werk *Magiae naturalis sive de miraculis rerum naturalium* veröffentlichte, fügte er den mannigfachen Praktiken der Magie im 17. Buch des Bandes auch zahlreiche Kapitel über optische Instrumente hinzu, deren Wirkung zwar magisch wäre, die sich aber durchaus auch rational erklären ließen. In der ersten Ausgabe seines Buches *Ars magna lucis et umbrae* (1646) bat Athanasius Kircher seine Leser bei der Vorstellung der Camera obscura, diese nicht als eine Verrücktheit (also ein Wunder), sondern als ein wissenschaftliches Phänomen anzusehen. Bei seiner Besprechung der Laterna magica (Smicroscopium parastaticum), mit deren Hilfe man in kurzer Zeit unterschiedliche Bilder schnell hintereinander betrachten konnte, zeigten die acht beigefügten Bilder Christi Tod, Grablegung und Auferstehung, ein technisches Gerät erschien ihm also geeignet, um religiöse Überzeugung zu wecken.* 1693 stellten Johannes Baptista Thioly und Petrus Taillandier in ihrem Buch *Theses Opticae et Astronomicae* die Funktionsweise einer Camera obscura anhand eines Bildes dar, auf dem der Versuch von Engeln durchgeführt wird, die das technisch tadellos konstruierte

* Noch in den Jahren 1816/17 kam es vor, dass eine wichtige, technische Neuerung in den Dienst der religiösen Überzeugung gestellt wurde: Der englische Maler Benjamin West schuf für die St. Marylebone Church in London Transparentgemälde, die zwar religiöse Szenen darstellten, vom Publikum ihrer Technik wegen vor allem aber als optische Neuerung bewundert wurden (Birgit Verwiebe, *Lichtspiele. Vom Mondscheintransparent zum Diorama*, Stuttgart 1997, S. 10).

Gerät auf dem Tisch aber als echte Naturwissenschaftler umstehen.[147] So etwas war dem Zeitgeist keineswegs fremd. 1663 formulierte Robert Hooke das Vorhaben der Royal Society mit den Worten: »Aufgabe und Zielsetzung der Royal Society bestehen darin, die Kenntnisse über die natürlichen Dinge und alle nützlichen Künste, Handwerke, mechanischen Verfahren, Maschinen und experimentellen Erfindungen zu verbessern – (ohne sich in Göttlichkeit, Metaphysik, Moral, Politik, Grammatik, Rhetorik oder Logik einzumischen).«[148] Diese Abgrenzung war nützlich in einem doppelten Sinn. Zum einen konnten die Wissenschaftler nicht der Hexerei beschuldigt werden, zum anderen grenzten sie sich auch selbst von jeder Form von Metaphysik ab.* Und das, was die Kirche kurz zuvor noch mit ganzer Härte verfolgt hätte – nämlich die diversen optischen Zaubergeräte –, ging nun immer mehr in die Massenunterhaltung über: 1663, als Hooke das oben erwähnte Vorhaben bekanntmachte, konnte man in London bei einzelnen Optikern bereits Laternae magicae kaufen.[149]

Im gleichen Maß wie der Geltungsbereich der theologischen Erklärungen zusammenschrumpfte, befreiten sich die naturwissenschaftlichen Experimente, darunter auch die rationalen Erklärungen für Sehenswürdigkeiten, die früher noch als übernatürliche Wunder gegolten hatten. Kircher hatte seine diversen optischen Geräte, darunter auch seine Laterna magica, noch gegen den Vorwurf der Hexerei verteidigen müssen. Doch schon zu Beginn des achtzehnten Jahrhunderts besuchte Jonathan Swift eine

* Die Lage ist natürlich komplexer als das: Denken wir an Daniel Defoe, der in seinem Werk *Über Projektemacherei (An Essay upon Projects*, 1697) als ein Vorreiter des modernen, praktischen und rationalistischen Geistes in Erscheinung tritt und seiner Haltung bis zum Ende seines Lebens treu bleibt – obwohl er sich stets auch für den Aberglauben und die übernatürlichen Erscheinungen interessiert und sein Buch *Ein System der Magie (A System of Magick*, 1727) das große Dokument eines diametral entgegengesetzten Denkens ist.

Laterna magica in London mit der gleichen Selbstverständlichkeit wie Novalis' Zeitgenossen hundert Jahre später die Panoramen und die von Malewitsch wieder hundert Jahre später das Kino.*

Der Anblick bewegt sich

Hans Blumenberg brachte die Entdeckung des Fernrohrs und des Mikroskops mit der »Explosion der Realität« in Verbindung[150]: Je größer die Zahl der Medien, die den Sinnesorganen (in diesem Fall dem Auge) zu Hilfe eilen, desto offensichtlicher wird, dass die Wirklichkeit komplexer als gedacht ist und der Mensch nie in der Lage sein wird, sie restlos zu erkennen. Statt die entrückte »Natur« dem Menschen wieder näherzubringen, entfernen die Medien sie noch mehr und lassen sein Verhältnis zu ihr noch mittelbarer werden. Zu einem ähnlichen Schluss gelangten aus einer anderen Richtung kommend auch Jean Baudrillard und Paul Virilio: Ihrer Ansicht nach verfolgten die optischen Medien seit der Renaissance das Ziel, jeglichen trennenden Zwischenraum aufzuheben. Infolgedessen hätten sich die Grenzen und der Begriff des Realen selbst verändert[151] und wären umso ungreifbarer geworden, je mehr der sie untersuchende Mensch ihrer habhaft werden wollte.[152] Virilio nennt als Beispiel den optischen Telegrafen, den Claude Chappe 1789 entworfen hatte; mit seiner Hilfe konnte man eine Nachricht von Paris ins 210 Kilometer entfernte Lille nach Passieren von 23 dazwischenliegenden Stationen in einer Stunde übermitteln – zu Pferd hätte man dafür 24 Stunden benötigt.[153] 1795 erschien ein ähnliches System auch in England, und Napoleon stand

* »Ich besuchte […] ein berühmtes bewegliches Bild, und etwas Hübscheres hatte ich nie gesehen. Man sieht eine zehn Meilen weite See, an ihrem anderen Ende eine Stadt und Schiffe, die über die See segeln und ihre Kanonen entladen. Man sieht einen weiten Himmel mit Mond und Sternen, usw.« London, 27. März 1712 (Swift, *The Journal to Stella*, Brief 62).

bereits ein Telegrafennetz zur Verfügung, das ganz Frankreich überzog. In den 1820er Jahren setzte auch in Deutschland der Ausbau des Telegrafen ein – dessen Bezeichnung (*télégraphe*) 1794 in Frankreich eingeführt worden war. Neben Begriffen wie Phänomenologie, Ideologie oder Aerostat ist auch dieses Wort eine typische Erfindung des späten achtzehnten Jahrhunderts. Aber nicht das einzige: 1796 taucht auf Vorschlag Gottfried J. H. Huths das Wort *Telephon* auf,[154] 1792 tauft Claude Chappe ein Gerät zum schnellen Versenden von Buchstaben auf den Namen *tachygraphe*, während Joseph Lakanal zur Zeit der französischen Revolution den Telegrafen (*télégraphe* – und nebenbei, aber keinesfalls beiläufig, 1794 auch den Begriff des Urheberrechts) erfindet. All diese Begriffe sind Bezeichnungen für Geräte zur Überwindung der Entfernung. Vergessen wir aber auch den Metertalon nicht, der ins Leben gerufen wurde, als Talleyrand 1790 der Nationalversammlung den Vorschlag unterbreitete, die unterschiedlichen Gewichts- und Längenmaße zu vereinheitlichen. In diesen Zusammenhang gehört auch Dom Gauthys 1783 in Paris veröffentlichter Plan, in dem er über die Verstärkung und Übermittlung von Klangwellen referierte. Zu seinen Plänen gehörte unter anderem auch: »Die Übermittlung eines Signals über mehr als 100 französische Postmeilen (390 km) in weniger als einer Minute. Die Übermittlung detaillierter Meldungen über 100 Meilen in ca. einer halben Stunde.«[155]

Die klassische Vorstellung von der Einheit der Welt, die in der Renaissance noch an die natürliche Magie anknüpfte, wurde in der zweiten Hälfte des achtzehnten Jahrhunderts immer offenkundiger zu einer Funktion der technischen Geräte und begann sich auch in der Praxis durchzusetzen. (In ganz Europa wird an den »Siebenmeilenstiefeln« gearbeitet: Der elektrische Telegraf etwa gewinnt seine eigentliche Bedeutung erst, als er in der ersten Hälfte des neunzehnten Jahrhunderts den reibungslosen Ablauf des Eisenbahnverkehrs gewährleisten soll.[156]) Die großen Entsprechungen in der Welt werden laut Novalis durch den »Zauberstab der Analogie« erschaffen;[157] die neuen Geräte erzeugen sie mit Hilfe der Technik aber auch in der Praxis. August Wilhelm Schlegel äußerte sich in seinem Buch *Die Gemählde* (1800) nicht besonders wohlwollend über die Camera obscura, da sie in seinen Augen hinter der Natur zurückbliebe und nicht zur Kunst werden könnte.[158] Dahinter verbirgt sich aber nicht eine allgemeine Ablehnung der Technik. Im Gegenteil: Schlegel lehnt die Camera obscura wegen ihrer allzu mechanischen Natur ab. Denn um diese Zeit, an der Wende vom achtzehnten zum neunzehnten Jahrhundert, existierten auch schon dynamischere Mittel der Erzeugung von Anblicken, die auch das allgemeine Bedürfnis nach bewegten Bildern besser befriedigten. Die Camera obscura konnte in dem Wettlauf, der sich zum Ziel gesetzt hatte, die Erscheinungen miteinander zu verknüpfen, die Entfernungen aufzuheben, die Übergänge zum Verschwinden zu bringen – mit einem Wort die Welt zu einer Einheit zu zaubern, zu einem dynamischen Ganzen umzugestalten – nur mit Mühe Schritt halten.* Um Jonathan Crary zu zitieren: »Das Sehen [wird] aus den gleichbleibenden und festen Bezügen, die die Camera obscura verkörpert, herausgerissen.«[159]

Johann Wilhelm Ritter, der bedeutende Physiker der deutschen Romantik, dessen Licht-Experimente der Entdeckung der Fotografie den Weg ebneten,[160] dachte 1810 über eine radikale Reform der ganzen Naturwissenschaft nach: »Sollte es magnetische, elektrische, Teleskope geben können? – Spiegel für Magnetismus, Elektrizität? – Linsen, Teleskope und Spiegel für alle Kräfte? – In welcher Ordnung mögen wohl die Körper die Elektrizität, den Magnetismus, brechen? – denn gewiß gibt es hier eben so Ordnungen, wie beim Licht. Auch achromatische

* Der Glaube an die unpersönliche Objektivität der Camera obscura war schon viel früher ins Wanken geraten: Edme Mariotte hatte 1668 in Paris den sogenannten blinden Fleck entdeckt und damit nachgewiesen, dass im Zentrum der Wahrnehmung Blindheit herrschte; damit war der Glaube an die Camera obscura beziehungsweise an die Identität des menschlichen Auges hinfällig geworden. Vgl. Peter Bexte, »›I see, I am blind‹ – befleckte Formen der Wahrnehmung«, in: *Trajekte* 11 (September 2005), S. 35–41, hier S. 36.

Linsen mag es für jede Kraft geben, so gut wie für das Licht.«[161] Die Überlegungen des Naturwissenschaftlers Ritter muten wie Phantasmagorien an. Aber seine Zeit war nicht zuletzt auch die große Zeit der Phantasmagorien (sowie seit den 1830er Jahren der Nebelbildprojektionen).* Diese Erfindung ist mit dem Namen Étienne-Gaspard Robertson verbunden, der nicht nur in ganz Europa Phantasmagorie-Vorlesungen hielt – und seine Erfindung 1799 unter dem Namen Phantaskop patentieren ließ –, sondern 1802 in der französischen Akademie auch die Funktionsweise einer Kohlebogenlampe vorführte[162] und im Jahr darauf, 1803, in Hamburg einen Heißluftballon bestieg (vielleicht um sich auch aus der Höhe an bis dahin ungesehenen Anblicken zu ergötzen) und dabei auch den damaligen Höhenrekord brach. Und vielleicht klangen die von Ritter ersonnenen, neuen, bis dahin unbekannten Geräte und Apparate in den Ohren seiner Zeitgenossen gar nicht so fremd. Denn diese Zeit hatte nicht nur Namen wie Telegraf, Tachygrafe, Telefon oder Aerostat ins allgemeine Bewusstsein befördert. Vielmehr erschienen kurz darauf das Kaleidoskop (1815), das Thaumatrop (1826), das Phenakistiskop (beziehungsweise phantasmaskop phantascop, 1829), das Stereo (1832), das Stroboskop (1833), das Zootrop (1834), das Daedaleum (1834), das Chromatrop, usw., usw.[163]** Lauter Zauberworte – als hätte man in Europa gerade die Flaschenpostsendungen der mittelalterlichen Magier aus dem Wasser gefischt.

* Die Laterna magica als Vorläufer der Phantasmagorie wurde in Deutschland von Johann Georg Schröpfer zum projizierten Geisterbild weiterentwickelt. Nach Schröpfers Selbstmord 1774 werden anhand seiner Bilder in ganz Deutschland Vorträge über die Laterna magica gehalten. Schillers 1787–1789 erschienener Roman *Der Geisterseher* basiert zum Teil auf der Gestalt Schröpfers. Vgl. Kittler, S. 127.

** Auch den Gedanken wachsen Flügel. Am 10. Oktober 1810 sinniert Heinrich von Kleist in den Spalten der Berliner Abendblätter in seinem Artikel *Entwurf einer Bombenpost* bereits mit dem Kopf eines (verrückt gewordenen) Schützenmeisters, dem nichts unmöglich ist: Er schlägt die Herstellung einer »Wurf- oder Bombenpost« nach dem Muster des »elek-

Die vorhin zitierten Figuren von Novalis scheinen, während sie die Anblicke bestaunen, inmitten eines sich bewegenden Panoramas zu stehen, eines Ur-Kinos, in dem in Sekundenschnelle immer neue, unzusammenhängende Anblicke die Retina bombardieren. Und das Auge nimmt sie nicht nur auf, sondern verarbeitet sie auch. Hinzu kommt, dass die Prinzessin, da sie alles von einem einzigen, festen Punkt aus betrachtet (es ist keine Rede davon, dass sie sich zwischen den Anblicken hin und her bewegt), gezwungen ist, ihre Augen und ihre Blicke an alles anzupassen. Dinge, die weit entfernt sind, sieht sie genauso scharf wie die, die nahe sind. Ihr Sehen wird genauso dynamisch wie die Anblicke, die sich ihm bieten, abwechslungsreich sind. Ihr Auge: ein echtes Filmauge. Wie die lebendige Filmkamera in Dsiga Wertows Film *Der Mann mit der Kamera* (1919). Oder der Protagonist

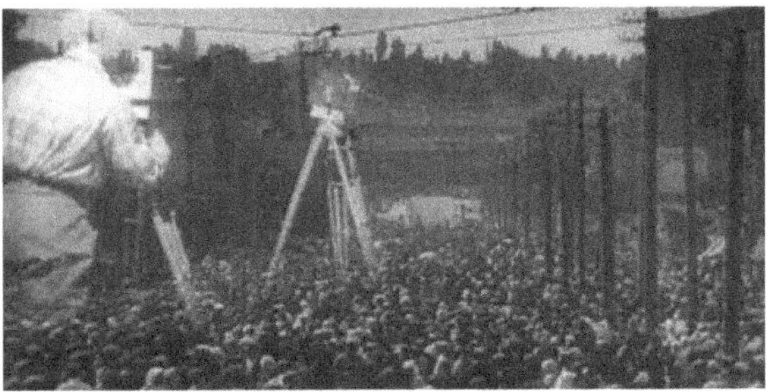

Der Mann mit der Kamera

trischen Telegraphen« vor, wobei man sich »aus Mörsern oder Haubitzen, hohle, statt des Pulvers, mit Briefen und Paketen angefüllte Kugeln [...] zuwürfe; dergestalt, daß die Kugel, auf jeder Station zuvörderst eröffnet, die respektiven Briefe für jeden Ort herausgenommen, die neuen hineingelegt, das Ganze wieder verschlossen, in einen neuen Mörser geladen, und zur nächsten Station weiter spediert werden könnte« (Kleist, *Sämtliche Werke und Briefe*, Bd. 2, S. 386). Am 4. März 1829 schrieb der Berliner Courier ironisch, aber treffend von »unserer an Pano-, Cosmo-, Neo-, Myrio-, Kigo- und Dio-Ramen so reichen Zeit« (zit. n. Walter Benjamin, *Das Passagenwerk*, Frankfurt am Main 1991, S. 655).

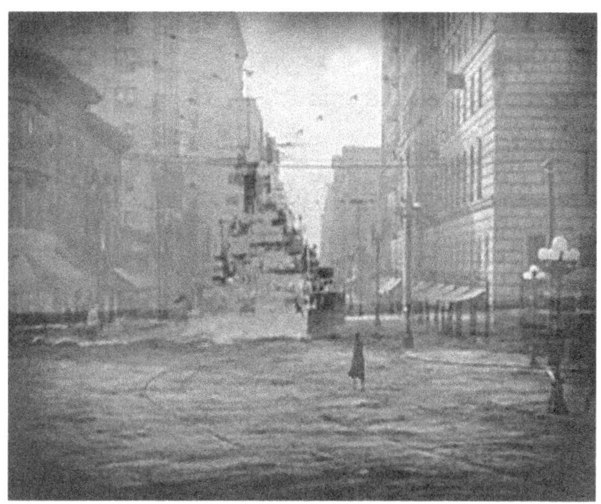

Der Kameramann

von Buster Keatons Film *The Cameraman* (1928), der mit der Kamera in der Hand umherläuft, als wollte er alles auf einmal aufnehmen – was dazu führt, dass die vielen Anblicke aufeinander geschoben werden. Wem auch immer er sie im Film zeigt, der lacht ihn aus; Novalis' Prinzessin aber hätte sie zufrieden betrachtet. Wie Friedrichs Wanderer auch.

Denn man kann Friedrichs Wanderer auch als jemanden deuten, der in einem Ur-Kino steht, wo die Bilder in schnellem Nacheinander vor ihm auftauchen und wieder verschwinden, und er den Kopf hin und her wirft, da er die aufgestauten Bilder mit seinen Blicken kaum mehr aufnehmen kann. Er hat sich noch nicht an die Schnelligkeit der Anblicke gewöhnt, so wie seine deutschen Zeitgenossen, die im selben Jahr 1818 bereits den Zug bestiegen, sich nicht an die rasch wechselnden Anblicke gewöhnen konnten. Vor dem Wanderer stauen sich die Anblicke, verzerren sich ins Unscharfe, Nebelige, erinnern an die sogenannten Composite-Fotografien, die am Ende des neunzehnten Jahrhunderts aufkamen, als die Fotografien vieler Familienmitglieder aufeinander kopiert wurden, um auf diese Weise gemeinsame Züge erkennen zu können, die allen Familienmitgliedern eigen, in Reinform aber nicht wahrnehmbar waren. Etwas Ähnliches muss auch der Wanderer empfinden, während sich die einzelnen Anblicke, die er von früher gut kennt, vor seinen Augen ineinanderschieben: Er sieht nicht mehr die einzelnen Häuser, Wiesen, Menschen, die Pflanzen und die Tiere, die Details, nichts ist mehr scharf, alles ein großer Strudel, nebelhaft, wie Zauberei. Ja, das ist die Wirklichkeit, mag sich der Wanderer denken. Ja, könnte es sein, dass das die Wirklichkeit ist? Und endlich sieht er das, was im Grunde der Anblicke, die er bis dahin für die Wahrheit gehalten hatte, lauert, was er in seiner reinen Gestalt aber noch nie gewahrt hatte. Der Nebel, die qualmende Wolke – sollte das der reinste Anblick sein, das Ding-an-sich, das sich hinter allem verbirgt? Reglos, wie versteinert steht der Wanderer da – gebannt vom strudelnden Anblick vor sich. So wie später auch die Kinobesucher reglos, mit angehaltenem Atem die Bilder betrachten werden, die mit schwindelerregender Geschwindigkeit über die Leinwand rasen.

Zu diesem Zeitpunkt fehlt nicht einmal mehr ein Jahrhundert, um vom Kino sprechen zu können. Die Sehnsucht nach der Bewegung der Bilder ist zu Beginn des neunzehnten Jahrhunderts in ganz Europa spürbar. Nicht nur bei den bildenden Künstlern und Malern, auch die »Unterhaltungsindustrie« nährt diese Sehnsucht. Fürst Hermann von Pückler-Muskau, der in der Mitte des neunzehnten Jahrhunderts durch seine fantastische Landschaftsarchitektur europaweite Berühmtheit erlangen sollte, schrieb am 16. Februar 1829 aus Paris: »Ich hatte also heute früh mit dem Mittelpunkt der Erde angefangen, dann die verschiedenen Herrlichkeiten ihrer Oberfläche bewundert und nach einem flüchtigen Besuch auf sämtlichen Planeten in der Sonne aufgehört [...] [Ich] fing mit dem ›Ama‹ der Geographie, dem Georama, an. Hier sieht man sich auf einmal in der Mitte der Erdkugel [...] Das Diorama, eine halbe Stunde weiter auf den Boulevards, gibt eine Ansicht des Gotthards und Venedigs [...] Beim Neorama sieht man sich in die Mitte der Peterskirche versetzt – die Täuschung ist aber nur sehr mittelmäßig [...]

Mit Übergehung der bekannten Panoramas und Kosmoramas bringe ich Dich endlich in das Uranorama, im neuen Passage Vivienne.* Das ist eine sehr ingeniöse Maschine, um den Lauf der Planeten unsers Sonnensystems anschaulich zu machen.«[164] Pückler-Muskau, der sonst in der Welt der »hohen Künste« zu Hause war, berichtet hier von Sehenswürdigkeiten, die allen zugänglich waren und auch von Menschen besucht wurden, die sich höchst selten in der Nähe von Gemälden oder Skulpturen aufhielten.

Die Schausteller und die oft exzentrischen Erfinder sahen sich mit denselben Fragen konfrontiert wie die Vertreter der »hohen Kunst«: Sehen und Zusehen sollten dynamischer gemacht, die Position des Betrachters verunsichert, die Regeln der Linienperspektive in Frage gestellt werden. 1815 erfand David Brewster das Kaleidoskop, bald darauf folgten die auf ähnlichen Prinzipien beruhenden Kromatrop, Oktoskop, Designoskop – lauter Geräte, die das Sehen immer beweglicher machten. 1826 erschien das Thaumatrop, ein einfaches, optisches Spiel, das auf dem Phänomen der Nachbilderscheinungen, also der Beobachtung beruhte, dass ein Bild von der Retina noch nicht verschwunden ist, wenn das nächste bereits darauf erscheint.[165] 1832 erfand Joseph Plateau das Phenakistiskop. Er hatte beobachtet, dass die Räder eines vorbeirasenden Zuges zwischen den Latten eines Zauns betrachtet den Eindruck erweckten, als stünden sie still oder drehten sich rückwärts. Das brachte ihn auf die Idee, dass bei entsprechender Stellung eines Betrachters vor einem Bild die Nachbilder auf seiner Retina dahingehend beeinflusst werden könnten, dass Bewe-

* Die Passage Vivienne (1823), eine damals neu errichtete Sehenswürdigkeit von Paris, war mit ihren Arkaden und Geschäften ein charakteristischer Bau der modernen, großstädtischen Lebensform. In unmittelbarer Nähe gab es mehrere Panoramen – bezeichnenderweise unternahm man 1817 gerade in dieser Gegend die ersten Versuche zur Einführung der modernen Straßengasbeleuchtung.

gungseffekte entstünden, die sich in Wirklichkeit nicht abgespielt hatten. Im zwanzigsten Jahrhundert wird es dann Marcel Duchamp sein, der in seiner künstlerischen Praxis illusionserzeugende Apparate verwendet, die optische Effekte ohne jede materielle Wirklichkeit erzeugen.[166] T. W. Naylor baute 1843 (drei Jahre nach dem Tod Caspar David Friedrichs, aber noch zu Lebzeiten Turners) einen Apparat, der das Phenakistiskop mit der Phantasmagorie verband. 1834 erschuf der Engländer William George Horner das Zootrop,* das später, 1887, als Grundlage für die optischen Experimente Etienne Jules Mareys dient und damit ausdrücklich zu den unmittelbaren Vorläufern des Films wird. Nach der Erfindung der Fotografie wurde immer häufiger der Wunsch geäußert, nicht mehr nur Standbilder fotografieren zu können, was zur Entdeckung der Chronofotografie führte.** 1868 erschien der Kineograph, der auf dem Grundgedanken beruhte, dass wenn Bewegungsphasen schnell aufeinander folgten, der Eindruck echter Bewegung entsteht (so ergeben Zeichnungen auf den Seiten eines Buches, wenn sie mit

* Zootrop (*daedaleum*, Wundertrommel): Die oben offene, unten geschlossene, hohle Papiertrommel wurde um eine senkrechte Achse gedreht. Im unteren Teil der Trommelwand waren in gleichen Abständen Schlitze angebracht. An die Innenseite der Umhüllung hatte man einen Papierstreifen geklebt, auf dem Phasenzeichnungen einer Bewegung zu sehen waren. Wenn sich die Trommel schnell drehte, konnte man beim Blick durch die parallel zur Achse befindlichen Schlitze ein bewegtes Bild sehen. Je schmäler die Schlitze waren, desto schärfer, aber auch dunkler waren die Bilder. Deshalb benötigte die Vorrichtung eine relativ starke Beleuchtung. In der Ausgangsform entsprach die Anzahl der Phasenbilder der Anzahl der Schlitze, sodass sich die Figuren auf dem Streifen auf der Stelle bewegten. War aber die Anzahl der Phasen höher oder niedriger als die der Schlitze, schien die Figur vorwärtszugehen oder zurückzubleiben. Horner hob eigens hervor, dass die Vorrichtung keines Spiegels bedurfte und die Bilder von mehreren Menschen auf einmal betrachtet werden konnten (Kolta, *Képmutogatók*, S. 180).
** Chronofotografie: Die Fotografie strebte von Anfang an danach, den »Augenblick« festzuhalten. Es war also naheliegend, die Bewegungsphasenzeichnungen, die in den diversen stroboskopischen Apparaten verwendet wurden, durch Fotografien zu ersetzen. Die Fotografie konnte an die

dem Daumen gedreht werden, einen zusammenhängenden Bewegungsablauf). Und seit den 1880er Jahren erschienen noch mehr Erfindungen (Mutoskop, Kinora, Praxinoskop, Kinematofor, Kinetoskop), die dem Kinematografen, dem bewegten Film, der am 28. Dezember 1895 zum ersten Mal vorgeführt wurde, allesamt vorausgingen. Alles stand bereit, um die dynamische Beweglichkeit der Anblicke, die Verlaine 1870 beim Blick aus dem Zugfenster gewahrt hatte, von einem einzigen Platz aus, womöglich sogar in einem Armsessel sitzend, zu erleben.*

All diese Apparate beruhten auf der Erkenntnis, dass sich die menschliche Wahrnehmung mit Hilfe künstlicher Mechanismen formen und verändern ließ. Immer mehr Apparate standen zur Förderung des Sehens zur Verfügung. Damit dehnte sich natürlich auch das Sehen auf immer mehr Bereiche aus. Um auch in dieser »erweiterten« Form gut funktionieren zu können, bedurfte es immer neuer Apparate. Die wiederum führten zu noch mehr »Ausdehnung«, und so weiter. Die Folge war eine gegenseitige Mobilisierung, die die Anblicke immer dynamischer werden ließ. Diese Entwicklung hatte ihren Anfang irgendwann

Entwicklung der bewegten Bilder aber erst anknüpfen, als die Herstellung von Momentaufnahmen technisch möglich wurde. 1871, also nach der Entdeckung der lichtempfindlicheren Trockenplatten, war der Bau einer Kamera, die sich für die Herstellung von Serienbildern eignete, nur noch eine Frage der Technik. Das wissenschaftliche Ziel der Chronofotografie – also der Fotografie der Bewegungen – bestand in der Zerlegung der Bewegungen in ihre Elemente, um diese Elemente studieren zu können. Ihre wichtigsten Protagonisten waren Jules Janssen, Etienne-Jules Marey, Ottomar Anschütz und Eadweard Muybridge (Kolta, *Képmutogatók,* S. 171).

* »Die Landschaft ringsum eingefaßt von Fensterrahmen
flieht wild vorbei, und weite Felder ohne Namen,
mit Bächen und mit Korn, mit Bäumen und dem Himmel.
Verfangen sich im grausam wirrenden Gewimmel;
drein fallen jählings schmale Telegraphenstangen,
an denen, wie verschlungne Schnörkel, Drähte hangen.«
Verlaine, *Die Landschaft ringsum eingefaßt*
(übers. von Hannelise Hinderberger)

an der Wende vom achtzehnten zum neunzehnten Jahrhundert genommen. Clemens Brentano bezeichnet in seinem 1798–1801 entstandenen Künstlerroman *Godwi* gerade die mit Hilfe dieser technischen Mechanismen erfolgten Eingriffe als »romantisch«: »Alles, was zwischen unserm Auge und einem entfernten zu Sehenden als Mittler steht, uns den entfernten Gegenstand nähert, ihm aber zugleich etwas von dem Seinigen mitgiebt, ist romantisch.«[167] Mit anderen Worten: durch das Medium wird der Anblick romantisch. Mögen wir durch das Fernrohr alles, was weit entfernt ist, noch so nah sehen, mit den Händen werden wir es nie berühren können. Wie wir auch im Kino das Gefühl haben, ein Teil des über die Filmleinwand flimmernden Anblicks zu sein, wie wir mit den Figuren gemeinsam atmen, zittern und mitfiebern, obwohl wir in Wahrheit allein im Dunkeln sitzen, unendlich weit weg von ihnen, in einer Ferne, die nicht zu überbrücken ist.

IX. Die Sehnsucht nach dem bewegten Bild

Die Sehnsucht nach dem bewegten Bild

Der jung verstorbene Philipp Otto Runge ließ sich zu Beginn der 1800er Jahre beim Anblick einer sternhellen, nächtlichen Landschaft einmal zu folgender Aussage hinreißen: »Wenn der Himmel über mir von unzähligen Sternen wimmelt, der Wind saust durch den weiten Raum, die Woge bricht sich brausend in der weiten Nacht, über dem Walde röthet sich der Aether und die Sonne erleuchtet die Welt«, dann »tönet alles in einem Accord zusammen«, in einer »Empfindung des Zusammenhangs des ganzen Universums mit uns.«[168*] Runge schreibt nicht von einem einzigen Anblick, sondern von einer ganzen Reihe von Anblicken, zwischen denen ein Übergang nur schwer zu finden ist. Zunächst spricht er vom nächtlichen Himmel, an dem Millionen Sterne funkeln, dann vom Morgenrot, das die nächtlichen Wipfel rot färbt, und schließlich von der Sonne, die alles in Licht hüllt. Um das alles darzustellen, genügt es nicht, nur den dunklen Himmel oder das Morgenrot oder die aufgehende Sonne zu malen. Man müsste alles gleichzeitig abbilden, was den Maler vor eine unlösbare oder zumindest schwer lösbare Aufgabe stellte. Im Mittelalter hätte man die Serie auf einer Predella in drei bis vier kleinen, Seite an Seite gestellten Gemälden gezeigt. Am Ende des neunzehnten Jahrhunderts hätte man die Übergänge problemlos im Film zeigen können. Für Runge war ersteres eine Tradition der Vergangenheit, die sich nicht mehr

* Runge schloss im November 1801 Freundschaft mit Tieck; über dessen Roman *Franz Sternbald* schrieb er: »Mich hat nie etwas so im Innersten meiner Seele ergriffen wie dies Buch, welches der gute Tieck wohl mit Recht sein Lieblingskind heißt« (Lingner, S. 4).

fortsetzen ließ, und letzteres etwas, dessen Zeit noch nicht gekommen war. Wie sollte man das alles also in einem einzigen Bild malen? Man benötigte dafür Symbole, die die unendlich vielfältigen Naturkräfte zu einem einzigen Bild verdichten können – er schreibt: »Sie suchen in einem Bilde alles zu concentrierern und so ein Bild des Unendlichen darzustellen.«[169]

Ein Bild des Unendlichen. Eine schöne, wohlklingende, aber höchst problematische Formulierung. Eine metaphorische Übertreibung. Runge beließ es aber nicht bei Worten. Als bildender Künstler versuchte er die unterschiedlichen Tageszeiten in einem einzigen Werk darzustellen. Das Ergebnis wurde der aus vier Teilen bestehende Zyklus *Tageszeiten*, den er zwischen Weihnachten 1802 und Juli 1803 in Dresden schuf. Die Serie bildete die Natur nicht ab (ahmte sie nicht nach), sondern stellte auf einem abstrakten, mathematischen System beruhende Symbole und Hieroglyphen dar. 1807 beschrieb Runge den vierteiligen Zyklus folgendermaßen: »Der Morgen ist die gränzenlose Erleuchtung des Universums. Der Tag ist die gränzenlose Gestaltung der Creatur, die das Universum erfüllt. Der Abend ist die gränzenlose Vernichtung der Existenz in den Ursprung des Universums. Die Nacht ist die gränzenlose Tiefe der Erkenntniß von der unvertilgten Existenz in Gott. Diese sind die vier Dimensionen des geschaffenen Geistes.«[170] Man beachte: viermal erklingt in dem kurzen Kommentar das Wort »grenzenlos«, dreimal das Wort »Universum«. Darüber hinaus ist die Rede von »Erleuchtung«, »Gestaltung«, »Vernichtung«, »Erkenntnis«, »Geist« und »Kreatur«. Eine durch und durch romantische Formulierung. Sie weist aber auch in die Zukunft. Solche und ähnliche Ausdrücke wird gut hundert Jahre später Kandinsky in seinem Buch *Über das Geistige in der Kunst* (1912) verwenden und zur gleichen Zeit seine Bühnenkomposition *Der gelbe Klang* entwerfen, mit dem Ziel, die unterschiedlichen Kunstgattungen miteinander zu vereinen. (Zur Wahrheit gehört, dass Kandinsky, da er sich weniger vornimmt, mehr erreicht: Sein Werk ist wesentlich schnörkelloser und wirkungsvoller als Runges Zyklus.) Runge war sich im Klaren, dass das Medium einer einzigen Kunstgattung nicht genügte, um das »Unendliche« darzustellen. Er glaubte, dass für eine optimale Vorstellung des Zyklus Musik und Dichtung unentbehrlich wären (die Bilder hätten zu einer Rezitation von Tiecks Gedichten vorgestellt werden sollen), ja dass auch eine passende Architektur vonnöten gewesen wäre. »Alle vier Bilder gehören zusammen, und ich habe sie ganz bearbeitet wie eine Symphonie«,[171] schrieb er und charakterisierte das Ganze so: »Es wird eine abstrakte malerische, phantastisch-musikalische Dichtung mit Chören, eine Komposition für alle drei Künste zusammen, wofür die Baukunst ein ganz eignes Gebäude aufführen sollte.«[172] Sein Plan sah vor, dass die anhand der Zeichnungen angefertigten Gemälde einen eigens zu diesem Ziel errichteten, festlichen Bau schmücken sollten: »Beim Anblick der Meißner Kirche ist mir ein Gebäude für meine Bilder recht wieder eingefallen«, schrieb er 1803, »auf die Art müßte es eigentlich sein [...] Am Ende erfinde ich noch eine neue Baukunst, die aber gewiß mehr Fortsetzung der gotischen wie der griechischen wäre.«[173] Hätte er hundert Jahre später gelebt, hätte er zweifellos auch Tänzerinnen engagieren können, wie es der Theaterregisseur Georg Fuchs und der Architekt Peter Behrens getan hatten, die die Mathildenhöhe in Darmstadt, diese Hochburg der Sezession, 1901 mit einem mit Tanzeinlagen verbundenen Mysterienspiel (*Das Zeichen*) krönten. Zweihundert Jahre später hätte er sich wiederum digitaler Techniken bedient und auf die Hilfe von Videojockeys gesetzt.

Von den Zeichnungen entstanden Drucke, die zu Runges Popularität beitrugen. Über die Kupferstichvorlagen der Tageszeiten sagte Tieck, »es könne nie anders, nie deutlicher ausgesprochen werden, was er immer mit der neuen Kunst gemeynt habe«, und er zeigte sich überwältigt, »wie nicht nur eine Idee ausgesprochen, sondern der Zusammenhang der Mathematik (im Sinne des Mystikers Jakob Böhme), Musik und Farben hier sichtbar in großen Blumen, Figuren und Linien hingeschrieben stehe.«[174]. Im April 1806 schickte Runge den Zyklus an Goethe, der sich für die Sendung ziemlich zurückhaltend bedankte: »Wir glauben Ihre sinnvollen Bilder nicht eben ganz zu verstehen, aber wir verweilen gerne dabei und vertiefen uns öfter in Ihre geheimnisvolle, anmutige Welt.«[175] Im Kreise seiner Freunde war Goethe nicht mehr so zurückhaltend: »Da, sehen Sie einmal, was das für Zeug ist!«, sagte er 1811, ein Jahr nach Runges Tod, zum Kunsthistoriker Boisserée. »Zum Rasendwerden, schön und toll zugleich [...] das will alles umfassen, und verliert sich darüber ins Elementarische [...] der arme Teufel hat's auch nicht ausgehalten, er ist schon hin, es ist nicht anders möglich; wer so auf der Klippe steht, muß sterben oder verrückt werden, da ist keine Gnade.«[176]

Wer alles will, hat am Ende nur Bruchstücke in der Hand. Runge aber wollte alles und versuchte, das Grenzenlose in Grenzen hineinzuzwingen. Die vier Teile des Zyklus bilden zwar ein einziges Werk, dennoch ist es enttäuschend zu sehen, wie es in seine vier Teile zerfällt. Obwohl die Musik, die Dichtung oder auch die Architektur gerade diesen Zerfall hätten verhindern sollen, indem sie für nahtlose Übergänge sorgen. Ideal wäre es natürlich gewesen, wenn sich die Bilder so schnell abgewechselt hätten, dass das Auge die Übergänge gar nicht bemerkt hätte. Dazu hätte man aber vierundzwanzig Bilder benötigt sowie ein Gerät, das in der Lage wäre, ebenso viele Bilder innerhalb einer einzigen Sekunde abzuspielen. Am ehesten hätte der Film Runges Sehnsucht befriedigen können. Deshalb spricht er von Musik, Dichtung oder einem eigens zu diesem Zweck errichteten Gebäude. Was Wagner später als Gesamtkunstwerk bezeichnen wird, nährt sich zum Teil auch von der Sehnsucht nach der Bewegung der Bilder. Für eine ideale Vorstellung der Tageszeiten hätten die vier Bilder gemeinsam einen geschlossenen Raum bilden sollen, der den Betrachter so umfasste, dass es für ihn keinen Ausweg gäbe. Zudem müssten sich nicht nur die seitlichen Ränder der Bilder berühren, auch der untere und der obere Rand dürften nicht sichtbar sein. Sie müssten den Betrachter also kugelförmig einschließen, er müsste eigentlich im 360-Grad Winkel sehen können. Wie es höchstens das göttliche Auge zu tun vermag. So etwas wohnt auch der Sehnsucht nach bewegten Bildern, dem Film, inne: Das göttliche Sehen zu erlangen, so sehen zu können, dass sich der Sehende vom Anblick nicht mehr zu unterscheiden vermag.

Serienbilder

Kann es so etwas geben?

Kehren wir zu Caspar David Friedrich zurück und zitieren wir wieder einen seiner früheren Gedanken: »Was die neueren Landschaftsmaler in der Natur in einem Kreis von 100 Graden gesehen, pressen sie unbarmherzig in den Sehwinkel von 45 Graden zusammen. Und was also in der Natur durch große Zwischenräume getrennt lag, berührt sich hier im gedrängten Raume, überfüllt und übersättigt das Auge und macht auf den Beschauer einen widrigen, beängstigenden Eindruck.«[177] Friedrich schreibt von einem Sehwinkel von 100 Grad; der Sehnsucht nach dem »Allsehen«, mit dem auch er kokettierte, entsprächen aber eher 180 oder noch besser 360 Grad. Das erklärt zum Teil auch seine Vorliebe für Serienbilder. Diese Serien sollten nicht als fortlaufende bildliche Erzählungen (Bildromane) betrachtet werden, sondern als Versuche, mit deren Hilfe er die Gattung des geschlossenen Tafelbildes zu überwinden suchte. Wie in Runge arbeitete auch in ihm die Sehnsucht, den Schritt vom Einzelbild zur Serie, von dort zum Gesamtkunstwerk und von dort wiederum zum bewegten Bild zu machen. Bewegte Bilder (den Film) gab es damals noch nicht; aber es gab die bereits erwähnten optischen Experimente, die in diese Richtung wiesen und auch Friedrich nicht gleichgültig ließen.

Im Frühjahr 1803, inmitten seiner Arbeit an den Tageszeiten, erwarb Runge in Dresden von Friedrich eine Doppel-Zeichnung in Sepia, zwei Ansichten Rügens am Morgen und am Abend. Friedrich schuf um diese Zeit auch andere Zyklen: Wie Runge stellte auch er 1803 die Tages- und die Jahreszeiten in jeweils vierteiligen Sepia-Serien dar.* 1807 schuf er zwei parallele Ölgemälde (*Meeresstrand mit Fischer und Nebel*), wobei er dieselbe Landschaft als winterlichen und als sommerlichen Anblick malte; 1820 malte er die vier Tageszeiten erneut als Zyklus. Und 1834 plante er einen aus fünf Teilen bestehenden Lebensalter-Zyklus in Sepia-Technik. Auf dem ersten Bild sieht man einen Sonnenaufgang, blühende Bäume, ein Bachufer und Kinder; auf dem zweiten ein Flussufer, einen Hügel, Obstbäume sowie einen Mann und eine Frau; auf dem dritten einen gewaltigen Berg mit Wasserfall, riesigen Bäumen und der untergehenden Sonne, während sich der Mann von der Frau verabschiedet, die zum Gipfelkreuz deutet; auf dem vierten ist eine Felsengrotte mit den Skeletten des Mannes und der Frau zu sehen; das fünfte zeigt nur den Himmel, von der Erde ist nichts zu sehen, in der Höhe ist eine Lichtquelle zu erkennen, auf die der Mann und die Frau als Engel zufliegen. Friedrich erzählte dem französischen Bildhauer David d'Angers, der ihn in seinem Atelier besuchte, dass er die für diesen Zyklus nötigen Farben nie finden werde.[178] Ob er ihm wohl auch sagte, dass er mit den fünf Bildern etwas Ähnliches darstellen wollte wie das, was die Prinzessin und ihre Gefährten in Novalis' *Heinrich von Ofterdingen* gesehen hatten? Denn wenn er den Roman gelesen hat, was sehr wahrscheinlich ist, ist es ausgeschlossen, dass ihm das nicht in den Sinn gekommen wäre.

* In seinem Dresdner Vortrag über die Nachtseite der Natur 1808 veranschaulichte Gotthilf Heinrich von Schubert anhand von Friedrichs Zyklen der Jahreszeiten und der Tageszeiten seine These, wonach, da von den Mineralien bis hin zum menschlichen Geist alles nach einer höheren Existenzform strebe, die Sehnsucht der charakteristischste Zustand der Existenz sei. Auf dem ersten Blatt des 1803 entstandenen Sepiazyklus, das den Frühling und den Morgen darstellt, sind aus dem Schlaf erwachende Kinder zu sehen, die mit geöffneten Armen ein Bachufer entlang auf die Sonne zulaufen. Aber »schon die ersten Schritte sind ein Irrthum, und wir eilen von dem einsamen Hügel der kindlichen Träume, auf dem wir die ersten aufgehenden Strahlen empfiengen, hinabwärts, in das tiefe Gewühl des Lebens, wo uns neue Dämmerung umfängt.« Auf dem zweiten Bild,

Friedrich bildet in diesen Zyklen die reale Natur ab, möchte zugleich aber auch die Idee der Natur darstellen: durch das Reale deutet sich das Ideale an, durch das Sichtbare das Unsichtbare, durch das Greifbare das, was sich nur erahnen lässt. Die Abstraktion, die Friedrichs Zeitgenossen ihm vorwarfen, lauert in der Struktur seiner Bilder, das verrät auch sein Wunsch nach Serien. Friedrichs Malerkollege Ludwig Richter schrieb über dessen Gemälde 1825: »Das ist nicht der Ernst, nicht der Charakter, noch der Geist und die Bedeutung der Natur, das ist hineingezwungen. Friedrich fesselt uns an einen abstrakten Gedanken, gebraucht die Naturformen nur allegorisch, als Zeichen und Hieroglyphen, sie sollen das und das bedeuten.«[179] Was Richter als »Vergewaltigung« der Natur bezeichnet, ist in Wahrheit eine Entfernung vom traditionellen Sehen in Richtung einer neuen, perspektivisch nicht festgelegten, dynamischeren Sehweise. Schon Ramdohr hatte dem Tetschener Altarbild die Vernachlässigung der Regeln des

das den Sommer und den Mittag darstellt, hat sich der Bach zu einem Fluss geweitet; inmitten üppiger Vegetation umarmt sich ein junges Liebespaar. Eine Lilie und eine Rose – die Reinheit und die Liebe – vereinigen sich, und alles wäre in sich geschlossen, drehte nicht die Sonnenblume ihr Haupt zur Sonne, zum Licht hin: »Ein tiefes Sehnen in uns ward noch nicht befriedigt, und mit ernstem Ruf weckt es das ewige Ideal von neuem auf.« Auf dem dritten Blatt, das den Herbst und den Nachmittag zeigt, wälzt sich ein breiter Fluss dahin, während sich im Hintergrund unwahrscheinlich hohe Berge erheben. »Endlich erkennt das Gemüth an, daß die Heymath jenes Sehnens, das uns hierher geführt, nicht auf der Erde sey.« Auf dem letzten Bild, das den Winter darstellt, sieht man eine Meeresküste mit Friedhof und Kirchenruine. »Nur der Wille, das Streben in uns, das sich bis ans Grab nur immer reiner und besser geworden, erhalten, war unser, und an diesem hält sich das innre Vertrauen fest [...] Noch ist das tiefe Sehnen, das uns bis hierher geführt, nicht gesättigt.« Doch durch die Spalten der Ruine leuchtet der Mond hindurch, und am jenseitigen Meeresufer deutet sich ein nicht diesseitiges Ufer an: »Nimm dann hinweg Zeit, auch die letzten Trümmer unseres Daseyns, nimm hinweg auch die Erinnerung des zurückgelegten Weges, und laß uns, wenn dein ewiges Gesetz es so gebeut, schlummernd in dem lang ersehnten Vaterland ankommen!« (Schubert, *Ansichten von der Nachtseite der Naturwissenschaft*, S. 304–308.)

»realen« Sehens vorgeworfen; Friedrich hingegen hielt sich an die Regeln des »inneren Sehens« und berief sich darauf auch, wenn er seinen eigenen Standpunkt verteidigte. Der Ausdruck »inneres Sehen« beschwört die Gedankenwelt der Neuplatoniker herauf. Zu Beginn des neunzehnten Jahrhunderts stellte sich die Frage aber auch in der Praxis: Wie sollte man etwas sichtbar machen, was mit bloßem Auge eigentlich nicht zu sehen war? Mit anderen Worten: Wie könnte man den Kreis des Sehens erweitern, das Auge noch dynamischer machen? Vor diesem Hintergrund stellte Friedrich das Tetschener Altarbild anders als herkömmliche Gemälde aus: Wie bereits erwähnt, hängte er es nicht an die Wand, sondern stellte es auf einen mit einem schwarzen Tuch bedeckten Tisch und hüllte das Zimmer, in dem es ausgestellt wurde, statt in kräftiges Licht in ein ahnungsvolles Halbdunkel. Marie-Helene von Kügelgen schrieb ihrem Mann über die Vorstellung des Gemäldes: »Es ergriff alle, die ins Zimmer traten, als betraten sie einen Tempel. Die größten Schreihälse sprachen leise und ernsthaft wie in einer Kirche.«[180] Die Kritiker warfen Friedrich vor, die Landschaftsmalerei auf einen Altar stellen zu wollen. Seine eigentliche »Schuld« war aber noch viel schwerwiegender, und ihr Einfluss erwies sich als bleibender: Er hatte versucht, die Tafelbild-Malerei ihrem eigenen Medium zu entwinden, und damit experimentiert, die sonst unbeweglichen Anblicke in Bewegung zu setzen. Diesem Zweck hatte die Schaffung neuartiger Bedingungen für die Bildaufnahme gedient, die Gestaltung meditativer Räume, die erst anderthalb Jahrhunderte später »heranreifen« sollten, etwa im Gefolge von Mark Rothkos Kapelle oder von Barnett Newmans Entwürfen. Und diesem Zweck hatte die Verwendung neuartiger, visueller Experimente gedient – zu denen auch die serielle Anordnung von Bildern gehörte.*

* Der französische Maler Carmontelle schuf um 1800 einen aus einhundert Teilen bestehenden, 42 Meter (!) langen und einen halben Meter hohen Bilderzyklus über die vier Jahreszeiten, der – als eine Art Panorama – die Ganzheit des Lebens vorstellen sollte (Verwiebe, *Lichtspiele*, S. 29).

Transparentbilder

Friedrich experimentierte nicht nur mit Serien. Die Paarung von Tages- und Nachtansichten beziehungsweise von Winter- und Sommeransichten knüpft an sein Interesse an Transparentbildern an. Diese auf Pergament, Seide oder mit Öl durchtränktes Papier gemalten Bilder wurden von hinten beleuchtet, was ihnen eine eigenartige Räumlichkeit verlieh und dem Betrachter eine neuartige Illusion der Wirklichkeit vermittelte. Derartige Experimente gab es zu jener Zeit viele: die Deutschen Philipp Hackert und Georg Friedrich Kersting, der auch Friedrich mehrmals malte, aber auch Karl Friedrich Schinkel waren genauso leidenschaftliche Transparent-Maler wie der Engländer Thomas Gainsborough, der Schweizer Liotard oder die Franzosen Carmontelle und Loutherbourg. Einen kräftigen, neuen Impuls bekam die Mode der seit dem Ende des achtzehnten Jahrhunderts immer beliebter werdenden Transparentbilder in den 1820er Jahren durch die Verbreitung des Dioramas, das 1822 von Louis Jacques Mandé Daguerre erfunden wurde. Mit Hilfe eines komplexen Beleuchtungssystems konnte das Diorama die auf dem Transparentbild gezeigte zeitliche und räumliche Veränderung darstellen. Auch Bewegungen konnte man mit Hilfe von Filtern und Lichtstreuern auf ein und demselben Bild darstellen: ziehende Wolken, einen Wasserfall, qualmenden Nebel, die Lichtveränderungen vom Morgen bis zum Abend. So konnten zum Beispiel Lichtveränderungen, die sich im Verlauf von zwölf Stunden abgespielt hatten, in fünfzehn Minuten vorgeführt werden.[181]

Friedrich kannte das Diorama und schuf um 1830 zwei Transparentgemälde: *Gebirgige Flußlandschaft am Morgen / bei Nacht*. Das mit einer Aquarell-Tempera-Mischtechnik angefertigte, auf lichtdurchlässiges Material gemalte Bild ist beidseitig bemalt, und es hängt von der Position der im dunklen Zimmer angebrachten Lichtquelle ab, was der Betrachter gerade sieht. (John Ruskin führte in den 1850er Jahren den Nachweis, dass Turners Farben den natürlichen Anblick nicht verzerrten, son-

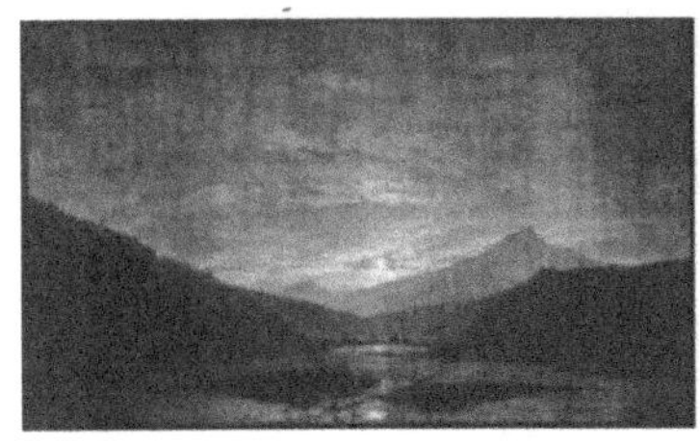
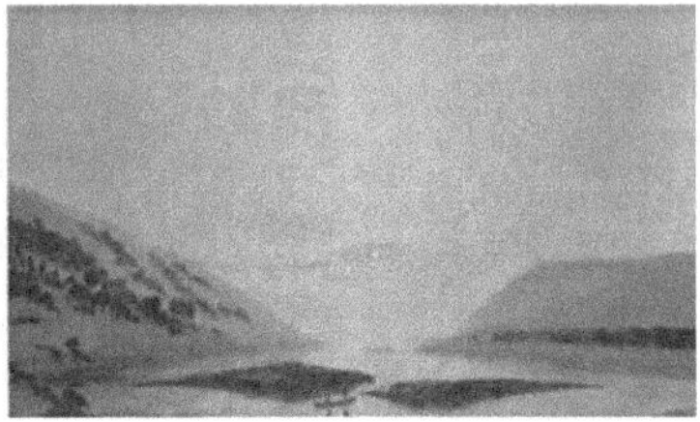

Gebirgige Flusslandschaft am Morgen und bei Nacht, zweiseitig bemalt

dern im Gegenteil höchst getreu wiedergaben, indem er ein dünnes Blatt Papier mit einer Zeichnung in unterschiedlichen Entfernungen vom Fenster und in verschiedenen Winkeln ins Licht hielt. Je nach Stärke des auf das Papier fallenden Lichts sowie des Einfallswinkels verdunkelt sich die weiße Farbe immer mehr und wird zum Himmel gehalten sogar fast ganz schwarz.[182]). Erst kurz zuvor hatte sich August Wilhelm Schlegel in seinem Dialog *Die Gemählde* abschätzig über die Transparentbilder geäußert: Sie seien »keine Kunstwerke, sondern nur eine artige Gaukeley«.[183] Friedrich hingegen leugnete, dass seine Transparentbilder zum Zweck bloßer Unterhaltung entstanden seien: »Man denke sich aber keine Guckkastenbilder.«, schrieb er über sie.[184] Für ihn hatten die Lichtversuche eine metaphysische Bedeutung; gleichzeitig nahm er für diese metaphysisch motivierten Lichtversuche die beliebtesten, optischen Neuerungen in Anspruch.

In den 1820er Jahren erschienen die tragbaren Dioramen für den Heimgebrauch. Zwei Transparentgemälde Friedrichs blieben als Diorama erhalten und befinden sich heute in Kassel. Die eine Seite stellt den morgendlichen, die andere den abendlichen Anblick der Landschaft am Elbufer bei Dresden dar. 1830 schuf er einen neuen, diesmal vierteiligen Zyklus von 89 cm x 66 cm großen, transparenten Bildern, die aber verschollen sind. Dieser Zyklus war für den russischen Thronfolger, den späteren Zaren Alexander II., gedacht. Die Bilder in den eigens dafür angefertigten Kisten kamen 1836 in Petersburg an; die Kisten, in die die Bilder verpackt waren, dienten auch als »Diaprojektor«.[185]

Friedrichs Begleitbrief ist ein wichtiges Zeugnis seines Interesses für die neuen, optischen Medien. Die Umstände der Vorführung waren für ihn genauso wichtig wie das Objekt der gezeigten Anblicke (nämlich die Musik: Eines der Bilder stellte eine Harfe spielende Frau dar, das andere trug den Titel *Traum des Musikers*).* Friedrich schrieb diesem Zyklus große Bedeutung zu; bereits am 9. Februar 1830 teilt er in einem Brief mit, diese »Bilder müssen in Begleitung von Musik gesehen werden. Das erste mit Gesang und Gitarre – das zweite mit Gesang und Harfenklängen – das dritte mit der Glasharmonika – das vierte in Begleitung von fern zu hörender, rauschender Musik.«[186] Fünf Jahre später, am 12. Dezember 1835, spezifiziert er seine Vorstellungen: »Es möchte wohl nötig werden, zuvor die Bilder gezeigt würden, eine oder einige Proben zu machen, damit Musik und Malerei richtig zueinander verhalten und eins das andere unterstütze und all und jedes Geräusch sorgfältig vermieden würde auf den Hörenden und Sehenden. Aber auch nötig wird sein, daß die entfernten Musiker genau und augenblicklich von dem Wechsel der Bilder durch ein Merkmal in Kenntnis gesetzt würden, jedoch so, daß der Beschauer nichts davon merkt.«[187]

* »Die kleine Kiste enthält die vier durchsichtigen Bilder, auf Papier gezeichnet und auf Rahmen gespannt und zu beiden Seiten mit Brettern verwahrt und in Wachsleinwand verwahrt [...] Wenn man zuerst den Schieber F eröffnet und den Deckel X losgeschraubt [...], wird man bald sehen, wie die Bilder aus der Kiste zu heben sind. Die größte von den beiden kleinen Kisten enthält zwei Glaskugeln, die kleinere eine Lampe und einen Klotz. Die Aufstellung der Bilder ist folgende: Um das Bild Nr. 1 zu zeigen, stelle man die Kiste auf ein Gestell oder Tisch [...] und fülle eine der Glaskugeln mit reinem, klarem Wasser [...], hängt oder befestigt dieselbe in das unterste Loch B und rückt beides, Kasten und Gestell, so nahe an ein Fenster, dass die mit Wasser gefüllte Kugel beinah die Fensterscheibe berührt [...] Nun verdecke man das Fenster mit Brettern völlig dicht, um aber ganz sicher zu sein, dass auch nicht der geringste Lichtstrahl ins Zimmer fällt, sondern vollkommene Finsternis in der Stube ist, als nur das, was durch die Glaskugel in den Kasten fällt, verhänge man die Bretter überdies mit dunklen Tüchern. Dann stelle man den Klotz D mit der Lampe [...] in

Eismeer

Neben den Transparentbildern und den Dioramen hat sich Friedrich auch für manches andere interessiert. Ich hatte bereits Stephan Oettermann zitiert, dem beim Bild *Der Wanderer über dem Nebelmeer* aufgefallen war, dass während der Wanderer mit realem Licht beleuchtet ist, der Hintergrund – genauer gesagt der vor dem Wanderer sich öffnende Anblick – mit weichem, diffusem Licht gemalt ist, woraus er folgerte, dass der Wanderer eigentlich inmitten eines Panoramas stehe.[188] Obwohl diese These übertrieben erscheint, ist es nicht unbegründet, im Kontext von Friedrichs Malerei auch die Panoramen zu erwähnen, denn sehr wahrscheinlich hatte auch Friedrich die damals in ganz Deutschland außerordentlich beliebten Panoramen gesehen.

So stellte Johann Carl Enslen 1822 in Dresden sein Panorama *Winteraufenthalt der Nordpol-Expedition* aus, und es ist nicht ausgeschlossen, dass Friedrich gerade unter dessen Einfluss eines seiner bekanntesten Gemälde, *Das Eismeer* (1823–1824), gemalt hatte.* Die »Geschichte« des Anblicks, sofern es eine gibt, ist

den Kasten, [...] schiebe [...] das Bild Nr. 1 in die Rinne E, so dass die mit dünnem Papier überzogene Seite dem Beschauer zugewendet ist. Vor dem Kasten stelle man zwei Stühle in der Entfernung, dass der Beschauer das Bild ruhig übersehen kann. Wenn alles so vorbereitet ist, so lade man den Beschauer ein, sich zu setzen [...] Dann öffne man den Schieber F, und das Bild ist sichtbar [...] [Nachdem auch Bilder 2 und 3 auf diese Weise vorgeführt wurden, ist Bild 4 an der Reihe] [...] so schiebe man das Bild Nr. 4 vor und verschließe das unterste Loch mit dem Kästchen und öffne das oberste Loch, fülle die andere Kugel zur Hälfte mit klarem, blankem Wein, möglichst klarem, und die andere Hälfte mit Wasser und hänge und befestige dieselbe in das oberste Loch, so dass die Kugel möglichst deckt«, 12. Dezember 1835, an Friedrich W. A. Schukowski, in: Hinz (Hrsg.), *Caspar David Friedrich in Briefen und Bekenntnissen*, S. 69 f.

* Johann Carl Enslen (1759–1848) leistete auf dem Gebiet der optischen Medien Pionierarbeit: Seit Juni 1796 organisierte er in Berlin Phantasmagorie-Vorträge, später hielt er Panorama-Vorführungen und war 1839 – noch zu Friedrichs Lebzeiten – unter den ersten, die Photogramme herstellten.

höchst rätselhaft. Erst nach längerer Suche entdeckt man am rechten Rand den halb verdeckten, zertrümmerten Schiffsrumpf. Das erinnert an Breughels Gemälde vom Sturz des Ikarus, in dem die »Hauptfigur« in einem entlegenen Teil des Bildes als Nebenfigur erscheint. Hier ist es der Schiffsrumpf, der gleichsam nebenbei erscheint. Das, was man sehen müsste – die Katastrophe –, wird aus dem Sehfeld verdrängt und sein Platz von etwas anderem eingenommen. Friedrich lässt die gängigen Erwartungen der europäischen Tafelmalerei merklich außer Acht.

Leon Battista Alberti hatte in seiner 1436 verfassten Abhandlung *Über die Malkunst* festgestellt, dass ein Bild eine Handlung (*istoria*) haben müsse, die den dargestellten Figuren Glaubwürdigkeit und Lebendigkeit verleiht und sie so miteinander verbindet, dass sie alle zu Figuren einer gut nachvollziehbaren, auch für den Betrachter verständlichen Geschichte werden. Die traditionelle Tafelbildmalerei hatte sich stets auch daran gehalten; sie stellte Geschichten so dar, dass sie stets einen Hauptstrang und mehrere Nebenstränge hatten, die Geschichte des Bildes also nach den Regeln der »Dramaturgie« aufgebaut war. Während der Betrachter die zentrale Szene beobachtet, sieht er natürlich auch die anderen Details (zum Beispiel wie eine Nebenfigur in der Ecke selbstvergessen mit einem Hund spielt oder wie die Soldaten in der Nähe des gekreuzigten Christus miteinander streiten, usw.), doch lenken ihn diese von der zentralen Szene nicht ab. Im Gegenteil: Die Nebenstränge sind für die Handlung zwar nebensächlich, doch verleihen der Geschichte als Ganzes gerade ihre Festigkeit. Und deshalb ist auch jede noch so nebensächlich anmutende Episode ein wichtiges, unentbehrliches Element der Bildstruktur. Beim *Eismeer* hingegen wird die Geschichte an sich nebensächlich – und damit ist sie auch kein unentbehrlicher Teil der Bildstruktur. Im Kontext einer Schiffskatastrophe hätte jeder die Katastrophe in den Mittelpunkt gestellt, und alle Elemente der Handlung hätten das unterstützt. Bei Friedrich hingegen löst sich die Struktur von der Geschichte und wird »schwebend«, verselbständigt sich.

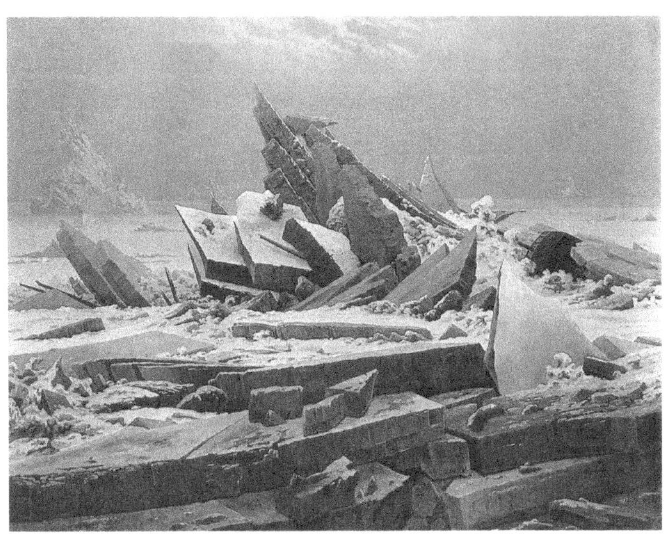

Das Eismeer

Indem er den Schiffsrumpf nicht in den Mittelpunkt stellt, unterminiert Friedrich die narrative Struktur des Bildes. Die Aufmerksamkeit ist nicht auf das Schicksal des Schiffes gerichtet, was zur Folge hat, dass das »Wesentliche«, der Schiffsuntergang, zu etwas Nebensächlichem wird. Die Eisbänke des Eismeeres suggerieren hier nicht, dass sie den Menschen vernichten können, sondern wie belanglos jede menschliche Geschichte an sich ist. Nicht weil sie den Schiffsrumpf zertrümmert haben, sind die Eisbänke erhaben – sie wären genauso erhaben, wenn das Schiff nicht zu sehen wäre. Friedrich zeigt nicht, wie zerbrechlich oder schwach oder klein der Mensch ist – das wäre immer noch eine traditionelle, »anthropozentrische« Geschichte –, sondern wie belanglos es ist, ob es ihn überhaupt gibt oder nicht. Der Mensch ist nicht mehr Herr der Natur, er ist ihr aber auch nicht ausgeliefert. Er ist nur ein Teil von ihr, dem nicht mehr Aufmerksamkeit gebührt als irgendeiner beliebigen Pflanze, einem Tier oder toten Stein.

Das Gemälde strahlt tiefe Ratlosigkeit aus. Doch bezieht sich das nicht auf das Schicksal des Schiffes, sondern auf die Frage, was die Natur denn eigentlich sei. Ist es möglich, sie in ihrer Neutralität zu sehen, sie aus einem nicht menschlichen Blickwinkel zu betrachten? Und überhaupt: Was bleibt von der Natur noch zu sehen, wenn der Mensch in ihr weder Hauptfigur noch Nebenfigur ist? Die Natur zieht sich in die völlige Neutralität zurück. Deshalb ist dieses Gemälde eine Art malerische *ars poetica* Friedrichs: Es verweist auf eine Geschichte, verdeutlicht gleichzeitig aber auch, wie wenig in einem Gemälde die Betonung auf der Geschichte liegt. Friedrich lässt die herauszuschälende Geschichte nicht innerhalb der Bildwelt zu etwas Nebensächlichem werden, die Struktur des Bildes selbst ist es, die sich der Narrativik widersetzt.* Damit bahnt er den Malern des ausgehenden neunzehnten Jahrhunderts (vor allem Cézanne) den Weg.

Das *Eismeer* hält sich noch an die Regeln der Perspektive, doch die Struktur der Klippen verweist bereits auf die kubistische Sprengung des Raumes. Etwas übertrieben ausgedrückt: Die Eisschollen schieben sich so aufeinander, wie sich Friedrichs zwei- oder vierteilige Bilderzyklen aufeinander schieben würden, hätte Friedrich das, was er sonst auf zwei oder vier Bilder aufgeteilt hatte, in einem einzigen Bild malen wollen. Im *Eismeer* ist das Eisfeld explodiert; die eigentliche Kraft des Bildes entspringt aber nicht nur der Darstellung dieses Naturphänomens, sondern auch der Gefahr, die das Gemälde als Ganzes bedroht. Es ist, als wollte das Bild selbst explodieren, um sich aus der Gefangenschaft des Rahmens zu befreien, der es wie ein Bandreif zusammendrückt.

* Runge hatte die Tageszeiten, die die vier Stadien des Lebens und des Universums darstellten, noch auf vier Blätter gemalt. Friedrich hingegen stellt in seinem Bild *Die Lebensstufen* (1834–1835) die verschiedenen Stadien des Lebens in einem einzigen Bild dar, wodurch es den Eindruck einer Art stehenden bewegten Bildes erweckt – oder als hätte er den narrativen Zyklus der Predellen auf den Altarbildern der Frührenaissance in einem einzigen Bild verdichtet.

X. Abschied vom Wanderer

In hypnotischem Zustand

Kehren wir zum Wanderer zurück. Er steht über dem Nebelmeer und betrachtet es. Er scheint alles in die Wolken und den Nebel hineinzulesen, was ihm durch den Kopf schwirrt. Fragte man ihn danach, berichtete er gewiss von den schillerndsten und fantastischsten Visionen. Wie wenn man von seinen Träumen erzählt; nichts ist geschehen und doch ist viel mehr geschehen, als in der Wirklichkeit je hätte geschehen können.

Friedrichs Dresdner Bekannte Gotthilf Heinrich von Schubert veröffentlichte 1814 ein Buch über Träume, worin er in seiner Erörterung des schlafenden Sehens, des sogenannten Somnambulismus, einen ähnlichen Zustand beschreibt. In solchen Momenten verschlägt es uns in nie gesehene Landschaften, schreibt er, »in eine neue und selbsterschaffene Natur, in eine Welt voller Bilder und Gestalten.«[189] Schubert hielt viel vom Somnambulismus, da er dem Menschen ermöglichte, endlich aus seiner sonstigen Isolation herauszutreten[190] und das, was der seinerseits in Dresden tätige Schopenhauer etwa zur gleichen Zeit als *principium individuationis* bezeichnete, aufhörte. (Hatte Schopenhauer die Dresdner Vorträge Schuberts gehört?) Dabei war der Zustand des Somnambulismus für Schubert nicht das Gegenteil der Tagesexistenz, sondern deren Ergänzung: »der eigentliche, vollkommene Somnambulismus hat zugleich einen hellen Ueberblick über das Gebiet des wachen Zustandes [...] Die Seele empfängt bloß im Somnambulismus, wenn die natürliche Isolation aufgehoben worden, die Fähigkeit zu dem gewöhnlichen Kreis der Kräfte, noch einen andern, tiefer liegenden und im jetzigen Zustande für sie meist verlorenen Sinn zu gebrauchen, dessen Gesichts- und Empfindungskreis ein ungleich weiterer ist, als der gewöhnlichen Sinne.«[191]

Diese Worte hätte er auch über den Wanderer im Gemälde *Der Wanderer über dem Nebelmeer* schreiben können. Der Wanderer hat eine Art der Wahrnehmung erlangt, die über den gewöhnlichen Bereich der Sinne hinausweist. Als befände er sich in einem veränderten Bewusstseinszustand. Er ist kein wachsames, souveränes, alles sorgfältig bedenkendes, reflektierendes Individuum, sondern jemand, der sich desto mehr zu Hause fühlt, je vager, verschwommener die »äußere« Welt ist. Nicht umsonst hat er kein Gesicht. So etwas nennt man gewöhnlich romantisch – »das Herz ist satt, die Welt ist leer«, hatte kurz zuvor Novalis geschrieben –, dabei handelt es sich um einen typisch modernen Zustand. Zu Beginn des neunzehnten Jahrhunderts vermehrten sich zunehmend die sich bewegenden und beschleunigenden Anblicke, was durch die ständig neuen Errungenschaften der Technik und die Lebensbedingungen der modernen Großstädte noch weiter gesteigert wurde. Das alles versetzte den Menschen von vornherein in einen Zustand, in dem er mit seinem eigenen »Ich« wettlaufen musste und immer seltener Gelegenheit fand, sich selbst einzuholen. Die daraus resultierende Erschöpfung registrierte die Medizin bereits im neunzehnten Jahrhundert.*

Das bewusste »Tages-Ich« nimmt die unzähligen, einzeln beobachteten Anblicke und Bilder als bruchstückhafte Abdrücke der Tageswelt auf ohne sie zu einem einzigen Ganzen zusammensetzen zu können. In kritischen Situationen kann man auch

* Nachdem 1835 in Bayern der Eisenbahnverkehr aufgenommen worden war, »gab die medizinische Fakultät zu Erlangen das Gutachten ab: die schnelle Bewegung erzeuge [...] Gehirnkrankheiten, schon der bloße Anblick des rasch dahinsausenden Zuges könne dies bewirken, es sei daher zumindest an beiden Seiten des Bahnkörpers eine fünf Fuß hohe Bretterwand zu fordern.« (Egon Friedell, *Kulturgeschichte der Neuzeit*, zit. n. Benjamin, *Das Passagenwerk*, S. 539). Bereits 1862 erschien in London eine Eisenbahn-Anthologie mit dem Titel *The Influence of Railway Travelling on Public Health*. Die Artikel des Bandes beschäftigen sich weniger mit der

in eine Art hypnotischen Zustand geraten, wenn man die vielen äußeren Eindrücke nicht mehr zu verarbeiten vermag und sich gezwungen sieht, von der Tageswelt und damit vom bewussten Ich Abschied zu nehmen.* In der Hypnose erfährt der Ich-Verlust seine Vollendung – zugleich verwandelt sich die Welt in ein einziges riesiges Bild. In einem solchen hypnotischen Zustand steht Friedrichs Wanderer auf der Klippe. (Ohnehin können nur Schlafwandler so sicher auf einem Felsen stehen, auf dem andere im »Wachzustand« gewiss taumeln würden.) Nach seiner Haltung geurteilt scheint dieser Wanderer keinerlei Zweifel an sich zu hegen – und doch hat er sein Ich sichtlich verloren. Zu Recht neigt die Friedrich-Fachliteratur dazu, in ihm den Vertreter des Taumels, des Rausches, der Andacht vor der Natur zu sehen. Daneben muss man aber auch den modernen, mit seinem Ich in Konflikt stehenden Menschen erkennen, für den

Umweltverschmutzung oder den zu erwartenden Unfällen als mit der Wirkung der Eisenbahn auf die Seele – wie sehr die immer neuen, nie zur Ruhe kommenden Eindrücke das Auge und das Gehirn ermüdeten (vgl. Vanessa Schwartz, J. M. Przyblyski (Hrsg.), *The Nineteenth Century Visual Culture Reader*, New York, London 2004, S. 94). 1873 schrieb der deutsche Ökonom Gustav Schmoller: »Wir handeln entschlossener, wie wir intensiver leben, genießen und arbeiten. Schnell muß alles vorwärts gehen. Die Tugend der Präcision ist vielleicht am allermeisten gestiegen [...] Die Eisenbahnen wirken, wie man schon sagt, wie große Nationaluhren [...] Immer hastiger stürzt sich das junge Geschlecht in die Bahn des Lebens [...] Keine Minute verlieren ist die Losung; das ganze Leben gleicht einem rasenden Eisenbahnzug« (zit. n. Siegfried Zielinski, *Audiovisionen. Kino und Fernsehen als Zwischenspiele in der Geschichte*, Reinbek 1989, S. 72). Der Neuropathologe George Beard veröffentlichte 1880 in New York das Buch *American Nervousness, With it's Causes and Consequences* mit dem Untertitel *Nervous Exhaustion, Neurasthenie*. Ein Jahr später erblickte auch eine deutsche Übersetzung das Tageslicht, ihr folgten mehrere Auflagen.

* Der Begriff *Hypnotismus* wurde 1843 vom schottischen Arzt James Braid geprägt. Auf diesen Namen taufte er das Phänomen, das Franz Anton Mesmer 1781 als tierischen Magnetismus bezeichnet hatte (vgl. Léon Chertok, *Hypnose. Theorie, Praxis und Technik eines psychotherapeutischen Verfahrens*, Frankfurt am Main 1984, S. 69).

der hypnotische Zustand nicht nur ein Ausdruck romantischer Andacht, sondern auch eine Begleiterscheinung der ihres Ichs verlustig gegangenen modernen Persönlichkeit ist.

Zu Beginn des neunzehnten Jahrhunderts erhoffte sich Schubert (oder auch Novalis) vom Somnambulismus eine Art mystische Erfüllung, irgendein ganzheitliches Erlebnis. Über etwas anderes hüllten sie sich dagegen in tiefes Schweigen. Hinter dem romantischen Streben nach »Ganzheit«, nach dem »In-Eins-Sehen von allem« erkennt man heute allzu leicht die Angst vor einer »bruchstückhaften«, prosaischen Wirklichkeit. »Die fortschreitende bürgerliche Gesellschaft bedarf ihrer eigenen illusionären Verdeckung, um fortzubestehen«, wird Adorno bezüglich Wagners hypnotisierenden Opern schreiben.[192] Er bezeichnet Wagners Musikdramen auch als »Phantasmagorien« und assoziiert sie somit, ohne gesondert darauf einzugehen, gewollt oder ungewollt mit dieser populären Sehenswürdigkeit der ersten Hälfte des neunzehnten Jahrhunderts. Adorno bringt die Wagnerschen Phantasmagorien mit der kapitalistischen Produktionsweise in Zusammenhang, zu der ihrem Wesen nach auch die Fetischisierung der Ware gehört. Seines Erachtens verwendete Wagner die Logik dieser Produktionsweise, um mit seinen Opern eine hypnotisierende Wirkung zu erzielen: »Zum Traum tendiert die Phantasmagorie nicht bloß als trügende Wunscherfüllung der Käufer, sondern gerade um der Verdeckung der Arbeit willen: sie spiegelt Subjektivität, indem sie dieser das Produkt der eigenen Arbeit vor Augen stellt, ohne daß die Arbeit zu identifizieren wäre. Ohnmächtig begegnet der Träumende dem Bilde seiner selbst wie einem Wunder und verbleibt im unentrinnbaren Zirkel der eigenen Arbeit, als wäre dieser ewig; das Ding, von dem er vergaß, daß er es machte, wird ihm vorgegaukelt als absolute Erscheinung.«[193] Unschwer erkennt man hinter der Sehnsucht nach einer somnambulen, hypnotischen Erfüllung die Selbsttröstung des im vorhin erwähnten Wettlauf fatal abgehängten »Ichs«.

Gesamtkunstwerk

Der visuelle Schock, ausgelöst durch die sich rasant vermehrenden Anblicke, das kaleidoskopische Sehen* in den modernen Großstädten, die Bedrohung des Ichs durch das Nicht-Ich: Die Störungen des seelischen Gleichgewichts nähren sich aus zahlreichen Quellen, ohne dass man eine von ihnen als die entscheidende Ursache hervorheben könnte. Ein Knoten in diesem Netz ist auch die Hypnose. Nicht nur, weil sie in der zweiten Hälfte des neunzehnten Jahrhunderts als Heilmethode eine immer größere Rolle spielt, sondern auch, weil die Anzahl der Werke, denen von ihren Schöpfern eine explizit hypnotisierende Kraft zugedacht wurde, immer größer wird. Das war unverkennbar auch Caspar David Friedrichs Ziel; wie Mark Rothko wäre auch er vermutlich dann am glücklichsten gewesen, wenn sich die Betrachter beim Anblick seiner Gemälde niederknieten und in Tränen ausbrächen. Das bekannteste Beispiel einer Kunst mit hypnotisierender Wirkung war natürlich das Wagnersche Ge-

* 1836, noch zu Friedrichs Lebzeiten, macht der junge Dickens auf ein neues Phänomen aufmerksam, das der junge Marx nicht viel später als Entfremdung bezeichnen wird. Er beschreibt es in seinem Buch *Sketches by Boz* bezüglich der neuen Erfindung des *Omnibus*. Dieser beschleunigte nicht nur die Abfolge der Anblicke auf der Straße, sondern veränderte entscheidend auch das Verhältnis zwischen den Menschen (Fahrgästen). Während die Fahrgäste in den alten Landkutschen lange zusammengesperrt waren und folglich einander kennenlernen, die Schrullen der anderen ertragen, sich ihre Lebensgeschichten anhören mussten, sich gegenseitig aber auch lange Geschichten erzählen konnten, ist so etwas in den modernen Omnibussen, deren Fahrgäste in der Stadt von Haltestelle zu Haltestelle wechseln, unvorstellbar: »Mit einem Omnibus ist es aber etwas ganz anderes; da begegnen Einem bestimmt keine solche Widerwärtigkeiten. Die Passagiere wechseln im Laufe einer Fahrt so oft, als die Figuren in einem Kaleidoskop, und sind sie auch nicht so glänzend, so sind sie doch weit unterhaltender [...] Und lange Geschichten – wie wollte das ein Mensch anstellen, in einem Omnibus eine lange Geschichte zu erzählen?« (Charles Dickens, *Skizzen aus dem Londoner Alltagsleben. Von Boz*, Stuttgart 1842, S. 262.)

samtkunstwerk, dessen Ziel darin bestand, den Rezipienten zu verführen, ins Labyrinth des Werkes zu locken und zu überwältigen, ihm die Möglichkeit nüchterner Abwägung zu nehmen. Bezeichnenderweise ging es Wagner, als er über dieses Thema schrieb, nicht ausschließlich um künstlerische Fragen. In seiner 1849 erschienenen Schrift *Die Kunst und die Revolution* brachte er die Trennung der Kunstgattungen mit dem Zerfall des griechischen Stadtstaates in Zusammenhang, während er seine Idee des Gesamtkunstwerks in seinem programmatischen Entwurf *Die Kunst der Zukunft* (1849) mit einer von ihm als kommunistisch bezeichneten Gesellschaftsutopie verknüpfte. Der Kunst also eine erlösende Rolle zuschrieb. Mit anderen Worten: In seinen Augen erfüllte die Kunst ihre Aufgabe dann, wenn sie auch nicht-künstlerische Aufgaben auf sich nahm. Sie würde dadurch zur Kunst, dass sie Mehr-als-Kunst wäre.

Der Wille zur Erlösung

Mit dem Gedanken der Erlösung knüpften die Romantiker nach eigenem Bekenntnis an die Tradition der Mystik an. Gleichzeitig verfolgten sie mal offen, mal unausgesprochen, auch politische Ziele. Bezüglich der Idee des Gesamtkunstwerks legten sie die gleiche Betonung auf mystische Erfüllung und Ewigkeit wie auf die prosaische Natur der Welt, die durch die Kunst aufgehoben werden soll. So stark wie ihre Bindungen an die Vergangenheit waren, so offenkundig war auch ihre Vorwegnahme Richard Wagners. Und wie für Wagner war auch für die Romantiker nicht die Religion, sondern die Kunst das wichtigste Mittel zur Überwindung der Zerstreutheit. Nicht die Kunst ordneten sie der Religion unter, sondern umgekehrt: die Religion der Kunst. Runge entdeckte die wahrhaftige Gegenwart Gottes im vollkommenen Kunstwerk; K. W. Solger nannte die Kunst Theologie; und August Wilhelm Schlegel hoffte, dass aus der Vereinigung der Künste eine neue Kirche hervorgehen möge: »Und so sollte man die Künste einander nähern und Uebergänge aus einer in die andere suchen. Bildsäulen belebten sich vielleicht zu Gemählden, [...] Gemählde würden zu Gedichten, Gedichte zu Musiken; und wer weiß? So eine feyerliche Kirchenmusik stiege auf einmal wieder als ein Tempel in die Luft.«[194] Das letzte Wort dazu sprach Schopenhauer in seinem Werk *Die Welt als Wille und Vorstellung*, wonach die Kunst kein »Anhängsel« der Kultur, kein isolierter, kleiner Garten sei, sondern ein Werkzeug der Erlösung: Vom Willen gilt es den Menschen zu erlösen.

Wie kann die Kunst die gleiche Wirkung entfalten wie die Religion? Indem sie beim Betrachter ein Gefühl des Taumels, eine hypnotische Wirkung auslöst. Mit Schopenhauers Worten: »Er blickt nun ruhig und lächelnd zurück auf die Gaukelbilder dieser Welt, die einst auch sein Gemüt zu bewegen und zu peinigen vermochten [...] Das Leben und seine Gestalten schweben nur noch vor ihm wie eine flüchtige Erscheinung, wie dem Halberwachten ein leichter Morgentraum, durch den schon die Wirklichkeit durchschimmert, und der nicht mehr täuschen kann.«[195] Bei der Rezeption des Kunstwerks soll gerade das zu nichts zerrinnen, was früher die Bedingung der Rezeption war: die Festigkeit des Ichs. Etwa bis zur Mitte des achtzehnten Jahrhunderts war der wichtigste Aspekt bei der Besprechung eines Gemäldes die Beschreibung und Deutung des Bildes, mit anderen Worten die Formulierung allgemeingültiger Wahrheiten, die für alle Betrachter des Bildes gleichermaßen gültig waren (ein berühmtes Beispiel dafür war Jean-Baptiste Dubos' *Réflexions critiques sur la poésie et sur la peinture*, 1719). Man müsse ein Bild lesen können – und zwar nach einem universellen, allgemein anerkannten Abc. Die individuelle Deutung des Bildes war ein vernachlässigbarer Aspekt, was den Anschein erweckte, als gäbe es – wie Oskar Bätschmann treffend formulierte – gar keinen Betrachter.[196] Seit der Mitte des achtzehnten Jahrhunderts werden jedoch immer häufiger auch individuelle Aspekte und individuelle »Leseweisen« zum Ausdruck gebracht. Das Kunstwerk wird immer mehr dem Betrachter ausgeliefert, der es rezipiert: Dessen individuelle Sichtweise entscheidet darüber, ob es zum Leben erwacht, dessen Seelenbefindlichkeit und Begeisterung, wie sehr es sich zur Ganzheit entfaltet. In seiner Studie *Über den Begriff des in sich selbst Vollendeten* (1785) schreibt Karl Philipp Moritz, dass der wichtigste Wesenszug des Schönen seine Zwecklosigkeit sei, dass der Betrachter den schönen Gegenstand ausschließlich um seiner selbst willen betrachtet. Dabei sieht der Betrachter aber nicht nur von den äußeren Zwecken ab, sondern auch von sich selbst und verliert sich bei völliger Selbstaufgabe im Gegenstand der Betrachtung: »Und eben dies Verlieren, dies Vergessen unserer selbst ist der höchste Grad des reinen und uneigennützigen Vergnügens, welches uns das Schöne gewährt. Wir opfern in dem Augenblick unser individuelles eingeschränktes Dasein einer Art von höherem Dasein auf.«[197] Moritz spricht von »Leerwerden«, was als »Kenose« auch ein beliebter Ausdruck der Gnostiker und Mystiker war. Hier dient es letztlich aber nicht mehr der Vereinigung mit Gott, wie es in der christlichen Mystik noch der Fall gewesen ist, sondern dem ästhetischen Genuss als Selbstzweck, was erst durch das Eintauchen in das Kunstwerk möglich wird.

Neben dem ästhetischen Genuss als Selbstzweck und der Verinnerlichung muss man aber auch noch etwas anderes beachten. Nämlich die Auflösung der Grenzen des Ichs. Indem das moderne Individuum zu sich findet, verschwimmen seine Konturen immer mehr. Das Ich ist, wie es die Psychoanalyse formuliert, nicht mehr Herr im eigenen Haus. Dem geht im neunzehnten Jahrhundert unmittelbar die allgemeine Überzeugung voraus, dass die Persönlichkeit nichts Einheitliches ist, sondern aus Schichten besteht, die sich zueinander sogar antagonistisch verhalten können. Die Geschwindigkeit, eines der allgemeinen Gebote des neunzehnten Jahrhunderts, zielte auf die Überwindung von Raum und Zeit ab. Es beschleunigten sich aber nicht nur die innerweltlichen Abläufe, sondern auch der Wettlauf zwischen dem »Ich« und dem »Anderen«. Immer weniger ist das »Ich« noch in der Lage, sich selbst einzuholen, die Eindrücke zu einer Einheit zu zaubern. Wie ein Kaleidoskop springt es zwischen den Anblicken hin und her. Davon wollen die Werke – Friedrichs Gemälde, Wagners Musikdramen – den Menschen erlösen, indem sie eine betäubende Wirkung auf ihn ausüben. Durch Negierung und Verdrängung heben sie den Abgrund zwischen dem Ich und dem Nicht-Ich aber nicht auf, sondern vertiefen ihn nur noch mehr.

Das Ich und das Nicht-Ich

Caspar David Friedrich starb im Mai 1840. Im Dezember desselben Jahres erschien Edgar Allan Poes Erzählung *Der Mann der Menge* (*The Man in the Crowd*). Sie schildert einen Herbstabend des Erzählers, der in einem Londoner Café sitzt und die Menschenmenge beobachtet, die sich auf dem Bürgersteig dahinwälzt, und deren Anblick ihn geradezu berauscht: »Und das wogende Meer menschlicher Köpfe erfüllte mich daher mit nie gekannten köstlichen Empfindungen.«[198] Als die abendlichen Lichter angehen, macht er sich bereit, sich unter die Fußgänger zu mischen. »Die phantastischen Effekte des Lichts machten, daß einzelne Gesichter mich in ihren Bann zogen; und wiewohl die Flüchtigkeit, mit der die lichtdurchflirrte Menge am Fenster vorüberstob, mich hinderte, mehr als nur einen kurzen Blick auf jedes Gesicht zu werfen, kam es mir doch so vor, als könnte ich in meiner derzeitigen eigentümlichen Gemütsverfassung selbst in jener kurzen Spanne eines Augenblicks oft die Geschichte langer Jahre lesen.«[199] Nur für Sekunden erhellen die Lichter die Gesichter, nur blitzartig tauchen die dahineilenden Menschen aus dem Dunkel auf: Es ist wie eine eigens zu diesem Zweck eingerichtete Attraktion, ein bewegtes Panorama oder ein lebendiges Panoptikum. Und natürlich wirkt es wie ein Kaleidoskop, gleich den Anblicken, die Dickens' Passagiere im Omnibus begegnen. Baudelaire, der diese Erzählung Poes hochgeschätzt hat, bezeichnete den Massenmenschen der Moderne zu Recht als ein mit Bewusstsein begabtes Kaleidoskop, als jemanden, der überall das Gefühl hat, im Mittelpunkt der Welt zu stehen, und sich doch überall vor der Welt verstecken kann: »Der Beobachter ist ein Fürst, der überall sein Inkognito genießt [...] Man kann ihn auch einem Spiegel vergleichen, ebenso ungeheuer wie die Masse selber; einem mit Bewusstsein begabten Kaleidoskop, das bei jedem Schütteln ein vielfaches Leben und den beweglichen Reiz aller Lebenselemente darstellt. Ein Ich, unersättlich des Nicht-Ich, das in jedem Augenblick es in lebendigeren Bildern zurückwirft und wiedergibt, als das unbeständige und flüchtige Leben selbst es könnte.«[200]

Baudelaire registriert eine neue Art paradoxen Bewusstseinszustands, in dem das Ich sein eigenes Fehlen als Erfüllung erlebt. Statt seiner nimmt jener »Andere«, (den Rimbaud an die Stelle des Ichs setzen wird), die Welt wahr. Statt seiner sieht jener; und dem »Ich« bleibt nichts anderes übrig, als zu ertragen, an die Millionen Eindrücke ausgeliefert zu sein, die jener »Andere« verarbeitet. Wer dieser »Andere« ist, weiß man nicht, denn würde man ihn kennen, wäre er nicht mehr der »Andere«. Gerade seine uneinnehmbare Fremdheit macht sein Wesen aus. Deshalb sind auch die von ihm vermittelten Sinneseindrücke in den Mantel der Fremdheit gehüllt. Wie Schopenhauer schreibt: »Mir ist von allen Dingen, meinen eigenen Leib ausgenommen, nur eine Seite bekannt, die der Vorstellung: ihr inneres Wesen bleibt mir verschlossen und ein tiefes Geheimnis.«[201] Dieses tiefe Geheimnis umfasst alles. Nicht nur die unbelebten Dinge, sondern auch die Lebewesen. Vor allem aber die Menschen, denn das Gefühl der Fremdheit der Anderen stellt für alle Menschen die größte Herausforderung dar. Über die Philosophie des Geldes schreibend bemerkt Georg Simmel einmal, dass der Mensch, um das Eingesperrtsein in den Großstädten ertragen zu können, eine Art psychologische Distanzierung entwickelt habe: »Das Aneinander-Gedrängtsein und das bunte Durcheinander des großstädtischen Verkehrs wären ohne [...] psychologische Distanzierung [...] unerträglich.«[202] Heinrich von Kleist beklagt bereits 1801 in Paris die Fremdheit zwischen den Menschen: »Ich gehe durch die langen, krummen, engen, mit Kot oder Staub überdeckten, von tausend widerlichen

Gerüchen duftenden Straßen, an den schmalen, aber hohen Häusern entlang, die sechsfache Stockwerke tragen, gleichsam den Ort zu vervielfachen, ich winde mich durch einen Haufen von Menschen, welche schreien, laufen, keuchen, einander schieben, stoßen und umdrehen, ohne es übelzunehmen, ich sehe jemanden an, er sieht mich wieder an, ich frage ihn ein paar Worte, er antwortet mir höflich, ich werde warm, er ennuyiert sich, wir sind einander herzlich satt, er empfiehlt sich, ich verbeuge mich, und wir haben uns beide vergessen, sobald wir um die Ecke sind.«[203] Die psychologische Distanzierung, die Simmel beschreibt, übt man aber nicht nur anderen, sondern auch sich selbst gegenüber aus. Um sich mit dem Nicht-Ich, das seinen Platz eingenommen hat, irgendwie zu versöhnen, sieht sich das »Ich« gezwungen, auch zu sich selbst Distanz zu halten. Ja, die Wahrnehmung des »Nicht-Ichs«, des »Anderen«, ist an sich schon ein Symptom dieser inneren Distanzierung. Seinen vorherigen Gedankengang setzt Kleist so fort: »Geschwind gehe ich nach dem Louvre und erwärme mich an dem Marmor, an dem Apoll vom Belvedere, an der mediceischen Venus, oder trete vor das herrliche niederländische Tableau, wo der Sauhirt den Ulysses ausschimpft.«[204] Er flüchtet sich vor dem Leben in die Kunst – und findet in etwas zu sich, worin er sich selbst vergessend am ehesten aufgehen kann.

Gehen wir weiter

Werfen wir zum letzten Mal einen Blick auf Friedrichs Wanderer. Er steht mit dem Rücken zum Betrachter da. Doch was sähen wir, wenn er sich umdrehte? Hätte er überhaupt ein Gesicht? Könnte es nicht sein, dass er von vorne genauso aussieht wie von hinten? René Magritte würde ihn wohl so malen, dass er auch vor einem Spiegel stehend nur seinen eigenen Rücken erblickte. So, von hinten, können wir auf seine Persönlichkeit, auf das, was er sein eigenes Ich nennen würde, nur schließen. Friedrich lässt dieses Ich nicht sehen. Ja, er positioniert den

Wanderer derart betont mit dem Rücken zum Betrachter, dass er damit auch zu sagen scheint: Man suche gar nicht erst nach dem Ich dieses ansonsten lebenden, lebendigen Wanderers. Man kann viel über ihn sagen, kann über das, was er sieht und wie er sieht, sogar ein Buch mit dem Titel *Der Maler und der Wanderer* schreiben. Seinem Ich nahezukommen vermag man dennoch nicht. Nicht, weil er daraus ein Geheimnis machte oder uns absichtlich irreführen wollte. Und auch nicht, weil er sich eine Maske aufgesetzt hätte. Sondern weil er kein gefasstes, einheitliches Ich hat, in dem klassischen Sinn wie es die europäische Tradition bis zum Beginn des neunzehnten Jahrhunderts stets angenommen hat. Was er als sein Ich bezeichnen würde, gleicht einem Mosaik: Es besteht aus unzähligen winzigen Teilen, die alle wie ein Ich wirken, ohne dass irgendeines von ihnen für sich beanspruchen könnte, ein vollständiges Ich-Bild zu sein.

Wer ist er also? Woher kam er und wohin wird er von hier gehen, der Wanderer, der reglos auf einem soeben bestiegenen Felsgipfel steht, einem Felsen gleich, als wäre er selbst zu Stein erstarrt, und der in das vor seinen Füßen liegende Nebelmeer blickt? Sein Äußeres lässt keinen Zweifel daran, dass er kein Einheimischer ist. Sein gerader Wanderstab stammt nicht aus einem nahegelegenen Wald, sondern wurde von einem Tischlermeister gedrechselt, in einer fernen Stadt, wie auch seine Kleider von einem städtischen Schneider geschneidert, seine Schuhe von einem städtischen Schuster genäht und seine Haare…

Abbildungsverzeichnis

Étienne-Louis Boullée: *Entwurf eines Kenotaphs für Isaac Newton*, 1784, Zeichnung, Bibliothèque Nationale, Paris, S. 113.
Dziga Vertov: *Der Mann mit der Kamera*, 1929, Standfoto, S. 142.
Buster Keaton: *Der Kameramann*, 1928, Standfoto, S. 143.
Caspar David Friedrich: *Gebirgige Flusslandschaft am Morgen und bei Nacht, zweiseitig bemalt*, 1830–1835, Transparentpapier, 74 x 124 cm, Staatliche Kunstsammlung, Hamburg, S. 158.
Caspar David Friedrich: *Das Eismeer*, 1823–1824, Öl auf Leinwand, 97 x 127 cm, Kunsthalle, Hamburg, S. 162.

Literatur

Adorno, Theodor Wiesengrund, *Versuch über Wagner*, Frankfurt am Main 1952.
Arnim, Achim von, *Die Kronenwächter*, in: ders., *Sämtliche Romane und Erzählungen*, Bd. 1, München 1962.
Aschoff, Volker, *Geschichte der Nachrichtentechnik*, Berlin, Heidelberg u. a. 1984.
Atterbom, P. D. A., *Aufzeichnungen des schwedischen Dichters P. D. A. Atterbom über berühmte Männer und Frauen nebst Reiseerinnerungen aus Deutschland und Italien aus den Jahren 1817–1819*, Berlin 1867.
Augustinus, *Vallomások*, Budapest 1982.
Ball, Hugo, *Die Flucht aus der Zeit*, München, Leipzig 1927.
Barthes, Roland, *Der Eiffelturm*, Frankfurt am Main 2015.
Bätschmann, Oskar, »Pygmalion als Betrachter. Die Rezeption von Plastik und Malerei in der zweiten Hälfte des 18. Jahrhunderts«, in: Wolfgang Kemp (Hrsg.), *Der Betrachter ist im Bild. Kunstwissenschaft und Rezeptionsästhetik*, Berlin 1992, S. 237–278.
Baudelaire, Charles, *Baudelaire 1848: Gedichte der Revolution*, hrsg. v. Oskar Sahlberg, Berlin 1977.
– *Le Peintre de la vie moderne*, in: ders., *Œuvres complètes*, Bd. 2, Paris 1976.
Baudrillard, Jean, *Das perfekte Verbrechen*, München 1996.
– *Warum ist nicht alles schon verschwunden?*, Berlin 2008.
Belting, Hans, *Das unsichtbare Meisterwerk*, München 1998.
– *Das echte Bild. Bildfragen und Glaubensfragen*, München 2005.
Benjamin, Walter, *Das Passagenwerk*, Frankfurt am Main 1991.
Benz, Richard, *Die deutsche Romantik*, Leipzig 1937.
Bexte, Peter, »›I see, I am blind‹ – befleckte Formen der Wahrnehmung«, in: *Trajekte* 11 (September 2005), S. 35–41.

Blumenberg, Hans, *Die Genesis der kopernikanischen Welt*, Frankfurt am Main 1981.

Boehm, Gottfried, *Studien zur Perspektivität. Philosophie und Kunst in der frühen Neuzeit*, Heidelberg 1969.

Böhme, Jakob, *Von der Menschwerdung Jesu Christi*, Frankfurt am Main, Leipzig 1995.

Boisserée, Sulpiz, *Briefwechsel, Tagebücher*, Bd. 1, Stuttgart 1862.

Borcherdt, Hans Heinrich, *Schiller und die Romantiker. Briefe und Dokumente*, Stuttgart 1948.

Börsch-Supan, Helmut; Jähnig, Karl Wilhelm, *Caspar David Friedrich. Gemälde, Druckgraphik und bildmäßige Zeichnungen*, München 1973.

Boullée, Étienne-Louis, *Architektur. Abhandlung über die Kunst*, Zürich, München 1987.

Brentano, Clemens, *Werke*, Bd. 1–4, hrsg. v. Friedhelm Kemp, München 1963–1968.

Brion, Marcel, »Caspar David Friedrich, der Begründer der tragischen Landschaftsmalerei«, in: *Caspar David Friedrich. Linien und Transparenz*, Paris 1984, S. 58–105.

Bryson, Norman, *Word and Image. French Painting of the Ancien Regime*, Cambridge 1995.

Busch, Werner, »Der Berg als Gegenstand von Naturwissenschaft und Kunst. Zu Goethes geologischem Begriff«, in: Sabine Schulze (Hrsg.), *Goethe und die Kunst*, Stuttgart 1994, S. 485–497.

– »Die Ordnung im Flüchtigen – Wolkenstudien der Goethezeit«, in: Sabine Schulze (Hrsg.), *Goethe und die Kunst*, Stuttgart 1994, S. 519–527.

– »Caspar David Friedrichs ›Tetschener Altar‹«, in: Marek Siemek (Hrsg.), *Natur, Kunst, Freiheit. Deutsche Klassik und Romantik aus gegenwärtiger Sicht*, Amsterdam 1998, S. 263–280.

Büttner, Frank, »Abwehr der Romantik«, in: Sabine Schulze (Hrsg.), *Goethe und die Kunst*, Stuttgart 1994, S. 456–467.

Carus, Carl Gustav, *Reisen und Briefe*, Bd. 1–3, Leipzig 1915.

Chertok, Léon, *Hypnose. Theorie, Praxis und Technik eines psychotherapeutischen Verfahrens*, Frankfurt am Main 1984.

Crary, Jonathan, *Techniken des Betrachters. Sehen und Moderne im 19. Jahrhundert*, Dresden, Basel 1996.

Dahlhaus, Carl, *Die Idee der absoluten Musik*, Kassel 1978.

Damisch, Hubert, *Theorie der Wolke. Für eine Geschichte der Malerei*, Zürich, Berlin 2013.

D'Annunzio, Gabriele, *Vielleicht – vielleicht auch nicht*, München 1989.

Dewitz, Bodo von; Nekes, Werner, *Ich sehe was, was Du nicht siehst. Sehmaschinen und Bilderwelten. Die Sammlung Werner Nekes*, Göttingen 2002.

Dickens, Charles, *Skizzen aus dem Londoner Alltagsleben*. Von Boz, Stuttgart 1842.
Ebel, Johann Gottfried, *Anleitung auf die nützlichste und genussvollste Art in der Schweitz zu reisen*, Zürich 1793.
Eimer, Gerhard, *Caspar David Friedrich. Auge und Landschaft*, Frankfurt am Main 1980.
Einem, Herbert von, *Caspar David Friedrich*, Berlin 1938.
Fiedler, Konrad, »Theorie der Sichtbarkeit«, in: Ralf Konersmann (Hrsg.), *Kritik des Sehens*, Leipzig 1997, S. 202–219.
Fiege, Gottlob, *Caspar David Friedrich*, Hamburg 1981.
Földényi, László F., *Newtons Traum. Blakes Newton*, Berlin 2005.
Forster, Georg, *Ansichten vom Niederrhein*, in: ders., *Werke in vier Bänden*, Bd. 2, Leipzig 1971.
– *Parisische Umrisse*, in: ders., *Werke in vier Bänden*, Bd. 3, Leipzig 1971.
Frank, Hilmar, *Aussichten ins Unermessliche: Perspektivität und Sinnoffenheit bei Caspar David Friedrich*, Berlin 2004.
Gilpin, William, *Remarks on Forest Scenery and Other Woodland Views*, Bd. 2, Edinburgh 1834.
Goethe, Johann Wolfgang, *Aus meinem Leben. Dichtung und Wahrheit*, in: ders., *Goethes Werke. Hamburger Ausgabe*, Bd. 9, Hamburg 1958 ff.
– *Briefe. Hamburger Ausgabe in vier Bänden*, Bd. 3, München 1965.
Gombrich, Ernst, *Kunst und Illusion*, Stuttgart, Zürich 1978.
Grave, Johannes, »›Die Gegenwart erhellet die Vorzeit.‹ Caspar David Friedrich zu Goethes ›Ruysdael als Dichter‹«, in: *Jahrbuch des Freien Deutschen Hochstifts* (2003), S. 208–226.
– »Amor als romantischer Landschaftsmaler? Nebel und Schleier bei Goethe und Caspar David Friedrich«, in: *Zeitschrift für Kunstgeschichte* 69 (2006), S. 393–401.
Greenberg, Clement, »Zu einem neueren Laokoon«, in: ders., *Die Essenz der Moderne. Ausgewählte Essays und Kritiken*, hrsg. v. Karlheinz Lüdeking, Dresden 1997, S. 56–81.
Grimm, Jacob und Wilhelm, *Über das Deutsche*, Leipzig 1986.
Guillaud, Maurice, »Caspar Davids Theater«, in: *Caspar David Friedrich. Linien und Transparenz*, Paris 1984, S. 13–28.
Hartlaub, F. G., »C. D. Friedrichs Melancholie«, in: *Zeitschrift des deutschen Vereins für Kunstwissenschaft* 8 (1941).
Heine, Heinrich, *Über Deutschland*, in: ders., *Ausgewählte Werke*, Bd. 4, Berlin 2019.
Hinz, Sigrid (Hrsg.), *Caspar David Friedrich in Briefen und Bekenntnissen*, München 1968.
Humboldt, Alexander von, *Die Wiederentdeckung der Neuen Welt*, Berlin 1989.

Jay, Martin, *Downcast Eyes. The Denigration of Vision in Twentieth-Century French Thought*, Berkeley 1994.
Jean Paul, *Leben des Quintus Fixlein*, in: ders., *Werke*, Bd. 4, München 1959–1963.
– *Siebenkäs*, in: ders., *Werke*, Bd. 2, München 1959–1963.
– *Des Luftschiffers Giannozzo Sehbuch*, in: ders., *Werke*, Bd. 3, München 1959–1963.
Jonas, Hans, »Der Adel des Sehens«, in: Ralf Konersmann (Hrsg.), *Kritik des Sehens*, Leipzig 1997, S. 247–271.
Kafka, Franz, *Gespräch mit dem Beter*, in: ders., *Kritische Ausgabe. Drucke zu Lebzeiten*, Frankfurt am Main 2002.
Kemp, Wolfgang (Hrsg.), *Der Betrachter ist im Bild. Kunstwissenschaft und Rezeptionsästhetik*, Berlin 1992.
Kittler, Friedrich, *Optische Medien: Berliner Vorlesungen 1999*, Berlin 2002.
Kleist, Heinrich von, *Sämtliche Werke und Briefe*, hrsg. v. Helmut Sembdner, München 1952[9].
Kluckhohn, Paul, *Die deutsche Romantik*, Bielefeld, Leipzig 1924.
Koestler, Arthur, *The Act of Creation*, New York 1984.
Koerner, Joseph Leo, *Caspar David Friedrich and the Subject of Landscape*, London 2009.
Kolta, Magdolna, *Képmutogatók. A fotográfiai látás kultúrtörténete*, Budapest 2003.
Konersmann, Ralf (Hrsg.), *Kritik des Sehens*, Leipzig 1997.
– »Die Augen der Philosophen. Zur historischen Semantik und Kritik des Sehens«, in: ders. (Hrsg.), *Kritik des Sehens*, Leipzig 1997, S. 9–47.
Kosegarten, Ludwig Theobul, *Briefe eines Schiffbrüchigen*, in: ders., *Rhapsodien*, Bd. 2, Leipzig 1790.
Kues, Nikolaus von, *De visione Dei – Die Gottes-Schau*, in: ders., *Philosophisch-Theologische Schriften*, Bd. 3, Wien 1989.
Lacan, Jacques, *Les quatre concepts fondamentaux de la psychoanalyse*, Paris 1973.
Langen, August, »Zur Lichtsymbolik in der deutschen Romantik«, in: ders., *Gesammelte Studien zur neueren deutschen Sprache und Literatur*, Berlin 1978, S. 238–273.
Lankheit, Klaus, »Die Frühromantik und die Grundlagen der ›gegenstandslosen Malerei‹«, in: *Neue Heidelberger Jahrbücher* (1951), S. 55–90.
Lautréamont, *Die Gesänge des Maldoror*, Reinbek 1996.
Lingner, Michael, »Die Musikalisierung der Malerei bei Ph. O. Runge. Zur Vorgeschichte der Vergeistigung von Kunst«, in: *Zeitschrift für Ästhetik und allgemeine Kunstwissenschaft*, 24/1 (1979).
Malewitsch, Kasimir, *Die gegenstandslose Welt*, Mainz, Berlin 1980.

Mathieu, Stella Wega (Hrsg.), *Philipp Otto Runge. Leben und Werk in Daten und Bildern*, Frankfurt am Main 1977.

Matzner, Johanna, *Die Landschaft in Ludwig Tiecks Roman »Franz Sternbalds Wanderungen«*, Heidelberg 1971.

Merleau-Ponty, Maurice, »Das Kino und die neue Psychologie«, in: Ralf Konersmann (Hrsg.), *Kritik des Sehens*, Leipzig 1997, S. 227–246.

– *Das Sichtbare und das Unsichtbare*, München 1994.

Mirzoeff, Nicholas (Hrsg.), *The Visual Culture Reader*, London, New York 2002.

Mitchell, W. J. T., *Iconology. Image, Text, Ideology*, Chicago, London 1986.

– *Picture Theory. Essays on Verbal and Visual Representation*, Chicago 1995.

– »Showing Seeing. A Critique of Visual Culture«, in: Nicholas Mirzoeff (Hrsg.), *The Visual Culture Reader*, London, New York 2002, S. 86–101.

Moritz, Karl Philipp, *Werke in zwei Bänden*, Berlin, Weimar 1973.

Mosley, David L., »The Material Thinking of Caspar David Friedrich and Gustav Mahler«, in: *Interdisciplinary Humanities* 27/1 (2010), S. 99–111.

Müller, Adam, *Etwas über Landschaftsmalerey*, in: ders., *Adam Müllers vermischte Schriften über Staat, Philosophie und Kunst*, Bd. 1–2, Wien 1812.

Neidhardt, Hans Joachim, »Caspar David Friedrich und sein Kreis«, in: *Caspar David Friedrich und sein Kreis. Ausstellung im Nationalmuseum für moderne Kunst. Katalog*, Tokyo 1978, S. 26–34.

Nietzsche, Friedrich, *Sämtliche Werke. Kritische Studienausgabe 1–15*, hrsg. v. Giorgio Colli und Mazziono Montinari, München 1980.

Novalis, *Schriften 1–5*, hrsg. v. P. Kluckhohn u. a., Stuttgart 1960–1988.

Oettermann, Stephan, *Das Panorama. Die Geschichte eines Massenmediums*, Frankfurt am Main 1980.

Ohara, Mayumi, »Über das sog. ›Große Gehege‹ Caspar David Friedrichs«, in: *Zeitschrift für Kunstgeschichte* 47 (1984), S. 100–117.

Oken, Lorenz, *Lehrbuch des Systems der Naturphilosophie*, Jena 1809.

Pérez-Gómez, Alberto; Pelletier, Louise, *Architectural Representation and the Perspective Hinge*, Cambridge, Massachusetts u. a. 1997.

Pergande, Frank, »Licht im Nebel. Endlich wissen wir, wer der ›Wanderer über dem Nebelmeer‹ auf Caspar David Friedrichs Gemälde ist«, *FAZ Magazin* (April 2020), S. 70–71.

Petrarca, Francesco, *Die Besteigung des Mont Ventoux*, Stuttgart 1995.

Poe, Edgar Allen, *Ausgewählte Werke in drei Bänden*, Leipzig 1989.

Richter, Ludwig, *Lebenserinnerungen eines deutschen Malers*, Leipzig 1909.

Rosenblum, Robert, *Transformation in Late Eighteenth Century Art*, Princeton 1969.

Rotman, Brian, *Die Null und das Nichts. Eine Semiotik des Nullpunkts*, Berlin 2000.

Runge, Philipp Otto, *Hinterlassene Schriften I–II*, Göttingen 1965.

Ruskin, John, *Moderne Maler*, Bd. 4, in: ders., *John Ruskin. Ausgewählte Werke in vollständiger Übersetzung*, Bd. 14, Leipzig 1903.

– *Grundlagen des Zeichnens*, Mainz 2019.

Safranski, Rüdiger, *Schopenhauer und die wilden Jahre der Philosophie*, München 1987.

Sauerländer, Willibald, »The Artist Historian. Meyer Schapiro«, in: *The New York Review of Books* (June 28, 2007).

Schelling, Friedrich Wilhelm Joseph, *Philosophie der Kunst*, in: ders., *Sämtliche Werke*, Abt. 1, Bd. 5, Stuttgart 1859.

Schivelbusch, Wolfgang, *Geschichte der Eisenbahnreise*, Frankfurt am Main 2004.

Schlegel, August Wilhelm, *Über Literatur, Kunst und Geist des Zeitalters*, Stuttgart 1964.

– *Die Gemählde. Gespräch*, Dresden 1996.

Schopenhauer, Arthur, *Reisetagebücher aus den Jahren 1803–1804*, hrsg. v. Charlotte von Gwinner, Leipzig 1923.

– *Gespräche*, hrsg. v. Arthur Hübscher, Stuttgart, Bad Cannstatt 1971.

– *Die Welt als Wille und Vorstellung*, in: ders., *Sämtliche Werke*, Bd. 1–2, Frankfurt am Main 1986.

– *Über das Sehn und die Farben*, in: ders., *Sämtliche Werke*, Bd. 3, Frankfurt am Main 1986.

– *Schriften über die Musik*, hrsg. v. Karl Stabenow, Hamburg 2013.

Schorn, Ludwig, »Ueber die diesjährige Kunstausstellung in Dresden«, in: *Morgenblatt für gebildete Stände, Beilage Kunst-Blatt* (23. November – 4. Dezember 1820), S. 373–387.

Schubert, Gotthilf Heinrich von, *Die Symbolik des Traumes*, Nachdruck der Ausgabe Bamberg 1814, 1993.

– *Ansichten von der Nachtseite der Naturwissenschaft,* Nachdruck der Ausgabe Dresden 1808, 1994.

– *Der Erwerb aus einem vergangenen und die Erwartungen von einem zukünftigen Leben. Eine Selbstbiographie*, Abt. 1, Bd. 2, Erlangen 1855.

Schulze, Sabine (Hrsg.), *Goethe und die Kunst*, Stuttgart 1994.

Schwartz, Vanessa; Przyblyski, J. M. (Hrsg.), *The Nineteenth Century Visual Culture Reader*, New York, London 2004.

Schwitters, Kurt, *Das literarische Werk*, Bd. 5, Köln 1981.

Sembdner, Helmut (Hrsg.), *Heinrich von Kleists Lebensspuren*, München 1996.

Simon, Holger, »Bildtheoretische Grundlagen des neuzeitlichen Bildes bei Nikolaus von Kues«, in: *Concilium medii nevi* 7 (2004), S. 45–76.

Steinmüller, Gerd, »Caspar David Friedrich audiovisuell«, in: *Magazin für Theologie und Ästhetik* 22 (2003).

Stelzer, Otto, *Goethe und die bildende Kunst*, Braunschweig 1949.

Stoichita, Victor J., *Das mystische Auge. Vision und Malerei im Spanien des Goldenen Zeitalters*, München 1997.

Sumowski, Werner, *Caspar-David-Friedrich-Studien*, Wiesbaden 1970.

Taylor, Charles, *Quellen des Selbst. Die Entstehung der neuzeitlichen Identität*, Frankfurt am Main 1994.

Tieck, Ludwig, *Franz Sternbalds Wanderungen*, in: ders., *Werke in vier Bänden*, Bd. 1, München 1963.

Vaisse, Pierre, »Friedrich und wir«, in: *Caspar David Friedrich. Linien und Transparenz*, Paris 1984, S. 28–50.

Verwiebe, Birgit, *Lichtspiele. Vom Mondscheintransparent zum Diorama*, Stuttgart 1997.

Virilio, Paul, *Die Sehmaschine*, Berlin 1989.

Vogel, Juliane, »Luftkugel und fliegendes Auge. Des Luftschiffers Giannozzo Sehbuch«, in: Ulricht Stadler, Karl Wagner (Hrsg.), *Schaulust. Heimliche und verpönte Blicke in Literatur und Kunst*, München 2005, S. 55–72.

Weisrock, Katharina, *Götterblick und Zaubermacht. Auge, Blick und Wahrnehmung in Aufklärung und Romantik*, Opladen 1990.

Wilenski, R. H., *Modern francia festők*, Budapest 1972.

Wordsworth, William, *Präludium oder Das Reifen eines Dichtergeistes*, Stuttgart 1974.

Zielinski, Siegfried, *Audiovisionen. Kino und Fernsehen als Zwischenspiele in der Geschichte*, Reinbek 1989.

Ziolkowski, Theodore, »Bild als Entgegnung. Goethe, Caspar David Friedrich und der Streit um die romantische Malerei«, in: *Akten des VII. Internationalen Germanisten Kongresses*, Tübingen 1986, S. 201–208.

– *Stages of European Romanticism*, Rochester, New York 2018.

Zschoche, Herrmann, *Caspar David Friedrichs Rügen. Eine Spurensuche*, Dresden 2007.

Anmerkungen

1 Arthur Schopenhauer, *Die Welt als Wille und Vorstellung*, in: ders., *Sämtliche Werke*, Bd. 2, Frankfurt am Main 1986, S. 520.

2 Arthur Schopenhauer, *Reisetagebücher aus den Jahren 1803–1804*, hrsg. v. Charlotte von Gwinner, Leipzig 1923, S. 225 f.

3 Achim von Arnim, *Die Kronenwächter*, in: ders., *Sämtliche Romane und Erzählungen*, Bd. 1, München 1962, S. 287.

4 Zit. n. Rüdiger Safranski, *Schopenhauer und die wilden Jahre der Philosophie*, München 1987, S. 161.

5 Vgl. F. G. Hartlaub, »C. D. Friedrichs Melancholie«, in: *Zeitschrift des deutschen Vereins für Kunstwissenschaft* 8 (1941), S. 272.

6 Francesco Petrarca, *Die Besteigung des Mont Ventoux*, übersetzt v. Kurt Steinmann, Stuttgart 1995, S. 17.

7 Gottfried Boehm, *Studien zur Perspektivität. Philosophie und Kunst in der frühen Neuzeit*, Heidelberg 1969, S. 62.

8 Charles Taylor, *Quellen des Selbst. Die Entstehung der neuzeitlichen Identität*, Frankfurt am Main 1994, S. 612 f.

9 Louis Ramond de Carbonnières, *Reise nach den höchsten französischen und spanischen Pyrenäen*, 1789; Originaltitel: *Observations faites dans les Pyrénées, pour servir de suite à des observations sur les Alpes*, zit. nach: ebd.

10 Gotthilf Heinrich von Schubert, *Die Symbolik des Traumes*, Nachdruck der Ausgabe Bamberg, 1814, 1993, S. 155.

11 Alexander von Humboldt, *Die Wiederentdeckung der Neuen Welt*, Berlin 1989, S. 290 f.

12 Schopenhauer, *Reisetagebücher aus den Jahren 1803–1804*, S. 298.

13 Jean Paul, *Siebenkäs*, in: ders., *Werke*, Bd. 2, München 1959–1963, S. 266.

14 Johann Gottfried Ebel, *Anleitung auf die nützlichste und genussvollste Art in der Schweitz zu reisen*, Zürich 1793, S. 170.

15 Ebd., S. 9.

16 Alberto Pérez-Gomez, Louise Pelletier, *Architectural Representation and the Perspective Hinge*, Cambridge, Massachusetts u. a. 1997, S. 74.

17 Sigrid Hinz (Hrsg.), *Caspar David Friedrich in Briefen und Bekenntnissen*, München 1968, S. 133.

18 Börsch-Supan, Helmut; Jähnig, Karl Wilhelm, *Caspar David Friedrich. Gemälde, Druckgraphik und bildmäßige Zeichnungen*, München 1973, S. 286.

19 Zit. n. Herrmann Zschoche, *Caspar David Friedrichs Rügen. Eine Spurensuche*, Dresden 2007, S. 39.

20 Gerhard Eimer, *Caspar David Friedrich. Auge und Landschaft*, Frankfurt am Main 1980, S. 167.

21 P. D. A. Atterbom, *Aufzeichnungen des schwedischen Dichters P. D. A. Atterbom über berühmte Männer und Frauen nebst Reiseerinnerungen aus Deutschland und Italien aus den Jahren 1817–1819*, Berlin 1867, S. 93.

22 Hubert Damisch, *Theorie der Wolke. Für eine Geschichte der Malerei*, Zürich, Berlin 2013, S. 149.

23 Werner Busch, »Die Ordnung im Flüchtigen – Wolkenstudien der

Goethezeit«, in: Sabine Schulze (Hrsg.), *Goethe und die Kunst*, Stuttgart 1994, S. 519–527, hier S. 520.

24 Vgl. ebd., S. 522.

25 Zit. n. Johanna Matzner, *Die Landschaft in Ludwig Tiecks Roman »Franz Sternbalds Wanderungen«*, Heidelberg 1971, S. 78 f.

26 Sulpiz Boisserée, *Briefwechsel, Tagebücher*, Bd. 1, Stuttgart 1862, S. 276.

27 Zit. n. W. Busch, S. 538.

28 Friedrich Nietzsche, *Sämtliche Werke. Kritische Studienausgabe 1–15*, Bd. 5, hrsg. v. Giorgio Colli und Mazziono Montinari, München 1980, S. 185.

29 Vgl. Theodore Ziolkowski, »Bild als Entgegnung. Goethe, Caspar David Friedrich und der Streit um die romantische Malerei«, in: Akten des VII. Internationalen Germanisten Kongresses, Tübingen 1986, S. 201–208; Johannes Grave, »›Die Gegenwart erhellet die Vorzeit.‹ Caspar David Friedrich zu Goethes ›Ruysdael als Dichter‹«, in: *Jahrbuch des Freien Deutschen Hochstifts* (2003), S. 208–226, hier S. 213.

30 Nietzsche, *Sämtliche Werke*, Bd. 5, S. 357.

31 Gotthilf Heinrich von Schubert, *Ansichten von der Nachtseite der Naturwissenschaft*, Nachdruck der Ausgabe Dresden, 1808, 1994, S. 11.

32 Arthur Schopenhauer, *Gespräche*, hrsg. v. Arthur Hübscher, Stuttgart-Bad Cannstatt 1971, S. 31.

33 Arthur Schopenhauer, *Die Welt als Wille und Vorstellung*, in: ders., *Sämtliche Werke*, Bd. 1, Frankfurt am Main 1986, S. 260.

34 Vgl. Johannes Grave, »Amor als romantischer Landschaftsmaler? Nebel und Schleier bei Goethe und Caspar David Friedrich«, in: *Zeitschrift für Kunstgeschichte* 69 (2006), S. 393–401, hier S. 393.

35 Norman Bryson, *Word and Image. French Painting of the Ancien Regime*, Cambridge 1995, S. 95.

36 László F. Földényi, *Newtons Traum. Blakes Newton*, Berlin 2005. S. 87.

37 John Ruskin, *Moderne Maler*, Bd. 4, in: *John Ruskin. Ausgewählte Werke in vollständiger Übersetzung*, Bd. 14, Leipzig 1903, S. 73.

38 Ebd., S. 78.

39 Franz Kafka, *Gespräch mit dem Beter*, in: ders., *Kritische Ausgabe. Drucke zu Lebzeiten*, Frankfurt am Main 2002, S. 390.

40 Vgl. W. J. T. Mitchell, *Iconology. Image, Text, Ideology*, Chicago, London 1986, S. 166.

41 Ebd.

42 Kurt Schwitters, *Das literarische Werk*, Bd. 5, Köln 1981, S. 187.

43 Zit. n. Maurice Merleau-Ponty, *Das Kino und die neue Psychologie*, in: Ralf Konersmann (Hrsg.), *Kritik des Sehens*, Leipzig 1997, S. 227–246, hier S. 230.

44 Arthur Schopenhauer, *Über das Sehn und die Farben*, in: ders., *Sämtliche Werke*, Bd. 3, Frankfurt am Main 1986, S. 206.
45 John Ruskin, *Grundlagen des Zeichnens*, Mainz 2019, S. 17.
46 Konersmann (Hrsg.), *Kritik des Sehens*, S. 218.
47 Clement Greenberg, »Zu einem neueren Laokoon«, in: Karlheinz Lüdeking (Hrsg.), *Die Essenz der Moderne. Ausgewählte Essays und Kritiken*, Dresden 1997, S. 34.
48 Ebd., S. 66.
49 Belting, 1998, S. 425.
50 Zit. n. Carl Dahlhaus, *Die Idee der absoluten Musik*, Kassel 1978, S. 22.
51 Ludwig Tieck, *Franz Sternbalds Wanderungen*, in: ders., *Werke in vier Bänden*, Bd. 1, München 1963, S. 894.
52 Ebd., S. 888.
53 Ebd., S. 907.
54 Ebd., S. 777.
55 Ebd., S. 928.
56 Vgl. Matzner, *Die Landschaft in »Franz Sternbalds Wanderungen«*, S. 45.
57 Zit. n. Hans Joachim Neidhardt, »Caspar David Friedrich und sein Kreis«, in: *Caspar David Friedrich und sein Kreis. Ausstellung im Nationalmuseum für moderne Kunst*, Tokyo 1978, S. 26–34, hier S. 27.
58 Victor J. Stoichita, *Das mystische Auge. Vision und Malerei im Spanien des Goldenen Zeitalters*, München 1997, S. 30.
59 Lorenz Oken, *Lehrbuch des Systems der Naturphilosophie*, Jena 1809, S. 15.
60 Joseph Wilhelm Friedrich Schelling, *Philosophie der Kunst*, in: ders., *Sämtliche Werke*, Abt. 1, Band 5, Stuttgart 1859, S. 544.
61 Adam Müller, *Etwas über Landschaftsmalerey*, in: ders., *Adam Müllers vermischte Schriften über Staat, Philosophie und Kunst*, Bd. 1–2, Wien 1812, Bd. 2, S. 386.
62 Runge, II. S. 6.
63 Ebd., S. 7.
64 Ludwig Richter, *Lebenserinnerungen eines deutschen Malers*, Leipzig 1909, S. 575.
65 Arthur Schopenhauer, *Schriften über die Musik*, hrsg. v. Karl Stabenow, Hamburg 2013, S. 159.
66 Vgl. Hinz (Hrsg.), *Caspar David Friedrich in Briefen und Bekenntnissen*, S. 204.
67 Ebd.
68 Werner Sumowski, *Caspar-David-Friedrich-Studien*, Wiesbaden 1970, S. 30.
69 Ebd., S. 31.
70 Ludwig Schorn, »Ueber die diesjährige Kunstausstellung in Dresden«,

in: *Morgenblatt für gebildete Stände, Beilage Kunst-Blatt* (23. November – 4. Dezember 1820), S. 380.

71 Börsch-Supan/Jähnig, *Caspar David Friedrich*, S. 111.

72 Mayumi Ohara, »Über das sog. ›Große Gehege‹ Caspar David Friedrichs«, in: *Zeitschrift für Kunstgeschichte* 47 (1984), S. 100–117, hier S. 117.

73 Hinz (Hrsg.), *Caspar David Friedrich in Briefen und Bekenntnissen*, S. 146 f.

74 Hilmar Frank, *Aussichten ins Unermessliche: Perspektivität und Sinnoffenheit bei Caspar David Friedrich*, Berlin 2004, S. 15.

75 Hinz (Hrsg.), *Caspar David Friedrich in Briefen und Bekenntnissen*, S. 107.

76 Vgl. Magdolna Kolta, *Képmutogatók. A fotográfiai látás kultúrtörténete*, Budapest 2003, S. 63.

77 Joseph Leo Koerner, *Caspar David Friedrich and the Subject of Landscape*, London 2009, S. 64.

78 Eine detaillierte, zeitgenössische Beschreibung: Friedrich Kittler, *Optische Medien: Berliner Vorlesungen 1999*, Berlin 2002, hier S. 59 f.

79 Nikolaus von Kues, *De visione Dei – Die Gottes-Schau*, in: ders., *Philosophische-Theologische Schriften*, Bd. 3, Wien 1989, IX.

80 Ebd., VIII.

81 Holger Simon, »Bildtheoretische Grundlagen des neuzeitlichen Bildes bei Nikolaus von Kues«, in: *Concilium medii nevi* 7 (2004), S. 45–76, hier S. 47.

82 Platon, *Charmindes*, Bd. 1, 167d.

83 Eimer, *Caspar David Friedrich*, S. 39.

84 Schopenhauer, *Die Welt als Wille und Vorstellung*, Bd. 1, S. 328.

85 Brian Rotman, *Die Null und das Nichts. Eine Semiotik des Nullpunkts*, Berlin 2000, S. 46 f.

86 Jacques Lacan, *Les quatre concepts fondamentaux de la psychoanalyse*, Paris 1973, S. 102.

87 Vgl. Stephan Oettermann, *Das Panorama. Die Geschichte eines Massenmediums*, Frankfurt am Main 1980, S. 152.

88 Kues, *De visione Dei*, I.

89 Ebd., XII.

90 Simon, *Bildtheoretische Grundlagen*, S. 75.

91 Kues, *De visione Dei*, II.

92 Zit. n. Katharina Weisrock, *Götterblick und Zaubermacht: Auge, Blick und Wahrnehmung in Aufklärung und Romantik*, Opladen 1990, S. 50.

93 Gotthilf Heinrich von Schubert, *Der Erwerb aus einem vergangenen und die Erwartungen von einem zukünftigen Leben. Eine Selbstbiographie*, Bd. 2, erste Abtheilung, Erlangen 1855, S. 185.

94 Berichtet von: Busch, »Die Ordnung im Flüchtigen – Wolkenstudien der Goethezeit«, S. 520.
95 Zit. n. Oettermann, *Das Panorama*, S. 14.
96 Johann Wolfgang Goethe, *Aus meinem Leben. Dichtung und Wahrheit*, in: *Goethes Werke*, Bd. 9, Hamburg 1958 ff., S. 374.
97 Oettermann, *Das Panorama*, S. 11.
98 Zit. n. August Langen, »Zur Lichtsymbolik in der deutschen Romantik«, in: ders., *Gesammelte Studien zur neueren deutschen Sprache und Literatur*, Berlin 1978, S. 238–273, hier S. 251.
99 Jean Paul, *Des Luftschiffers Giannozzo Sehbuch*, in: ders., *Werke*, Bd. 3, München 1959–1963, S. 971.
100 Ebd., S. 960.
101 Carl Gustav Carus, *Reisen und Briefe*, Bd. 2, 1915, S. 29.
102 Hölderlin, *Hyperion*, II. 3.
103 Schubert, *Ansichten von der Nachtseite der Naturwissenschaft*, S. 23.
104 Schelling, *Philosophie der Kunst*, S. 55.
105 Oken, *Lehrbuch des Systems der Naturphilosophie*, S. 14.
106 München, Pinakothek, *zu einem Bild von Paul Klee, 1927.*
107 Jean Baudrillard, *Das perfekte Verbrechen*, München 1996, S. 126.
108 Zit. n. Werner Busch, »Der Berg als Gegenstand von Naturwissenschaft und Kunst. Zu Goethes geologischem Begriff«, in: Sabine Schulze (Hrsg.), *Goethe und die Kunst*, Stuttgart 1994, S. 485–497, hier S. 495.
109 Kues, *De visione Dei*, VIII.
110 Zit. n. Dahlhaus, *Die Idee der absoluten Musik*, S. 143.
111 Ebd.
112 Kasimir Malewitsch, *Die gegenstandslose Welt*, Mainz, Berlin 1980, S. 66.
113 Vgl. W. J. T. Mitchell, *Picture Theory. Essays on Verbal and Visual Representation*, Chicago, London 1995, S. 115.
114 Georg Forster, *Ansichten vom Niederrhein*, in: ders., *Werke in vier Bänden*, Bd. 2, Leipzig 1971, S. 720.
115 Georg Forster, *Parisische Umrisse*, in: ders., *Werke in vier Bänden*, Bd. 3, Leipzig 1971, S. 757.
116 Zit. n. Oettermann, *Das Panorama*, S. 33.
117 Vgl. Pérez-Gomez/Pelletier, *Architectural Representation*, S. 158.
118 Ebd., S. 153.
119 Zit. n. Jonathan Crary, *Techniken des Betrachters. Sehen und Moderne im 19. Jahrhundert*, Dresden, Basel 1996, S. 60.
120 Vgl. Kittler, S. 62.
121 Vgl. Pérez-Gómez/Pelletier, *Architectural Representation*, S. 205.
122 Belting, *Das echte Bild*, S. 10.

123 Vgl. Martin Jay, *Downcast Eyes: The Denigration of Vision in Twentieth-Century French Thought*, Berkeley 1994, S. 291.
124 Merleau-Ponty, *Das Sichtbare und das Unsichtbare*, S. 152.
125 Oettermann, *Das Panorama*, S. 39.
126 Wolfgang Kemp (Hrsg.), *Der Betrachter ist im Bild. Kunstwissenschaft und Rezeptionsästhetik*, Berlin 1992, S. 217.
127 Zit. n. Juliane Vogel, »Luftkugel und fliegendes Auge. Des Luftschiffers Giannozzo Sehbuch«, in: Ulrich Stadler, Karl Wagner (Hrsg.), *Schaulust. Heimliche und verpönte Blicke in Literatur und Kunst*, München 2005, S. 55–72, hier S. 61.
128 Étienne-Louis Boullée, *Architektur. Abhandlung über die Kunst*, Zürich, München 1987, S. 133 f.
129 Ebd., S. 132 f.
130 Pérez-Gómez/Pelletier, *Architectural Representation*, S. 79.
131 Vgl. Willibald Sauerländer, »The Artist Historian. Meyer Schapiro«, in: *The New York Review of Books* (June 28, 2007), S. 56.
132 Zit. n. Ernst Gombrich, *Kunst und Illusion*, Stuttgart, Zürich 1978, S. 307.
133 Ebd., S. 248.
134 Hinz (Hrsg.), *Caspar David Friedrich in Briefen und Bekenntnissen*, S. 146.
135 Werner Busch, »*Caspar David Friedrichs* ›Tetschener Altar‹«, in: Marek Siemek (Hrsg.): *Natur, Kunst, Freiheit: deutsche Klassik und Romantik aus gegenwärtiger Sicht*, Amsterdam 1998, S. 263–280, hier S. 268.
136 Heinrich von Kleist, *Sämtliche Werke und Briefe*, Bd. 2, hrsg. v. Helmut Sembdner, München 1952 ([9]1993), S. 327.
137 Ebd.
138 Ebd., S. 518.
139 August Wilhelm Schlegel, *Die Gemählde. Gespräch*, Dresden 1996, S. 26.
140 Zit. n. Boehm, *Studien zur Perspektivität*, S. 29.
141 Zit. n. Paul Kluckhohn, *Die deutsche Romantik*, Bielefeld, Leipzig 1924, S. 207.
142 Novalis, *Schriften*, in: ders., *Schriften 1–5*, Bd. 1, hrsg. v. P. Kluckhohn u. a., Stuttgart 1960–1988, S. 299.
143 Jean Paul, *Leben des Quintus Fixlein*, in: ders., *Werke*, Bd. 4, München 1959–1963, S. 197.
144 Novalis, *Schriften*, Bd. 1, S. 331.
145 Zit. n. ebd., S. 38 f.
146 Ebd.
147 Vgl. Bodo von Dewitz, Werner Nekes, *Ich sehe was, was Du nicht*

siehst. Sehmaschinen und Bilderwelten. Die Sammlung Werner Nekes, Göttingen 2002, S. 38.

148 Zit. n. Vogel, »Luftkugel und fliegendes Auge«, S. 59.

149 Vgl. Kolta, *Képmutogatók*, S. 75.

150 Hans Blumenberg, *Die Genesis der kopernikanischen Welt*, Frankfurt am Main 1981, S. 722.

151 Paul Virilio, *Die Sehmaschine*, Berlin 1989, S. 20.

152 Jean Baudrillard, *Warum ist nicht alles schon verschwunden?*, Berlin 2008, S. 6 f.

153 Virilio, *Die Sehmaschine*, S. 23.

154 Volker Aschoff, *Geschichte der Nachrichtentechnik*, Berlin, Heidelberg u. a. 1984, S. 9.

155 Ebd., S. 144.

156 Vgl. Wolfgang Schivelbusch, *Geschichte der Eisenbahnreise*, Frankfurt am Main 2004, S. 32.

157 Novalis, *Schriften*, Bd. 3, S. 518.

158 Schlegel, *Die Gemählde*, S. 37.

159 Crary, *Techniken des Betrachters*, S. 25.

160 Vgl. Kittler, S. 163.

161 Zit. n. Blumenberg, *Die Genesis der kopernikanischen Welt*, S. 721.

162 Vgl. Kittler, S. 131.

163 Vgl. Kolta, *Képmutogatók*, S. 167–180.

164 In: Dewitz/Nekes, *Ich sehe was, was Du nicht siehst*, S. 7.

165 Vgl. Crary, *Techniken des Betrachters* S. 108–111.

166 Vgl. Jay, *Downcast Eyes*, S. 163 f.

167 Clemens Brentano, *Werke*, Bd. 2, hrsg. v. Friedhelm Kemp, München 1963–1968, S. 258.

168 Zit. n. Michael Lingner, »Die Musikalisierung der Malerei bei Ph. O. Runge. Zur Vorgeschichte der Vergeistigung von Kunst«, in: *Zeitschrift für Ästhetik und allgemeine Kunstwissenschaft* 24/1 (1979), S. 5.

169 Ebd.

170 Zit. n. Stella Wega Mathieu (Hrsg.), *Philipp Otto Runge. Leben und Werk in Daten und Bildern*, Frankfurt am Main 1977, S. 85.

171 Richard Benz, *Die deutsche Romantik*, Leipzig 1937, S. 26.

172 Matzner, *Die Landschaft in »Franz Sternbalds Wanderungen«*, S. 62.

173 Ebd. S. 37 f.

174 Zit. n. Lingner, »Die Musikalisierung der Malerei bei Ph. O. Runge«, S. 8.

175 Johann Wolfgang Goethe, *Briefe. Hamburger Ausgabe in vier Bänden*, Bd. 3, München 1965, S. 22.

176 Otto Stelzer, *Goethe und die bildende Kunst*, Braunschweig 1949, S. 42.

177 Hinz (Hrsg.), *Caspar David Friedrich in Briefen und Bekenntnissen*, S. 107.

178 Vgl. Sumowski, *Caspar-David-Friedrich-Studien,* S. 232.
178 Pierre Vaisse, »Friedrich und wir«, in: *Caspar David Friedrich. Linien und Transparenz*, Paris 1984, S. 28–50, hier S. 44.
180 Marcel Brion, »Caspar David Friedrich, der Begründer der tragischen Landschaftsmalerei«, in: *Caspar David Friedrich. Linien und Transparenz*, Paris 1984, S. 58–105, hier S. 82.
181 Vgl. Kolta, *Képmutogatók*, Stichwort *Diorama*.
182 Vgl. Ruskin, *Moderne Maler,* Bd. 4, S. 43–47.
183 Schlegel, *Die Gemählde,* S. 33.
184 Birgit Verwiebe, *Lichtspiele. Vom Mondscheintransparent zum Diorama*, Stuttgart 1997, S. 62.
185 Gerd Steinmüller, »Caspar David Friedrich audiovisuell«, in: *Magazin für Theologie und Ästhetik* 22 (2003), S. 12, {www.theomag.de/22/gs1.htm} letzter Zugriff 05.03.2021.
186 Ebd., S. 58.
187 Ebd., S. 70.
188 Oettermann, *Das Panorama,* S. 39.
189 Schubert, *Die Symbolik des Traumes*, S. 155.
190 Ebd., S. 106.
191 Ebd., S. 107 f.
192 Theodor Wiesengrund Adorno, *Versuch über Wagner*, Berlin, Frankfurt am Main 1952, S. 119.
193 Ebd., S. 114 f.
194 Schlegel, *Die Gemählde*, S. 20.
195 Schopenhauer, *Die Welt als Wille und Vorstellung,* Bd. 1, S. 531.
196 Oskar Bätschmann, »Pygmalion als Betrachter. Die Rezeption von Plastik und Malerei in der zweiten Hälfte des 18. Jahrhunderts«, in: Wolfgang Kemp (Hrsg.), *Der Betrachter ist im Bild. Kunstwissenschaft und Rezeptionsästhetik*, Berlin 1992, S. 237–278, hier S. 240.
197 Karl Philipp Moritz, *Werke in zwei Bänden*, Bd. 2, Berlin, Weimar 1973, S. 206.
198 Edgar Allan Poe, *Ausgewählte Werke in drei Bänden*, Bd. 1, Leipzig 1989, S. 365.
199 Ebd., S. 369.
200 Charles Baudelaire, *Baudelaire 1848: Gedichte der Revolution*, hrsg. v. Oskar Sahlberg, übersetzt v. E. E. Schwabach, Berlin 1977, S. 90–91.
201 Schopenhauer, *Die Welt als Wille und Vorstellung,* Bd. 1, S. 190.
202 Walter Benjamin, *Das Passagenwerk*, Frankfurt am Main 1991, S. 561.
203 Kleist, *Sämtliche Werke und Briefe*, Bd. 2, S. 677.
204 Ebd.

Die Arbeit des Übersetzers wurde vom Deutschen Übersetzerfonds und vom Europäischen Übersetzer-Kollegium Straelen gefördert.

Erste Auflage Berlin 2021

Göhrener Str. 7 | 10437 Berlin
info@matthes-seitz-berlin.de

Umschlaggestaltung: Dirk Lebahn, Berlin
Satz: Monika Grucza-Nápoles, Berlin
Druck und Bindung: GGP Media GmbH, Pößneck

ISBN 978-3-7518-0318-2
www.mathes-seitz-berlin.de